电视媒介
进化论

新技术应用对视听媒介的影响

TELEVISION
MEDIA
EVOLUTION

THE IMPACT OF NEW TECHNOLOGY APPLICATIONS
ON AUDIOVISUAL MEDIA

高红波 著

社会科学文献出版社
SOCIAL SCIENCES ACADEMIC PRESS (CHINA)

本书为教育部人文社会科学研究规划基金项目"技术哲学视域下的视听媒介进化研究"（项目编号：21YJA860004）、河南省哲学社会科学规划项目"新媒体技术对视频媒介影响的应用研究"（项目编号：2018BXW001）、河南大学"研究生规划教材建设项目"（批准编号：SYL20050103）成果。

目 录

第一章　导论：新技术对电视媒介进化的现实影响与理论思考……… 001

第二章　数字技术对电视媒介进化的影响…………………………… 017
 第一节　数字化生存的电视新媒体…………………………………… 017
 第二节　数字化时代电视媒介营销的重新定位……………………… 029
 第三节　数字经济与我国电视媒介产业的未来发展………………… 038

第三章　互联网对电视媒介进化的影响……………………………… 046
 第一节　互联网+电视：中国电视融媒体产业的场域空间………… 046
 第二节　IPTV："互联网+"对视频媒介进化影响的典型样本…… 059
 第三节　互动视频技术及其对视听内容生产创作与传播的影响…… 065

第四章　云计算对电视媒介进化的影响……………………………… 075
 第一节　云计算与视频媒介平台渠道变革…………………………… 075
 第二节　云媒体电视传播体系的建构研究…………………………… 083
 第三节　新冠肺炎疫情下电视节目"云录制"现象评析…………… 095

第五章　大数据对电视媒介进化的影响……………………………… 107
 第一节　大数据时代电视平台的战略转型…………………………… 107
 第二节　大数据对视频媒介内容生产和传播效果测量的影响……… 114
 第三节　数据可视化技术在科学纪录片中的应用价值与反思……… 122

第六章　虚拟现实对电视媒介进化的影响…………………………… 134
 第一节　中国虚拟现实产业发展的现状、问题与趋势……………… 134
 第二节　虚拟现实对视频媒介产业及其受众的影响………………… 143
 第三节　《唐宫夜宴》：技术赋能传统文化视听表达创新………… 149

第七章 人工智能对电视媒介的影响 ………… 156
- 第一节 人工智能对视频媒介工作流程及硬件终端的影响……… 156
- 第二节 人工智能技术在智慧广电建设中的应用探讨……… 162
- 第三节 协同和延伸：人工智能赋能媒体信息传播的逻辑与趋向…… 172

第八章 5G技术对电视媒介进化的影响 ………… 182
- 第一节 5G赋能广电创新发展的理论思考与实现路径 ……… 182
- 第二节 5G前景下智慧广电有效参与社会治理的路径探析 ……… 187
- 第三节 5G时代手机视频的奥运传播研究：以央视频为例 ……… 193

第九章 物联网与区块链对电视媒介进化的影响 ………… 201
- 第一节 物联网视频媒介应用情景的影响……… 201
- 第二节 区块链在视频媒介领域的应用探讨……… 208
- 第三节 元宇宙概念的兴起与影视内容创作的新方向……… 222

第十章 结束语：可预见的未来与电视媒介进化论的技术哲学反思…… 229

参考文献 ……… 238

致　谢 ……… 249

第一章　导论：新技术对电视媒介进化的现实影响与理论思考*

美国媒介环境学派第三代代表人物，被誉为"数字时代麦克卢汉"的保罗·莱文森在其博士学位论文《人类历程回放：媒介进化论》中对"媒介进化"理论资源进行了较为系统的梳理，将"媒介进化"的概念界定为"媒介随着实践的推移产生的变化，这种变化在一种系统化的模式中经得起观测和理论化的检验"，[①] 认为媒介进化的规则是"适者生存"，并提出媒介进化将遵循"人性化趋势"的理论观点。

一　技术哲学的理论资源与思想方法

西方技术哲学因德国学者恩斯特·卡普在1877年出版其《技术哲学纲要》而宣告正式诞生。技术哲学的研究传统主要有两种。一是工程技术哲学传统，主要从技术系统内部对技术的概念、性质、方法、认知结构和客观表现形式等进行逻辑分析。二是人文技术哲学传统，或解释学的技术哲学，是用非技术或超技术的观点解释技术意义的一种尝试。[②] 在工程技术哲学传统方面，技术哲学的开山鼻祖卡普对技术工具进行了细致的分析，提出"器官投影说"，为技术哲学研究开启了三个基本论域，即技术本体论、技术方法论以及技术与文化。德国化学工程师 E. 基默尔，通过先验分析提出技术是"物质自由"，并把技术的本质归结为人类精神的创造活动，认为

---

* 本章主要内容发表在《视听理论与实践》（山西传媒学院学报）2021年第3期。
① 〔美〕保罗·莱文森:《人类历程回放：媒介进化论》，邬建中译，西南师范大学出版社，2017，第184页。
② 黄欣荣:《现代西方技术哲学》，江西人民出版社，2011，第18~23页。

技术的目的就是使人类通过驾驭物质，摆脱自然限制而获得自由。① 在人文技术哲学传统方面，米切姆在《通过技术思考》一书中重点介绍了刘易斯·芒福德、奥特加·加塞特、马丁·海德格尔以及雅克·埃吕尔这四个代表人物及其观点。比如，芒福德认为现代技术像巨型机器一样压制着人们的自由选择，产生了"机器的神话"，在现代社会，人沦为机器的奴隶；海德格尔认为，技术不只是人达到目的的工具，技术在本质上是意志，人自身也被置于技术框架之中；埃吕尔认为，技术是一种使人异化的力量，它侵入社会生活的各个部分，且日趋自主化。② 总体而言，工程技术哲学从技术发展的内在逻辑出发，从建设性的角度肯定了技术的正面效果，而人文技术哲学则站在技术的外部对技术进行质疑、批判，从批判性的角度来分析技术的负面影响。③

技术哲学的当代发展趋势之一是分支技术哲学的兴起，以信息技术哲学、生物技术哲学、纳米技术哲学、认知技术哲学和量子技术哲学为代表。其中，信息技术哲学的主要论域包括信息技术的本体论、认识论、人本论和价值论。这里的"信息技术"涵盖所有涉及信息的收集、识别、提取、变换、存储、传递、处理、检索、检测、分析和利用等技术。信息技术哲学的前沿领域包括"物联网与网络哲学的新探索""人工情感与信息技术的人文向度"等。④

中国技术哲学学科的确立是在1982年，学科创始人陈昌曙在其著作《技术哲学引论》中，论述了技术哲学的研究对象、发展历史和基本问题、技术的基本特点、技术与社会的相互关系等。用作者自己的话讲，这本书"略接近于'工程的技术哲学'，而与'人文的技术哲学'相去较远"。尤其作者提出"技术的国家干预"，认为"技术需要国家的介入"，"公共技术、军事技术、巨型技术是应当和只能由政府主导来承担、来组织实施的"，"国家干预和介入科学技术事业有重要的社会意义，这乃是技术的社会制约论的重要论据之一"。⑤ 这一观点对于当前我国对"互联网+""人工

---

① 吴国林等：《当代技术哲学的发展趋势研究》，经济科学出版社，2019，第3页。
② 黄欣荣：《现代西方技术哲学》，江西人民出版社，2011，第23~24页。
③ 黄欣荣：《现代西方技术哲学》，江西人民出版社，2011，第26页。
④ 吴国林等：《当代技术哲学的发展趋势研究》，经济科学出版社，2019，第363~369页。
⑤ 陈昌曙：《技术哲学引论》，科学出版社，2012，第180~183页。

智能""区块链""5G"等新技术应用的重视和提倡具有很好的解释作用。

二 媒介环境学派的理论资源镜鉴

20世纪末，北美的多伦多学派和纽约学派整合为媒介环境学派，组建了媒介环境学会，开始进入北美传播学的主流圈子，成为继经验学派和批判学派之后的第三大学派。该学科的先驱和奠基人有刘易斯·芒福德、苏珊·朗格等。第一代代表人物有哈罗德·伊尼斯（"伊尼斯"又译"英尼斯"）、马歇尔·麦克卢汉等。第二代代表人物有尼尔·波斯曼、詹姆斯·凯利等。第三代代表人物有保罗·莱文森、约书亚·梅罗维茨、兰斯·斯特雷特等。媒介环境学派重视人文主义关怀，注意媒介对社会实践的影响，是"一种实践哲学、一种社会思想学说和人文主义思潮"。[1] 首次公开使用"媒介环境学"这个术语的是波斯曼，他给媒介环境学的定义是"把媒介当作环境的研究"，并不仅仅聚焦于媒介研究。[2] 在1976年《纽约大学年报》里有这样一段话："媒介环境学研究人的交往、人交往的讯息及讯息系统。具体地说，媒介环境学研究传播媒介如何影响人的感知、感情、认识和价值。它试图说明我们对媒介的预设，试图发现各种媒介迫使我们扮演的角色，并解释媒介如何给我们所见所为的东西提供结构。"[3]

保罗·莱文森认为，促进媒介发展的理论来源主要有三个。[4] 一是生物学家彼得·梅达沃认为，技术进化的过程与生物器官和生命体的进化极为相似，它们会以达尔文的模式进化，存活下来的技术必须遵循两大准则，即对消费者有用，并能满足消费者的嗜好，技术进化具有人性化的特点。二是刘易斯·芒福德对传播媒介进化的人性化趋势有着清晰的认识，比如"电报的发明适时弥补了传播与回应之间的鸿沟，使其不再受到空间的限

---

[1] 〔美〕林文刚：《媒介环境学：思想沿革与多维视野》，何道宽译，北京大学出版社，2007，"总序"第2页。
[2] 〔美〕林文刚：《媒介环境学：思想沿革与多维视野》，何道宽译，北京大学出版社，2007，第10页。
[3] 〔美〕林文刚：《媒介环境学：思想沿革与多维视野》，何道宽译，北京大学出版社，2007，第23页。
[4] 〔美〕保罗·莱文森：《人类历程回放：媒介进化论》，邬建中译，西南师范大学出版社，2017，第52页。

制",以及"在机械设备的帮助下,人与人之间可以随时进行交流",[1] 但他仅仅将其视为一种表面现象,并不认为它属于更大的理论框架或具有更深的意义。三是哈罗德·英尼斯发现了媒介进化的主要机制,他认为技术媒介会跨越时间和空间进行延伸,延伸时间的媒介更倾向于鼓励社会坚守传统,保持不变,而延伸空间的媒介则鼓励社会扩张或急剧变化,"以时间为导向的媒介和社会,往往会被以空间为导向的媒介和社会所取代",[2] 这种机制类似于达尔文的进化论,就像乒乓球比赛的过程。按照保罗·莱文森的观点,以上三种理论对媒介进化的人性化趋势理论的形成发挥着至关重要的作用。

保罗·莱文森的"人性化趋势媒介进化理论"认为,交流媒介的诞生和存活有一个模式,媒介的发展过程有一个隐含的逻辑和顺序,具体可总结如下。[3] 最初,人类不需要借助技术或人工设备来进行交流。但这样的交流只能发生在直接物理环境之内,因为不能借助技术的交流要受到视力和听力范围的生物限制,而且只能通过人类的记忆过程延伸。技术的诞生就是为了克服上述的局限。在某种程度上或全球范围内,媒介试图以同样的通道、主动性及现实生活中的视觉和听觉来利用信息,以信息在直接物理环境中的有效性为特征。对未来媒介发展的预测包含媒介运行的三大领域,即媒介使用者的主动性、媒介使用者接收信息的通道及媒介传播的内容。

三 新技术应用对电视媒介进化的现实影响

在传播学领域,媒介分析作为一个大的研究部类,主要指的是对如下内容的研究:媒介技术的产生和发展,各种媒介技术的特征及作用,媒介技术及其发展史同人类社会变迁、文明发展史的关系等。[4] 上海大学张咏华教授在其《媒介分析:传播技术神话的解读》一书中,重点介绍和评析了麦克卢汉、伊尼斯、威廉斯、梅罗维茨等学者的媒介理论观点和卡斯特尔的网络社会理论,并结合中国传媒业发展状况,提出"网络化—移动化背

---

[1] 〔美〕保罗·莱文森:《人类历程回放:媒介进化论》,邬建中译,西南师范大学出版社,2017,第43页。
[2] 〔美〕保罗·莱文森:《人类历程回放:媒介进化论》,邬建中译,西南师范大学出版社,2017,第47页。
[3] 〔美〕保罗·莱文森:《人类历程回放:媒介进化论》,邬建中译,西南师范大学出版社,2017,第149页。
[4] 张咏华:《媒介分析:传播技术神话的解读》(第2版),北京大学出版社,2017,第3页。

景下的传媒转型"将成为进一步深入研究的迫切性。①

如前所述，媒介环境学派的代表人物保罗·莱文森认为，媒介进化遵循着"人性化趋势"。莱文森阐释和描述了媒介进化的特征，即倾向于优化而不是彻底删除原始技术，是一种补充品，而非一种彻底的替代品。② 回到技术的本质，电视媒介进化的本质，主要是解决人类对于"远处的风景"可以随时随地、触手可及、快捷方便地调取和观看的问题。

受上述理论研究和思想观点的启发，笔者对于进入数字化时代的电视媒介在新技术影响下正在发生的传媒转型和进化进行研究与思考，试图勾勒出电视媒介进化的新技术影响图谱。

（一）云计算对电视媒介平台渠道的影响

云计算是一种按需交付的新兴模式，它将大量计算、存储、网络等资源池化，使各种应用系统能够根据需求获取各种资源和服务。③ 云计算结合基于互联网的硬件和软件，充分利用和动员所有信息资源，为人们提供低成本、高效率、智能的服务，满足各种层次和不同需求的信息服务模式。④ 其特征简洁、鲜明：无须安排人工服务、无须考虑地域限制、无差别的资源共享以及可预测服务的快速恢复。这种新的思维方式和计算过程中使用的新方法，为电视媒介带来了显著的影响和变革。

云计算技术对广播电视媒介的影响，主要表现在两个方面：一方面，云计算可以实现广播电视行业相关数据的收集与处理；另一方面，云计算技术有助于降低广播电视设备投入成本。随着三网融合深化，云计算技术越来越广泛地应用于广播电视领域。例如，华为推出的媒体云平台，将广播电视送上"云端"，不仅可以分发、存储和共享基于云平台的视频，而且还推出流量监控和内容管制方案，提出广播电视行业云端控制策略。⑤

云计算技术在视频应用业务中的普及应用带来了革新。一是处理视频

---

① 张咏华：《媒介分析：传播技术神话的解读》（第 2 版），北京大学出版社，2017，第 291 页。
② 〔美〕保罗·莱文森：《人类历程回放：媒介进化论》，邬建中译，西南师范大学出版社，2017，第 158 页。
③ 杨铭民、徐元凯：《基于云计算平台的网络视频技术应用研究》，《广播与电视技术》2012 年第 11 期。
④ 谢东晖：《浅谈云计算在广电的安全应用》，《广播与电视技术》2010 年第 11 期。
⑤ 李育林：《云计算在广播电视领域中的应用探究》，《有线电视技术》2012 年第 1 期。

来源。包括收集视频材料，输入媒体资助的数据，接入电视直播信号，统一管理本地视频数据等。二是视频多格式转换。基于云代码转换平台记录和编码多格式程序。三是大容量存储。随着5G技术兴起，文件的传输速度也将大幅度提升。四是视频素材处理。主要是通过技术手段自动处理和编辑捕获的视频。该系统具备自动素材条带化处理功能，以及字幕、标签、画面风格、音频节奏的自动检测和记录功能。五是三屏断点续播应用。视听内容多终端断点延续意味着用户停止观看视频或播放音乐后，可以在再次打开它时继续从上次停止的地方观看。

云计算对视频节目后期制作的影响主要体现在后期渲染方面。传统的视频渲染技术依赖于计算机集群的物理机器。物理机器受施工个体、具体硬件的限制，其处理的效率无法紧随当下最新的技术。"云渲染"作为一种新的分布式渲染技术应用模型已成为后续视频渲染技术的基础。[①]

从云计算技术对电视媒介的作用机制来看，电视媒介"一云多屏"的"云媒体传播"现象越来越受到关注，在我国媒体深度融合的新一轮传媒业改革中，"中央厨房"建设与云计算技术的应用和创新密不可分。云计算为电视媒介平台战略的转型与进化提供了可能，奠定了基础。

（二）大数据对视听传播效果测量的影响

数字化让音视频文件与文字图片信息等信息存在方式介质相同，助力视频媒介走进大数据时代。由于"跨屏传播"成为现实，原本电视媒介的"通用货币"收视率的价值受到前所未有的挑战，大数据为视听媒介收视效果的价值重估提供了新的契机。大数据时代视听媒介可以抓取使用用户数据，全面掌握用户的媒介接触行为，助力完成个性化的内容定制、个性化服务、全样本的市场评估，实现精准营销传播效果。

当前，视听媒介正在进行一场关于大数据的思维变革，通过受众多维度行为数据建构受众行为模型，以满足受众潜在需求。视听媒介应以大数据收视率确定受众的时间、空间等多维度数据，加大用户数据粒度确定每秒收视行为，多维度整理受众数据进而获得更有效的市场评估体系。作为"通

[①] 吴晓瑜、宋倩倩：《基于云计算的分布式视频渲染服务平台》，《广播电视信息》2015年第4期。

行货币",大数据技术为影视公司、数据公司、播出平台等视听行业相关产业价值链条的通力合作提供便利,提升数据挖掘的能力和价值,为视听媒介产业领域的多元化竞争提供服务。传统收视率已无法显现日益精细的视频受众分流,大数据技术为受众多元化收视终端提供了一个全新的解决方案。在传统收视率基础上,多屏收视率突破了单一的电视收视调查指标,融合了网络点击量、网络搜索量、网络转发量和吸引度等;发展了以计算机计算方式为主的大数据调查技术,相较传统的人为统计方式具有更精确的数据信息;形成了多机构的全媒体收视调查体系,保证了收视率调查结果的公正性。在直播、回看等多种时移收视、网络终端收视的环境下,多屏收视率是实现"收视率+"的一条路径,观众在电脑端、PC端、移动端的直播或时移的收视指标在很大程度上保证了视频节目分析评估全面性、精确性的最大化。①

IPTV(交互式网络电视)和OTT TV(互联网电视)及网络电视等的迅速发展,为视听媒介提供了获取大渠道数据信息的契机。多平台收视率是实现"收视率+"的另一条路径。多平台收视率突破了传统收视率的行业数据局限,融入了网络商城、电视银行等多层相关数据依据,多维度地分析节目收视率,达到个性化推荐机制和广告精准投放的最优化。多平台收视率扩充了传统的收视维度,在原有的重要指标如时间、地点等基础上升级了数据采集,加密平台收视数据粒度以达成对收视数据的深度分析。可通过掌握多元数据样本测量视听媒介大数据多平台收视率,深层剖析受众收视行为,多维交叉建立收视收听指标体系。

(三) 物联网对视频媒介应用情景的影响

国际电信联盟(International Telecommunications Union,ITU)对物联网的概念界定是:"通过二维码识读设备、射频识别装置、红外感应器、全球定位系统和激光扫描器等信息传感设备,按照约定协议,把任何物品与互联网相连接,进行信息交换和通信,以实现智能化识别、定位、跟踪、监控和管理"的网络。②

---

① 郑维东:《媒介融合中的"收视率+"》,《光明日报》2015年5月30日,第6版。
② 中国社会科学院工业经济研究所未来产业研究组:《影响未来的新科技新产业》,中信出版集团,2018,第157页。

从技术角度来看，物联网有感知层、传输层、数据处理层、应用服务层等四层架构。在技术应用层面，物联网可以服务于家居、交通、医疗、农业、制造业等。由于视听媒介融合发展，上述行业当中对物联网的应用都可以与视听媒介联姻，比如智能家居的可视化操控、可视交通、可视医疗、农产品的视频溯源，等等，物联网对视听媒介应用情景的影响巨大。目前，物联网与视听媒介相关的应用情景主要集中在虚拟体验、物联网+电视、智慧交通、智能监测、智能物流、智能汽车、平安城市、在线教育等8个方面。[①]

从媒介环境学的视角来看，物联网技术将为我们带来如下的变革。[②] 一是"万物皆媒，人媒共生"。物联网技术通过智能可穿戴设备接收发送人体相关数据，在某种意义上把人体本身也当成媒介终端，以此构成规模庞大的数据资源。二是"媒介形态，新生共荣"。物联网技术综合运用大数据、云计算、人工智能等，给媒介环境变革带来媒介形态的新生与共荣。如果说互联网实现了人与人之间的互联，物联网则致力于万物间的互联互通。三是"技术垄断，人文复兴"。在物联网时代，智能设备嵌入物联网带来泛媒介化现象，简单重复性的人类劳动终将为人工智能所取代，人类将因智能设备的助力而更加专注于人文、艺术和精神世界。

物联网对视听媒介进化的影响主要表现在以下方面。[③] 其一，重构视频生产系统。目前，用传感器采集信息、用大数据技术处理信息的"传感器新闻"已经初露端倪。"传感器视频"技术的发展应用，势必推动视频生产的自动化。[④] 其二，塑造新的视频终端。物联网中的视频应用终端不断被塑造出新的形态，从简单的平面屏幕，到曲面屏，再到"无屏"的全息投影设备，视频终端的形态不断发生变化。其三，增加视频分发环节。超乎想象的媒体终端将会改变人们接收信息的方式，精准营销，自动分发，视频媒介传播的未来景象将更加出彩。其四，丰富提升智能家居。物联网智能家居可以实现远程操控电器，或使用专属App、微信等手段与电器进行人工智能对话，获知室内环境状况等。未来物联网技术还能提供更为复杂的信

---

① 黄建波：《一本书读懂物联网》，清华大学出版社，2017，第265~272页。
② 高红波、陈成：《物联网对视频媒介进化的影响研究》，《新闻爱好者》2019年第4期。
③ 高红波、陈成：《物联网对视频媒介进化的影响研究》，《新闻爱好者》2019年第4期。
④ 彭兰：《万物皆媒——新一轮技术驱动的泛媒化趋势》，《编辑之友》2016年第3期。

息交换，实现智慧传播。

（四）虚拟现实对视频媒介进化的影响

虚拟现实（VR）视频以高度的想象力、即时的交互性、强烈的沉迷度三大特性著称。从虚拟现实的特质出发，其引发的视觉革命在观众体验、终端形态、创作方式三个方面深刻地影响着视频产业的发展，并逐渐塑造着受众的习惯。

首先，受众沉浸式多感官体验升级。虚拟现实设备会给观众提供一种360度的全景视角，隔断观众与现实的联系，再通过空间叙事层次、叙事场景和感官肢体互动，形成具有强烈代入感的情境，让观众拥有沉浸式的体验。虚拟现实虽然阻隔了观众与现实的联系，但是它通过"再造"的现实，让观众认为虚拟情境就像真实的客观存在一样。这种虚拟的真实性不仅在于视频内容，还在于综合调动了观众的多方面感官，让观众的外在感知系统和内在神经系统真正融入视频当中，形成沉浸式视觉感受。虚拟现实技术塑造出来的这种全新影像及视听语言，能够为受众带来更为真实而强烈的感官刺激，提升受众的消费体验，这使其在文化娱乐产业有着极佳的应用。

其次，高新技术赋能终端设备。虚拟现实技术不断突破关键技术。在近眼显示技术方面，当前技术以提升沉浸感与控制眩晕为主要发展方向，用高角分辨率与广视角显示来提升沉浸体验，发展符合人眼双目视觉特征的近眼显示来控制眩晕。另外，虚拟现实设备也在积极提升感知交互技术，实现多通道交互，旨在提升VR用户各感官通道的一致性与沉浸体验，如眼球追踪、浸入式声场、触觉反馈等。在虚拟现实终端设备发展过程中，5G这一高新技术的赋能，值得特别关注。华为副董事长胡厚崑在"Post MWC19思享汇——智联万物"论坛上发言时说："5G将是引爆VR需求的推手。"他指出，现今的虚拟现实终端设备，若时延超过20毫秒，眩晕感已经没法忍受了。5G网络会把时延降至15毫秒，这意味着可以把互动性应用的眩晕感完全消除掉。[①] 未来，5G能从技术上更好地满足虚拟现实业务

[①]《华为副董事长胡厚崑：智能世界的风向标》，https://mp.weixin.qq.com/s/O9b_XwXSPO30c8TkSn7n8Q。

沉浸体验的更高需求。

最后，交互性内容制作。虚拟现实技术在影视制作中的应用，以其高度的想象力构建出一个可与影视场景交互的虚幻三维空间场景，再结合对观众的头、眼、手等部位动作的互动设计，让观众自行进入故事情境，继而形成人景互动的沉浸体验。可以说，虚拟现实技术的视觉沉浸感与用户交互性，为内容生产的"采、编、播"方面注入了创新元素。

四　国家的技术干预对媒介进化的强力作用

技术具有自然属性和社会属性。技术的自然属性有优劣之分，技术的社会属性有善恶之分。如前所述，中国技术哲学相关学者研究和思考了技术的国家干预问题，并认为："技术本身是非阶级性、非政治性的，但技术却受到阶级、国家的特殊关照，政府对技术的干预、控制和投入已远超出了它给艺术和文化教育的待遇。"[①] 尤其是"公共技术、军事技术、巨型技术是应当和只能由政府主导来承担、来组织实施的"。[②] 大体来讲，影响视听媒介进化的新技术，主要是通信技术。我国政府陆续出台文件加快推动"互联网+""媒体融合""人工智能""5G"等信息通信技术发展和传媒深化改革，在客观上促进了由新技术应用带来的电视媒介进化。政府规制对于电视媒介的影响几乎随处可见。

（一）"互联网+"推动媒体融合发展

IPTV在中国的发展就是鲜明的例证。在三网融合政策的有力推动下，我国IPTV用户数量在2012年至2020年飞跃发展。2012年底国内IPTV用户数量为2174万户，2013年底2843万户，2014年底3364万户，2015年底4589万户，2016年底8673万户，2017年底12218万户。[③] 据工信部发布的数据，2018年底我国IPTV用户约达1.55亿户，2019年底1.94亿户，2020年底3.15亿户，2021年底用户总量已达3.49亿户。可见，2013年我国出台的三网融合政策力度之大，先是短短五年时间IPTV用户数量增加了1亿

[①] 陈昌曙：《技术哲学引论》，科学出版社，2012，第179页。
[②] 陈昌曙：《技术哲学引论》，科学出版社，2012，第181页。
[③] 高红波：《IPTV："互联网+"对我国视频媒介进化影响的典型样本》，《声屏世界》2018年第11期。

多户，2019年已经超越有线数字电视用户规模，2020年一年我国IPTV用户再次增加1亿多户。从2012年底的2174万户到2021年底的3.49亿户，十年间，中国IPTV用户数量，在三网融合政策的有力推动下，实现了级数级别的突飞猛进的增长。在媒介进化论视域下，所谓"IPTV"，即交互式网络电视，是互联网和电视媒介融合的产物。通俗地讲，IPTV就是给传统电视媒介加入了时移、点播等部分互联网功能，把传统电视的单向传播，进化为双向互动传播。① 因此，从IPTV在我国的发展，可以看出国家技术干预和政府规制对于电视媒介进化的巨大影响。

（二）"智能+"深化媒体融合发展

2018年11月16日，国家广播电视总局印发《关于促进智慧广电发展的指导意见》，确立的总体目标为："力争用3—5年时间，广播电视在内容制作、分发传播、用户服务、技术支撑、生态建设以及运行管理等方面的智慧化发展协同推进，智慧广电发展的广度、深度显著增强，智慧广电发展取得突破性进展，广播电视在国家数字经济总体战略中的地位作用进一步凸显。智慧广电发展模式基本形成，试点示范取得显著成效，初步形成布局合理、竞争有序、特色鲜明、形态多样、可持续发展的智慧广电新格局，使人民群众能够享受更加丰富、更加优质、更加便捷的广播电视服务。"②

《中国新媒体发展报告（2019）》总报告认为，"智能+"与全媒体是中国新媒体发展的最新布局和趋势。"互联网+"政策全面推进，"智能+"推动打造数字生态系统。2019年3月，李克强总理所做的政府工作报告中，首次提出"智能+"概念，这一概念成为"互联网+"的延伸和升级，"智能+"将与传统产业深度融合，推动中国经济转型升级。在智慧传播领域，人工智能革新了信息的呈现方式、人与信息的连接方式，深入推动媒体融合发展。③ 国家政府的高度重视必将助推人工智能技术在经济社会发展中产生重要影响。可以预见的是，国家对人工智能技术干预的政策导向也将加

---

① 高红波：《新媒体节目形态》，河南大学出版社，2013，第121页。
② 国家广播电视总局：《关于促进智慧广电发展的指导意见》，http：//www.nrta.gov.cn/art/2018/11/16/art_3592_42308.html。
③ 中国社会科学院新闻与传播研究所：《中国新媒体发展报告（2019）》，社会科学文献出版社，2019，第8页。

速其应用创新，成为电视媒介进化的加速器。

五 新媒体技术之间相互渗透的复杂关系

云计算、大数据、物联网、虚拟现实、人工智能等新技术之间，并非泾渭分明，而是互相渗透。比如物联网是以大数据、云计算、人工智能为基础的，如果没有传感器对数据的搜集传导，没有云计算的运算和分析，没有人工智能的深度学习和自动化处理，物联网的"万物互联"将无法实现。同样，人工智能也要以大数据和云计算为前提，如果没有海量的大数据作为支撑，没有云计算的分析处理能力，人工智能的深度学习也将成为镜花水月，无法企及。以此扩展到区块链、5G等新技术，则新媒体技术之间存在相互渗透的复杂关系。

（一）米切姆的"技术本质论"

美国技术哲学家米切姆认为，技术本质有四种解读方式。这四种解读方式分别将技术看作器物、知识、活动或意志。[①] 比如，麦克卢汉提出，就像机械技术延伸了人的身体，电子媒介也延伸了人的神经系统。关于用计算机模拟认知的过程，即计算机能否思考的争论，就是为了确定人工智能在何种程度上是人脑的延伸。再如，技术被描述为：求生存和满足基本生物需求的决心（斯宾格勒、费雷）；控制和激励的意志（芒福德）；自由的意志（格朗特、沃克、齐美尔）；对功效的追求或决心（斯科林莫夫斯基）；实现人工的完整心理过程的意志（荣格）或实现工人的几乎所有的自我的意志（奥特加）。这些描述都会预期产生不同类型的技术。[②] 如果我们把电视媒介看作"远处的风景"（Television），那么它就是"眼睛的延伸"，我们可以在任意屏幕终端，看到世界上或宇宙太空中的种种景象。在人的意志的层面上，我们倾向于这些远处风景的呈现来得更方便一些，"招之即来，挥之即去，心意相通，万物皆媒"，这种对电视媒介未来图景的描述，可能就是新媒体技术在电视媒介进化中对于人的意志追求的终极目标。大数据、云计算、互联网、物联网、虚拟现实、人工智能、区块链、5G等，

[①] 黄欣荣：《现代西方技术哲学》，江西人民出版社，2011，第26页。

[②] 黄欣荣：《现代西方技术哲学》，江西人民出版社，2011，第32页。

新媒体技术对电视媒介进化的影响，无不在加持人们对于视听媒介的未来想象。

（二）埃吕尔的"技术系统论"

在《技术系统》一书中，埃吕尔明确指出，现代"技术社会"的最基本特征是非集中化和灵活多样性，由科学发现和技术发明带来新的价值。埃吕尔认为，随着技术的数量增多，密度增高，相互之间的关系增强，特别是由于计算机和数据处理装置的出现和它们在大量技术之间的联系和协调作用，现代技术已形成了一个系统。① 综观新技术集群对于视听新媒体发展的影响，新媒体技术之间存在相互渗透的复杂关系。从其对视频媒介进化的影响来看，移动化、智能化、全息化、人性化始终是未来媒介的图景与发展趋势。

所谓"新技术"，其实质是"针对现有目的而采用一个新的或不同的原理来实现的技术。新技术是在概念当中或实际形态当中，将特定的需求与可开发的现象链接起来的过程"。② 以视听媒介为例，从模拟技术时代到数字技术时代的更迭，从黑白到彩色的巨变，从线性的大众传播到互动的网络传播，新媒体技术一直在主导和推动着视听媒介形成不同的实现形式和传播范式。在此过程中技术的进化机制就是"组合进化"，即"所有技术都是从已经存在的技术中被创造出来的。如果新的技术会带来更多的新技术，那么一旦元素的数目超过了一定的阈值，可能组合机会的数量就会爆炸性地增长"。③ 这种技术系统创新和组合的观点，预言了新媒体技术集聚出现的可能性。

六 电视媒介进化的未来图景④

媒介环境学派研究传播技术与社会文化的关系，包括传播技术如何影

---

① 黄欣荣：《现代西方技术哲学》，江西人民出版社，2011，第32页。
② 〔美〕布莱恩·阿瑟：《技术的本质：技术是什么，它是如何进化的》，曹东溟、王健译，浙江人民出版社，2014，第121页。
③ 〔美〕布莱恩·阿瑟：《技术的本质：技术是什么，它是如何进化的》，曹东溟、王健译，浙江人民出版社，2014，第194页。
④ 本部分内容与河南大学广播电视专业硕士研究生李秋声合作撰写。

响社会文化以及传播技术对社会文化产生什么样的影响。新媒体技术是人类将类人智能与科技相结合的衍生物，因此，新媒体技术增强了媒介朝着"智能化"和"人性化"方向发展的趋势。尤其是人工智能技术使电脑通过深度学习来模仿人类脑部神经进行智能化学习，只要接触够久，人工智能媒介便能成为每位用户的私人助手，为用户提供定制化的专属服务。从媒介环境学的视角来看，综合了大数据、云计算等新媒体技术的人工智能为电视媒介生态环境带来以下变革。

（一）"人性化"场域的构建

麦克卢汉作为媒介环境学的奠基性人物，提出的"媒介即人的延伸"理论曾引领了一个时代热潮，作为其继承人的尼尔·波兹曼却从悲观主义角度认定电子媒介会消解人类的理性及文明，并提出"人类终将毁于他们所热爱的东西"[1]的论断。保罗·莱文森虽师从尼尔·波兹曼，却青出于蓝而胜于蓝，走出了一条与尼尔·波兹曼完全相反的理论道路，他主张技术的发展受到人的需求的指引，因此媒介在进化过程中，会越来越"人性化"。保罗·莱文森认为，媒介的演进过程就是不断对前一种媒介"补救"的过程，例如，文字时代是对口语时代的时间性补救，电子时代是对印刷时代的真实性补救。[2]

依据莱文森的"媒介补偿"理论，人工智能技术广泛应用前的时代是互联网技术的天下，人类已经可以通过互联网快速获取自身所需要的信息。但是，在通过互联网获取信息的过程中，互联网作为媒介并未对人类获取信息的过程带来任何主动性帮助，在此过程中，互联网只起到渠道和桥梁的作用，它自身是中性的，并无任何人性化倾向。于是，人类将类人智能赋予媒介，将人性化倾向置入生活中的每一个渠道和桥梁，人工智能技术开始践行人类思想，媒介环境中的人性化场域得到建构。

（二）时空偏向趋衡

哈罗德·伊尼斯提出的媒介偏向理论指出以不同技术为主导的传播媒

---

[1] 〔美〕尼尔·波兹曼：《娱乐至死》，章艳译，广西师范大学出版社，2011，第2页。
[2] 徐利德：《保罗·莱文森媒介进化理论的思想逻辑》，《青年记者》2017年第21期。

介在传播过程中都具备不同的传播偏向。以石头为媒介的传播方式因媒介的笨重而只具备便于保存的时间偏向；以纸张为媒介的传播方式因媒介的易损性而只具备便于运输的空间偏向。偏向时间的媒介有助于权威的树立和森严的社会等级体制的确立，而偏向空间的媒介有利于进行地域或空间的扩张。让两种媒介偏向达到平衡，社会就会趋于稳定，反之社会就会趋于瓦解。[①]

21世纪以来，以互联网技术为主导的传播媒介无限拓宽了人类信息的传播空间。然而，受困于老式电脑的不便携带性，以互联网技术为支撑的传播媒介导致时空偏向两极分化式的严重失衡。2015年以来，得益于硬件设备性能的大幅度提升，人工智能技术开始拥抱各行各业，传统媒介和新兴媒介的边界在人工智能技术的冲击下得以消解，各种各样的便携智能终端得以应用，以人工智能技术为支撑的传播媒介补足了互联网媒介的时间偏向缺失，媒介环境的时空偏向逐渐趋衡。

（三）"泛媒介化"的未来

人工智能等新媒体技术不仅将智能化带给每一种媒介，还通过智能技术赋予诸多媒介新的生命，万事万物都可以通过加装传感器和智能系统摇身一变，成为便捷人类生活的媒介枢纽。比如说如今几乎随处可见的可穿戴设备，一块屏幕显示器加上智能化的芯片，如手表、眼镜等，这些日常用品都可以变身为新型的智能视听媒介。健康手环式手表可以检测人类生命运动的健康数据，VR眼镜可以借助透明荧屏实现移动互联网环境下各种智能化的视听应用。人类正在人工智能的洗礼中，进入一个万物皆媒的时代。保罗·莱文森奉行"技术乐观主义"，他主张媒介的进化完全由人的需要主宰，人类的生存发展决定着媒介的使用和发展，人类并不会在技术进步带来的便捷中迷失自我，相反，技术进步会推动人类走向更加智能化与便捷化的未来。

人工智能等新媒体技术将智能化带给每一种媒介，媒介之间的界限被打破，并逐渐走向消弭。人工智能技术的涌入，使万事万物都能便捷地接入互联网，并以互联网为中介彼此连接。手机、电视、电脑这些不同门类、

[①]〔加〕哈罗德·伊尼斯：《传播的偏向》，何道宽译，中国人民大学出版社，2003，第105页。

不同用途的传统媒介在人工智能技术的洗礼中变得水乳交融，不分彼此。从电视媒介进化的角度来看，大小屏之间无缝对接的跨屏传播，机场车站人脸识别的屏幕显示器，全息沉浸式体验的虚拟现实影像等，在万物皆媒时代，如此万事万物都可以是带"屏"的视频媒介。这些视频新媒介的不同形态，各自成长、各自演进，同时又互相影响、彼此促进，新生共荣的媒介形态图景更加明显。

第二章　数字技术对电视媒介进化的影响

　　美国麻省理工学院教授及媒体实验室创办人尼葛洛庞帝写过一本《数字化生存》，描绘了数字科技给我们的生活和工作带来的冲击，成为人们跨入数字化新世界的最佳指南。这本《纽约时报》排行榜畅销书的第三章标题是"比特电视横空出世/媒介再革命"，其中写道："数字世界从本质上说可以不断升级。与过去的模拟系统相比，数字系统可以不断地、有机地发展和改变。……电视终会如此。"① 从某种意义上讲，这也是电视媒介进化论一种较早的表达。

　　尼葛洛庞帝所说的"比特"，是信息的最小单位，它没有颜色，没有尺寸或重量，能以光速传播。在早期的计算中，一串比特通常代表的是数字信息。越来越多的信息，如声音和影像，都数字化了，被简化为1和0组成的字符串。"数字化的好处很多。最明显的就是数据压缩（data compression）和纠正错误（error correction）的功能……有了这样的功能，电视广播业就可以省下一大笔钱，而观众也可以收到高品质的画面和声音。"② 其实，数字技术对电视媒介进化的影响还远不止于此。

第一节　数字化生存的电视新媒体

　　数字电视是相对于模拟电视而言的。所谓"数字电视"，是指节目从摄制、编辑、播出、信号发射到信号接收的整个过程都采用数字化技术来实现，具体包括数字摄像、数字制作、数字编码、数字调制和数字接收等，以达到

---

① 〔美〕尼葛洛庞帝：《数字化生存》，胡泳等译，海南出版社，1997，第57页。
② 〔美〕尼葛洛庞帝：《数字化生存》，胡泳等译，海南出版社，1997，第26页。

高质量传送电视信号的目的。① 简言之，数字电视是一个从节目摄制、编辑、信号发射、信号传输到信号接收、处理显示完全数字化的电视系统。

一 数字电视"新"在哪里

中央电视台杨继红在其专著《新媒体融合与数字电视》中从数字电视与模拟电视的不同之处入手，回答了数字电视"新"在哪里的问题。

从定义上看，模拟电视就是图像信号的产生、传输、处理到接收的复原，整个过程几乎都是在模拟体制下完成的。其特点是采用时间轴取样，每帧在垂直方向取样，以幅度调制方式传送电视图像信号。为降低频带，同时避开人眼对图像重现的敏感频率，将一帧图像又分为奇、偶两场扫描。20世纪六七十年代，在确定模拟电视的主要技术参数时，由于其相关理论和技术的缺陷，传统的模拟电视存在易受干扰、色度畸变、亮色串扰、行串扰、行蠕动、大面积闪烁、清晰度低和临场感弱等缺点。在模拟领域，无论怎样更新、改进硬件结构，也远没有达到电视所应有的功能和声像质量，不足以使其全面地发生根本性的变革。② 相比之下，数字电视泛指在电视信号的处理、传输、发射和接收全过程中，电视信号的数字化系统。具体传输过程是由电视台制作的图像及声音数字信号，经编码调幅、调制，多路合成，形成相同码型、不同码流的数字电视信号，用卫星通信、地面无线广播、有线光缆（电缆）等传输方式，由数字电视机接收完成数据流的解调、解码，再生出原图像的清晰度及伴音的高保真。因为系统全过程均采用数字技术处理，故其信息载荷量大，功能强，接收效果好。特别重要的是，在制作、编辑、传输和交换过程中系列化形成的全线、全程、全网的数据流，使传统媒体转化成为最具时代创造性和开放性的"流媒体"。

从硬件上讲，数字电视与模拟电视相比，具有以下优点。③ 其一，收视效果好。高清晰度的图像，高质量的音频，能够满足人们感官的需求。其二，抗干扰能力强。数字电视不易受外界的干扰，避免了串台、串音、噪声等现象。其三，传输效率高。利用有线电视网中的模拟频道可以传送8~10套标

---

① 雷蔚真：《社会与电视转型——媒体数字化理论研究》，中国大百科全书出版社，2012，第11页。
② 杨继红：《新媒体融合与数字电视》，清华大学出版社，2008，第5页。
③ 杨继红：《新媒体融合与数字电视》，清华大学出版社，2008，第6页。

准清晰度的数字电视节目。其四，兼容现有的模拟电视机。在普通电视机前加装机顶盒，即可收看数字电视节目。其五，提供全新业务。借助双向网络，数字电视不但可以实现用户自由点播节目，自由选取网上的各种信息，而且可以为用户提供多种数据增值业务。其六，易于实现时分多工传输。在数字电视通道中可以互不干扰地同时传递文字、数据、话音、静止图像等多种附加信息。其七，信号可直接进行存储、处理，从而能够改善图像并实现许多新的功能。用数字存储器可存储一行、一场或一帧乃至数帧电视信号，供各种信号处理用，如改善图像质量及增加功能，而这对于模拟信号来说是难以实现的。

　　从全流程来看，模拟电视与数字电视存在重要差别。在数字化之前，模拟电视的流程是由生产、传输、分配、接收构成的，节目生产出来以后按频道的方式播出去。模拟电视主要通过卫星传输、光缆干线传输、微波传输这三种方式，把中央电视台和各个电视台的节目传输到全国各地，再通过有线电视网和地方电视台对节目进行发配和接收，接收的用户都是固定接收的。数字广播电视产业链里面增加了集成的环节，具体包括生产、集成、分配、接收。在各个环节里面，也增加了很多内容。比如在节目的制作生产方面，不光是按频道来播出、传输，同时还提供节目内容、信息服务、游戏业务、各种商务服务、短信、彩信等大量的产品和服务。同时，有一个集成的平台，把节目提供的各种服务，先通过这个集成平台集成打包再进行传输、再分配。未来还会有一些新的传输方式，包括卫星电视直播、网络电视，通过各种传输的手段，把电视节目送到千家万户。在接收方面，模拟电视是固定接收，到了数字电视时代，除了固定接收，还可以移动接收。①

　　在国内第一本《电视传播学》专著的最后一章，华中科技大学石长顺教授将数字电视列为电视传播的发展趋势，他认为"数字电视带来的影响和作用，将是人们无法估量的"。具体来说，"电视系统的全面数字化"，其一，"将促使电视与通信、计算机业务一体化的形成"；其二，"最明显的功能就是数据压缩和纠正错误"；其三，"可使电视图像质量大大提高"；其四，"可使彩色电视机具有更大的兼容性"；其五，"正迅猛地改变着广播电

---

① 杨继红：《新媒体融合与数字电视》，清华大学出版社，2008，第10页。

视的节目制作和传输方式"。①

综合上述观点，笔者认为，在电视图像信号采、编、播全过程使用数字化技术，是电视诞生以来，继黑白变成彩色之后又一划时代的升级与进化，数字电视与模拟电视相比，不仅图像质量更加清晰，数字压缩后频道资源增多，更重要的是 1 和 0 的"比特"数字编码，让文字、图片、音频、视频等信息载体从不同的"原子"变成了统一的"比特"，这种数字融合带来了巨大的想象空间和未来发展的无限可能，最终将电视业推向了与电信、IT 跨界竞争的融媒体产业。正所谓"科学技术是第一生产力"，数字化后的电视新媒体，得到了空前的解放。

二 数字电视"进化"几何

笔者综合网络公开报道资料梳理世界各国数字电视推进状况如下：荷兰于 2006 年 12 月已经停播了地面模拟电视，成为世界上首个实现电视数字化的国家；芬兰于 2007 年 9 月 1 日停播模拟电视节目，全面进入数字电视时代；美国于 2009 年 6 月 12 日全部关闭模拟电视，正式进入数字电视时代；日本于 2011 年 7 月 24 日，结束其长达 58 年的模拟信号电视转播，成为亚洲第一个实现数字电视信号转播的国家。

中国电视数字化进程如下。2003 年，国家广电总局制定《广播影视科技"十五"计划和 2010 年远景规划》，明确提出："2010 年全面实现数字广播电视，2015 年停止模拟广播电视的播出。" 2006 年 12 月，国家广电总局在《"十一五"时期广播影视科技发展规划》中特别强调：模拟技术体制已经成为制约中国广播影视发展的瓶颈，数字化是广播影视发展的必然选择。2008 年 1 月 18 日，《国务院办公厅转发发展改革委等部门关于鼓励数字电视产业发展若干政策的通知》下发，该通知发布了中国电视数字化进程的时间表：② 2010 年东部和中部地区县级以上城市、西部地区大部分县级以上城市的有线电视基本实现数字化。2015 年基本停止播出模拟信号电视节目。2013 年 11 月 26 日，国家新闻出版广电总局科技司发布《地面数字电视广播覆盖网发展规划》，制定了到 2020 年实现地面电视由模拟技术体制转为

---

① 石长顺：《电视传播学》，华中理工大学出版社，2000，第 342 页。
② 杨继红：《新媒体融合与数字电视》，清华大学出版社，2008，第 3 页。

数字技术体制的总目标。具体分为三个步骤：第一步是 2013~2015 年在全国县级以上城镇以高、标清方式播出地面数字电视，逐步开始优化省会城市和各县的覆盖网络；第二步是到 2018 年底全国地级以上城市地面电视完成向数字化过渡，开始逐步停播模拟电视；第三步是到 2020 年底全面完善地面数字电视广播覆盖网，最终全面关闭地面模拟电视信号，完成地面电视向数字化过渡。

无论有线数字电视、地面数字电视、卫星数字电视，还是 IPTV、OTT TV、网络视频，这些全流程实现了数字信号的视频媒介，都离不开终端接收机的最终画面呈现。从电视接收终端来看，黑白电视机、彩色电视机、晶体管电视机、电子管电视机、CRT 电视机、液晶屏电视机、智能电视机，直到家用电脑屏、平板电脑屏、移动手机屏等，成为"电视媒介进化"具象化的载体。在这一系列"荧屏"进化的历程中，既有世界彩电玻壳第一生产企业"安彩高科"的破产，也有电视机生产企业上市公司"TCL 集团""四川长虹""海信视像""创维数字"等升级电视科技应用创新的一路高歌。

安彩高科（股票代码：600207），目前主营业务包括光伏玻璃和天然气业务，似乎和电视媒介毫不相关。其实，这家上市公司曾是世界最大的彩电玻壳生产企业。安彩集团于 1984 年成立，是我国彩电工业国产化中 6 个彩电玻壳生产线项目之一。1991~1993 年，安彩集团完成 258 项技术改造，填补了 8 项国内空白。1998~2000 年，安彩集团先后兼并了成都红光玻壳厂、天津市津京玻壳厂和河南新乡美乐集团，成为销售收入 60 亿元、资产 80 亿元，年产玻壳 3000 万套的中国玻壳行业龙头企业。2000 年前后，电视生产技术的第三次革命在国际上爆发。在显示技术上，液晶显示技术取得了成本上的巨大突破。数字高清技术逐渐代替模拟技术，市场的技术选择由 CRT 向以液晶、等离子为代表的平板显示技术转移。2003 年，安彩集团从美国康宁公司以 5000 万美元的价格，收购了 9 条传统电视玻壳生产线，荣升全球彩电玻壳龙头企业的地位，这次"蛇吞象"的收购也成为高校 MBA 案例。之后两年，美国康宁公司转向生产液晶玻璃，成为世界最大的液晶显示器（TET-LCD）用玻璃生产商，实现利润 5.85 亿美元，安彩集团却因玻壳大幅降价，陷入亏损，在一顶带着紧箍咒似的王冠下喘息。[①] 2008

[①] 牛勇平：《传媒产业资本运营》，经济管理出版社，2014，第 61 页。

年1月，安彩集团申请破产，成为中国彩电产业的一大轰动事件。安彩集团是中国彩电产业中唯一以自主创新高调打破国际巨头彩电玻壳垄断局面的企业，这段历史也被称为"中国彩电工业历史的缩影"。

海信视像（股票代码：600060）2019年上半年报告认为，随着国家超高清行动计划的支持等利好政策的驱动，以新型显示技术为基础的AI智能技术、物联网技术以及5G技术的发展将逐步带动显示技术的进步和行业消费升级，并给企业的发展带来机遇与挑战。市场特点如下。[①] 其一，高清大屏成为消费升级的主流趋势。中怡康上半年月度监测数据显示，65英寸及80英寸以上大屏市场增长迅速，65英寸大屏市场零售量同比增长了23.57%，80英寸及以上大屏市场的零售量增幅更是达到187.92%，电视大屏化俨然成为消费升级新节点。其二，激光电视成为换代首选。根据中怡康上半年月度监测数据，在80英寸及以上的超大屏幕市场中，激光电视的零售量占比达到58.05%，已成为消费者的换代首选，激光电视以差异化的技术优势引领着消费升级，是当之无愧的蓝海市场。其三，4K普及，消费升级加速。随着彩电行业4K超高清上下游资源发展的相对成熟、4K内容的丰富以及技术的升级，4K已成为消费者最优选择。中怡康数据显示，2019年上半年4K电视零售量占比达66.60%，超高清分辨率逐渐成为市场的标配，产业结构的持续升级将拉动行业消费向中高端转型。

创维数字（股票代码：000810）成立于2002年，是国内较早从事数字电视智能盒子终端研究、开发、设计、制造以及销售的国家高新技术企业，基于格兰研究等数据，在国内广电运营商市场占有率、国内OTT TV智能终端市场销量、国内4K机顶盒销量、国内三大通信运营商IPTV+OTT销量、中国企业出口海外销量等方面，其整体在国内行业遥遥领先。创维数字推行研发、生产、营销的国际化战略，机顶盒产品行销全球，是国内数字智能盒子行业的龙头企业，整体规模居于全球机顶盒行业前列。创维数字认为，[②] 随着中国移动的魔百盒用户被正式纳入IPTV用户体系，截至2019年第一季度末，全国IPTV的用户规模达2.72亿户，收视份额达60.85%，成为最主要的电视收视方式。在提速降费政策背景下，三大通信运营商继续

---

① 海信视像：《600060：海信电器2019年半年度报告》，2019年8月。
② 创维数字：《2019年半年报告》，2019年8月。

深挖数字家庭市场、发力融合业务，抢占智慧家庭制高点。创维数字与三大通信运营商建立和保持战略合作伙伴关系，共同探索以用户价值为导向，以市场需求为中心，以场景与应用的融合为切入点的产品与服务新业态：其一，智能接入光通信终端；其二，智能多媒体信息中心；其三，泛智能终端设备，利用运营商"+N"战略的市场契机，建设符合客户需要的运营商渠道智能家居生态。格兰研究数据显示，截至2019年第一季度，我国有线电视用户规模为2.22亿户，收视份额继续下探。面对国内电信IPTV、网络视频的冲击，我国广电网络运营商迫切需要深入挖掘用户收视需求、提升运营服务能力，加强网络IP化、积极部署4K/8K业务，拓展DVB+OTT、集客业务（雪亮工程、天网工程、公共Wi-Fi、智慧医疗、智慧政务、党政视频会议）等新业态。2019年2月28日，工业和信息化部、国家广播电视总局、中央广播电视总台联合印发《超高清视频产业发展行动计划（2019—2022年）》，明确将按照"4K先行、兼顾8K"的总体技术路线，大力推进超高清视频产业发展和相关领域的应用。广电网络运营商为了提升自身竞争力，围绕着4K超高清及光网络改造进行产品升级，终端产品主要体现为4K超高清机顶盒及ONU光接入，我国有线电视行业4K超高清机顶盒及网络接入市场空间将快速释放。

以上三家数字电视产业相关上市公司，分别从数字电视机元器件、数字电视机整机和数字电视机机顶盒中间件等三个方面，透露出数字技术时代"电视媒介进化"的突飞猛进。

三 数字电视"变身"何物

国家新闻出版广电总局发展研究中心主编的《中国视听新媒体发展报告（2015）》中，梳理展示了几种"视听新媒体"的发展状况，包括IPTV、网络视频、互联网电视、手机电视、公共视听载体等，认为视听新媒体终端主要包括互联网电视终端（含互联网电视一体机即智能电视机和互联网电视机顶盒）、移动智能终端（包括智能手机与平板电脑）、电脑（PC）、游戏机、可穿戴设备等，呈现出多元化、智能化、移动化、融合化、多屏互动的发展态势。[①] 从中可以看到，在视听新媒体时代，数字电视因为

---

① 国家新闻出版广电总局发展研究中心：《中国视听新媒体发展报告（2015）》，社会科学文献出版社，2015，第123页。

数字技术融合已经以"视频"为中心"变身"为有线数字电视、卫星数字电视、地面数字电视、IPTV、互联网电视、网络视频、手机电视、地铁移动电视、楼宇电视，等等。

北京电影学院张锐副教授在《视听变革：广电的新媒体战略》中，专设了"渠道的多元化：无处不在的视频"一章，认为电视的播放终端从传统的电视机逐步扩展到智能电视、智能手机、PAD、PC等多终端，视频传输服务打破了电视运营商的"封闭花园"。① 中国人民大学雷蔚真教授《社会与电视转型——媒体数字化理论研究》一书，分为"数字电视""网络视频""移动视频"三篇加以研究和论述，涉及数字电视的新媒体形态有"有线数字电视、地面数字电视、直播卫星电视、移动电视、移动多媒体广播（CMMB）、IPTV"等。② 笔者也较早提出"大电视产业正浮出水面"，认为"数字技术、网络融合、云计算等高新科技的发展和应用，为电视产业带来新的机遇和挑战。传统电视媒体分别与固定网络和移动互联网融合，衍生出IPTV（网络电视）、视频网站和手机电视等视听新媒体形态，电视产业向网络化和数字化方向快速拓展，有效延长电视产业价值链条，包括部分通信服务、数字机顶盒、智能电视机等在内的'大电视产业'正浮出水面"。③ 归根结底，数字化技术让原本垄断的"原子电视"变身为跨界竞争的"比特视频"，数字化存在打破了电视的固有疆域，数字技术融合成为互联网、云计算、大数据、物联网、虚拟现实、人工智能等新技术在视听领域应用创新的基础。从这个意义上讲，数字技术是电视媒介进化的原动力。

数字电视中允许观众接收电子内容的平台主要有四种基本类型：卫星平台、地面平台、有线平台和宽带平台。与传统电视平台不同，数字电视观众家中需要有一个能够接收电视图像信号并对其进行解码的"计算机"，电视图像可以通过卫星、有线网络、无线网络或电话线等任何一种方式传送入户。这个在观众家中安置的计算机，通常被称为"机顶盒"，它能将电视图像信号还原成电视机能够理解的形式。数字电视的实质是将计算机的

---

① 张锐：《视听变革：广电的新媒体战略》，新华出版社，2015，第88页。
② 雷蔚真：《社会与电视转型——媒体数字化理论研究》，中国大百科全书出版社，2012，第28页。
③ 高红波：《数字电视产业，谁的盛宴？》，《视听界》2012年第2期。

灵活性引入电视业,机顶盒就相当于一个计算机,电视就相当于它的显示器。[1] 相应地,数字电视就有了四种基本的实现方式。

其一,有线数字电视。有线传输是目前中国数字电视的主流传输形式之一。从画面质量来看,有线数字电视信号比较稳定,收视质量好,频道数量经升级改造后传输容量有较大的提高,可保障传输安全,缺点是网络铺设到户,成本很高。[2]

其二,地面数字电视,也称无线数字电视,是指架设数字电视信号发射塔,通过无线数字信号传输,以地面数字接收的方式接收和播放电视节目。主要有两种接收方式,一种是固定接收,即利用传统电视机加装机顶盒后进行无线数字信号接收,其特点是覆盖范围广;另一种是移动接收,即在各种移动载体上安装移动电视接收系统或者可以接收移动信号的芯片,实现在较大范围内支持正常、清晰的移动接收。在我国,移动接收一般是指车载移动接收。[3]

其三,卫星数字电视,是指利用人造卫星作为中继站来转发或反射广播电视无线电信号,在两个或多个地面站之间进行广播电视数字信号传输的一项集卫星技术与数字电视信号处理技术于一体的数字电视传输模式。卫星数字电视传输的基本特点是覆盖范围非常广泛,较少受到地形、地貌的影响,传输容量较大,可达上百个频道,对传输的成本距离不敏感,适宜大众传播,接收设备简便,技术上支持直播到户。[4]

其四,交互式网络电视(IPTV),是利用宽带网的基础设施,集互联网、多媒体、通信等多种技术于一体,通过互联网协议(IP)向家庭用户提供包括数字电视在内的多种交互式数字媒体服务。[5] 我国目前开展的IPTV业务主要是指通过宽带IP专网,以电视机为接收终端的传播形式。

数字电视"变身"的视听新媒体形态有如下五种。其一,网络广播影视,是指基于IP协议,通过公共互联网提供以计算机为主要接收终端的网络音视频传播服务。与IP电视、互联网电视等业务相比,网络广播影视的

---

[1] 杨继红:《新媒体融合与数字电视》,清华大学出版社,2008,第11页。
[2] 黄升民等:《中国数字新媒体发展战略研究》,中国广播电视出版社,2008,第117页。
[3] 黄升民等:《中国数字新媒体发展战略研究》,中国广播电视出版社,2008,第3页。
[4] 黄升民等:《中国数字新媒体发展战略研究》,中国广播电视出版社,2008,第117页。
[5] 杨继红:《新媒体融合与数字电视》,清华大学出版社,2008,第13页。

最大特征是运行在开放性的公共互联网平台上。具体包括网络广播、网络电视与网络电影。其中，网络电视是视频内容在互联网上的传播形态，也叫网络视频，可包含不具备独立形态的网络电影。[1] 其二，手机电视，是指以移动互联网或者移动通信网为传输载体，以流媒体内容为表现形态，使用手机终端观看的交互式视听节目业务。手机电视的业务形态有视频直播、视频点播和下载播放，主要特点是便携性、个性化、互动性和开放性。[2] 其三，互联网电视，是以互联网电视一体机或有上网功能的电视机顶盒为终端，以公共互联网作为传输介质，为观众提供直播、点播、回放及其他互动应用功能的 IP 电视媒介。[3] 我国目前的互联网电视与 IPTV 的区别，主要是通过公共互联网还是专网传输视频节目。其四，公共视听载体，是指通过广播电视网、互联网及其他信息网络在车载、楼宇、机场、车站、商场（商铺）、银行、医院及户外等公共载体上播放视听节目的服务。主要终端包括车载移动电视、楼宇电视和户外大屏幕电视等。[4] 其五，移动多媒体广播电视，是指利用无线数字广播电视技术向手机、MP4、笔记本电脑等 7 英寸以下小屏幕终端随时随地提供广播电视节目和信息服务的广播电视服务。[5] 中国移动多媒体广播电视（CMMB）具有自主知识产权，并建立了全国统一的运营体制。

从模拟技术时代到数字技术时代，电视节目传输的方式多样，形态多元，有线数字电视、地面数字电视、卫星数字电视、IPTV、互联网电视、手机电视、车载电视、网络视频等，数字电视有了"七十二般变化"，但万变不离其宗，从"原子电视"到"比特视频"的数字化生存，是其千变万化的"基因"所在。正是因为有了这种数字融合的"视频基因"，视听新媒体技术的"叠加"也才顺理成章。

---

[1] 国家广播电影电视总局发展研究中心：《中国视听新媒体发展报告（2011）》，社会科学文献出版社，2011，第 76 页。
[2] 国家广播电影电视总局发展研究中心：《中国视听新媒体发展报告（2011）》，社会科学文献出版社，2011，第 114 页。
[3] 国家广播电影电视总局发展研究中心：《中国视听新媒体发展报告（2011）》，社会科学文献出版社，2011，第 136 页。
[4] 国家广播电影电视总局发展研究中心：《中国视听新媒体发展报告（2011）》，社会科学文献出版社，2011，第 156 页。
[5] 国家广播电影电视总局发展研究中心：《中国视听新媒体发展报告（2011）》，社会科学文献出版社，2011，第 173 页。

四　数字融合"魔力"何在

《数字化生存》贯穿全书的一个核心思想是，比特，作为"信息的DNA"，正迅速取代原子而成为人类社会的基本要素。比特（bit）与原子（atom）遵循着完全不同的法则。比特没有重量，易于复制，可以以极快的速度传播。在它传播时，时空障碍完全消失。原子只能由有限的人使用，使用的人越多，其价值越低；比特可以由无限的人使用，使用的人越多，其价值越高。[①] 尼葛洛庞帝认为，当所有的媒体都数字化以后，比特会毫不费力地相互混合，可以同时或分别地被重复使用。声音、图像和数据的混合被称作"多媒体"，也就是"混合的比特"。同时，一种新形态的比特诞生了，也就是一种"关于比特的比特"的"信息标题"。这两个现象，即"混合的比特"和"关于比特的比特"，使媒体世界完全改变。不仅视频点播和利用有线电视频道传送电子游戏之类的应用可以轻松实现，而且，电视节目改头换面成为数据，其中还包含电脑也可以读懂的关于节目的自我描述，方便用户不受时间和频道的限制，找到自己想要的内容。[②] 正是在这个意义上，比特被作者视为"信息的DNA"。

"混合的比特"，其实正是我们今天所讲的"数字融合"。1978 年，尼葛洛庞帝用一个图例演示了三个相互交叉的圆环趋于重叠的聚合过程，这三个圆环分别代表计算机工业、出版印刷业和广播电影工业。这种对于"混合的比特"的交集的认识，被视为媒体融合研究的开始。1983 年，同在麻省理工学院的普尔教授提出"传播形态聚合"，即文字、图片、声音、图像等多种传播介质合为一体，组成一个更先进、更便捷的信息传播平台。[③] 换句话说，"混合的比特"让不同信息介质的"原子"物质形态，魔术般地统一变身为"比特"，这样一来，电报、电话、报纸、广播、电视、网络运载传输的各类原本不同的"信息原子"，变成了一段数字化存储的"信息比特"，"数字融合"最终带来"媒介融合"。这是数字技术"魔力"在传媒领域的终极体现。

[①] 〔美〕尼葛洛庞帝：《数字化生存》，胡泳等译，海南出版社，1997，第 3 页。
[②] 〔美〕尼葛洛庞帝：《数字化生存》，胡泳等译，海南出版社，1997，第 29 页。
[③] 张振华、欧阳宏生、张君昌：《中国广播电视学》，中国国际广播出版社，2018，第 93 页。

"关于比特的比特",则给信息的存储和调取带来特殊的便利。以电视为例,由于有了这种"标签",磁带里的声音画面资料可以变成一段有自己名字和特征描述的数字化存储的字符串"数据",电视台的"磁带资料库"变身为数字化的"媒资系统",视频资料的存储更为保真,视频资料的调取和使用也更加方便快捷,通过互联网络的传输计费也成为可能。不仅如此,随着人工智能语音识别和图像识别技术的进步,"关于比特的比特"在智能搜索领域的应用更为广泛。换言之,"关于比特的比特"可以让数字化存储的视频资料,实现"数据化管理"和在"云端"的资源共享,还可以实现人工智能的"语音搜索"和"图像识别",为数字技术、互联网技术、云计算技术、大数据技术和人工智能技术等新媒体技术在视听媒体领域的交互应用奠定基础。

数字融合的神奇"魔力",用尼葛洛庞帝的话来说,就是"理解未来电视的关键,是不再把电视当电视看待。从比特的角度来思考电视才能给它带来最大收益"。① 比如,一场无法按时观赏的球赛或脱口秀,按照"比特放送"的思路,我们可以录制下来回看或者点播,不再受到传统电视"线性传输"的限制和约束。即使在数字电视节目的制作环节,"非线性编辑系统"软件的开发,也大大解放了电视节目内容的生产力。

所谓"非线性编辑系统",是指把输入的各种视音频信号采用数字压缩技术存入计算机硬盘中,将传统电视节目后期制作系统中的切换台、数字特技、录像机、编辑机、调音台、字幕机、图形创作系统等设备,用一台计算机来进行运算、操作。② 在传统的线性编辑中,镜头要按前后顺序依次地剪辑与记录,如果发现前面录制的镜头需要修改,则从该镜头以后的内容都要重做。而非线性编辑的概念就是对镜头的任意编辑。可以按顺序从前到后进行编辑,也可以从任意位置开始编辑,当需要修改时,可以把一个镜头直接插入节目的中间位置,也可以把任意位置的镜头或几帧画面从节目中删除,这些都丝毫不会影响后面的内容。可以进行镜头的移动、对换,或者让一个镜头覆盖另一个镜头。这种对素材的灵活编辑是在传统线性设备上不可能实现的。随着数字视频技术的发展和成熟,与传统线性编

---

① 〔美〕尼葛洛庞帝:《数字化生存》,胡泳等译,海南出版社,1997,第63页。
② 孟群:《电视数字制作:融合·虚拟·互动》,北京师范大学出版社,2010,第162页。

辑系统相比，非线性编辑系统的优点越来越明显。一是编辑制作灵活方便、效率高。二是编辑过程中的信号损失小。三是设备一体化，可靠性高，使用寿命长。四是联成网络，资源共享。

总之，数字技术对电视媒介的进化的作用，全方位体现在数字电视节目生产、传播、接收的全流程中，实现电视从模拟技术时代向数字技术时代的跨越。数字融合完成了文字、图片、音频、视频等不同信息介质的同一化，为媒介融合和各种新媒体技术的综合应用奠定了坚实的基础。

第二节　数字化时代电视媒介营销的重新定位[①]

尼葛洛庞帝在《数字化生存》中写道："作为电信的范式，'无论何事、无论何时、无论何地'的口号已经陈腐不堪，但使用它来思考电视的新境界，却很不错。"[②] 如今随着数字新媒体的发展，尤其是移动多媒体广播的出现，尼葛洛庞帝所说的这个"电视的新境界"已经成为现实，传统电视生存、发展和竞争的环境已经发生了很大的变化。

数字化时代的媒介融合带来 IPTV、手机电视、网络视频等对于传统电视产品和服务具有替代性功能的新媒体形态，电视媒介营销的市场竞争环境剧烈震荡。同时，在新的技术环境下，受众的媒介使用和消费行为同样不可避免地发生了改变。

媒介竞争环境和受众行为的改变对电视媒介意味着什么？这些变化对电视媒介的宣传和推广提出了哪些新的要求？在传播科技数字化变革的浪潮中，电视媒介营销走过了怎样的变化之路？电视媒介营销的未来路在何方？这些问题是本节关注的重点。

一　电视媒介营销相关文献综述

国外电视媒介营销方面的研究始于 20 世纪七八十年代，早期的社会科学家开始研究电视的制作、营销以及功能。[③] 随后，传播学者和电视业界从

[①] 本节主要内容发表于《中国传媒报告》2009 年第 3 期。
[②] 〔美〕尼葛洛庞帝：《数字化生存》，胡泳等译，海南出版社，1997，第 203 页。
[③] 鲁曙明、洪浚浩：《传播学》，中国人民大学出版社，2007，第 252 页。

业人员逐渐加入媒介营销的研究队伍，代表性成果有沃尔特·麦克道尔和艾伦·巴滕的《塑造电视品牌：原则与实践》(Branding TV: Principles and Practices) 以及苏珊·泰勒·伊斯特曼等编的《广播、电视和网络：宣传与营销》(Media Promotion and Marketing for Broadcasting, Cable and the Internet) 等。这些著作从电视媒介自身角度出发，研究了媒介品牌塑造和传播的技巧，有的还提出了新媒体环境下电视媒介的在线传播和电子邮件营销的思路和策略。

我国媒介自身的宣传与营销研究晚于西方发达国家，新中国成立后的新闻管理体制和新闻政策使传媒机构在相当长的历史时期里作为党政附属机关存在，并不存在媒介营销的环境和条件。改革开放后，中国传媒业逐渐由"事业单位"向"企业化管理"转向，传媒产业逐渐向"供过于求"的买方市场转变，媒介经营管理研究开始升温。电视媒介营销研究的主要成果有《电视营销传播》（文硕、张小争、李晓萍，中国广播电视出版社，2001）、《电视广告营销》（佘贤君，中国广播电视出版社，2004）以及《应对媒介融合——新环境下的电视节目营销》（刘婧一，中国传媒大学出版社，2008）等。这些著作具有一定的新意，但仍局限于市场营销理论和电视经营较为简易的结合，基本按4P、4C、4R理论对电视经营进行阐释。此外，还有一些期刊论文，以及硕士、博士学位论文也关注到电视媒介营销问题，主要有：李岭涛的《探索与电视观众收视行为相匹配的营销方式》（《广播电视信息》2003年第12期）、卜彦芳、尤丽芳的《从营销角度看电视媒体的经营》（《现代传播》2004年第2期），苑志强的《电视媒介的活动营销》（《中国记者》2006年第8期），李盈盈的《电视媒体的数位化营销时代》（《中国广播电视学刊》2008年第1期），等等。

国内外学者的相关研究分别从电视媒介营销环境变化、受众收视行为变化、电视媒介营销策略变化等方面进行了较为广泛的研究，这些成果虽然多为市场营销理论的移植和电视媒介营销实践经验的总结，存在理论原创性不足的问题，但是它们为本研究奠定了基础，开阔了视野，拓展了思路，具有一定的启发意义。

二 数字化生存给电视媒介带来的环境变化扫描

"如果今天你跟人说看过某个节目，别人可能不敢确认你指的是电视片、网络视频（webisode，通过网络技术传输的节目）抑或是手机视频（mobisode，通过手机传输的短片）。"① 这句话简明扼要地道出了数字化生存给电视媒介带来的竞争环境的变化。当传统的录像带节目由"原子"变成了"没有颜色、尺寸或重量，能以光速传播"② 的数字信息"比特"，当数字信息技术打破了传统媒介的边界，使多种媒体走向融合的时候，电视媒介的市场竞争者蜂拥而至，电视产业市场格局面临重构。

我们以视频网站为例。从视频网站使用或者传受关系上，视频网站可以分为视频分享和视频点播（网络电视）两大类；从视频网站建设主体区别上，视频网站又可分为门户网站、媒体机构、商业机构三大类。③

三 新媒介消费环境中受众媒介使用行为的变化

按照韦伯斯特和瓦克什莱格在1983年提出的"电视节目选择模式"，④在任一时间选择收看某一特定节目首先取决于该观众是否在场收看，其次取决于该节目当时是否正在被播放，最后才是节目类型偏好、收看群体、节目知晓等因素。但是，新媒体技术的发展改变了这种时间和空间上的"束缚"，电视节目内容逐渐变成了可以多处呈现的"视频"，可以超越时空进行延时点播，超越空间限制通过便携式媒体实时直播，电视观众的收视行为发生了颠覆性的变化。为了时间上的便利或者逃离硬性广告时间，现在观众看电视剧的方式有了很大的改变，很多人选择网络点播或者视频搜索来观赏节目。正如国际电视宣传与营销联合会（PROMAX）主席艾伦·巴滕等人所说："电视业目前由发行技术所主导的状况终将会被打破，占据决定地位的将是基于内容而不是硬件技术的观众满意度。目前风行的媒介融合预示未来只需要一个简单的转换器，所有的节目内容就可以在一个屏幕上出现。"⑤

---

① 〔美〕斯蒂芬·马斯克勒特、罗伯特·A. 克莱恩：《广播、电视和网络：宣传与营销》，刘微译，中国传媒大学出版社，2008，第205页。
② 〔美〕尼葛洛庞帝：《数字化生存》，胡泳等译，海南出版社，1997，第24页。
③ 吴信训主编《世界传媒产业评论（第4辑）》，中国国际广播出版社，2009，第58页。
④ 见〔英〕丹尼斯·麦奎尔、〔瑞典〕斯文·温德尔《大众传播模式论》（第2版），祝建华译，上海译文出版社，2008，第136页。
⑤ 〔美〕沃尔特·麦克道尔、艾伦·巴滕：《塑造电视品牌：原则与实践》，马敏译，中国传媒大学出版社，2006，第127页。

数字技术和互联网的普及发展，不仅影响了受众对电视节目的观赏行为，其带来的更为重要的一个变化是用户开始自己制作内容参与传播。随着DV产品从各个方面超越传统的模拟摄像机，其影响并改变着观众对于传播的习惯，使大众和专业之间的界限变得模糊。① 过去的普通电视观众如今可以自己拿起微型数字摄像机进行拍摄，并且可以轻而易举地通过非线性编辑软件创作自己的影像作品。视频分享类网站平台和各家电视台纷纷开设的DIY类电视节目（如河南电视台《DV观察》等）为受众的电视传播参与行为提供了便利。不断进步的传播技术和新兴媒介使"新闻传播方式从传统媒介主导的单向式转变为专业媒介组织与普通公民共同参与的分享式、互动式"。② 在这种受众媒介消费行为的颠覆性变革中，甚至还出现了《一个馒头引发的血案》等高点击率的网络视频节目。用户制作内容的兴起，对于电视媒介产业的威胁绝不局限在观众多了一种自娱自乐的内容产品，更为重要的是它为电视节目的内容生产和媒介资产的重新认识敲响了警钟，失去了渠道霸权的电视，如果在内容产品上再失去主导地位，其产业的前景将更加危险。

四 电视媒介营销对受众影响的模式改变

马克·波斯特（Mark Poster）《第二媒介时代》这样开篇："20世纪见证了种种传播系统的引入，它们使信息能够从一个地点到另一地点广泛传输，起初，它们通过对信息的电子化模拟征服时空，继而通过数字化加以征服。"③ 马克·波斯特把媒介传播分成两个时代：一是"为数不多的制作者将信息传送给为数甚众的消费者"的电视主导的"播放型传播模式"（broadcast model of communication），二是"随着信息'高速公路'的先期介入以及卫星技术与电视、电脑和电话的结合"而产生的互联网主导的"双向的去中心化的交流"的"第二媒介时代"。④ 依据这种划分，我们可以较为清晰地归纳出电视媒介营销对受众影响模式的改变。

---

① 田智辉：《新媒体传播——基于用户制作内容的研究》，中国传媒大学出版社，2008，第54页。
② 蔡雯：《媒介融合前景下的新闻传播变革——试论"融合新闻"及其挑战》，《国际新闻界》2006年第5期。
③ 〔美〕马克·波斯特：《第二媒介时代》，范静哗译，南京大学出版社，2005，第3页。
④ 〔美〕马克·波斯特：《第二媒介时代》，范静哗译，南京大学出版社，2005，第16页。

本书试图以化学反应方程式的形式表现这两种模式下电视媒介营销的内涵和外延，下列模式方程中的字母分别代表：A——Audience（观众），M——Marketing（营销），C——Communicate（传播），S——Search（搜索）。

（一）"播放型传播模式"下电视媒介营销方程：A+M→AM

我们用这个方程解读模拟技术时代的电视媒介营销。在这个方程中，观众 A 在营销手段的影响下，变成了被俘获的受众 AM，整个过程比较简单，就像传播学中的"魔弹论"，大量的信息灌输给观众，希望观众在强大宣传攻势下被俘。这个阶段电视媒介营销的手段较为单一，一般为硬广告，对受众的影响其实较为有限，仅能在受众的身上发生"物理变化"，即把观众变成接收宣传信息的"容器人"。其营销逻辑是通过电视节目内容来吸引受众观看，获得观众的"注意力"这一稀缺资源，再把它作为商品转卖给广告商，收视率就是这个过程中的"通用货币"，收视率高的节目广告价格就高。其营销策略是通过对于电视节目内容如电视剧、新闻、娱乐节目的"轰炸式"宣传或差异化编排，以大众传播的手段，最大限度地向观众告知信息，提高收视机会。其主要借鉴电影预告片的形式，通过电视本身的渠道优势进行在播宣传，一遍遍地播放制作好的视频片花。这一模式最大的问题在于"单向"传播，电视媒介营销在产品观念和推销观念停留，以传播者和传播产品为中心，没有或想当然地考虑受众需求问题。

在这个阶段，电视媒介明显变为"出售时间的行业"，节目制作者每天想的是怎么能很快地生产出节目把播出时间"填满"，电视营销者考虑赶快把时间卖出去，曾任美国 CBS 电视台联系部副总裁的爱德华·舒里奇的话充分表达了这种心理："电视网的竞争非常激烈，每天有一个时段卖不出，砸在手里，你都会赔钱，这就像你不想卖葡萄了，可是商店货架上还剩下那么多葡萄。"[1] 我们国家的各级电视台在 20 世纪 80 年代中期以后，纷纷增开多个频道，目的之一就是通过开发频道资源增加广告时间。[2] 但是，要想卖出"时间"，就要用好的"节目"来吸引观众，电视媒介的宣传和推广

---

[1]〔美〕马丁·迈耶：《美国商业电视的竞争》，刘燕南、肖弦弈、和轶红译，中国传媒大学出版社，2007，第 38 页。

[2] 杨伟光：《中国电视论纲》，中国广播电视出版社，1998，第 286 页。

方面，仅有片花和电视报这些手段和渠道，力道嫌小，营销效果较差。

（二）"第二媒介时代"电视媒介营销方程：A+M→AM+AC+AS

马克·波斯特早就预言："一种替代模式将很有可能促成一种集制作者/销售者/消费者于一体的系统的产生。该系统将是对交往传播关系的一种全新构型，其中制作者、销售者和消费者这三个概念之间的界限将不再泾渭分明。大众媒介的第二个时代正跃入视野。"[1] 在这一时期，电视受众借助先进的技术手段变得空前活跃和主动起来，信息的无障碍聚合和检索催化了"裂变"及"聚变"效应的产生，借视频网站、手机电视、IPTV 等多种新媒体终端，传播效果更加理想，在得到被俘受众 AM 和病毒营销或称口碑传播者 AC 的同时，还培养出一批善于搜索信息的用户 AS，受众根据兴趣进行搜索，通过 QQ 即时通信、SNS 社交网络、视频分享网站等进行再传播，受众影响和威力越来越大，AS 和 AC 的出现对电视媒介营销提出新的更高的要求。

从某种意义上说，电视媒介营销增强受众参与度的做法实质上是把受众参与的重点向节目链前端移动。比如，对于电视剧，在之前的"播放型传播模式"中是由电视机构测评、定制或购买，然后通过电视播放来吸引观众，但是在"第二媒介时代"，电视剧的测试和评判交给了观众代表。美国 ABC 电影总监巴里·迪勒在实践中运用了所谓的"概念测试"（concept testing）方法，[2] 主要测试观众对节目创意的反应，这种测试每年要进行 6 次。此外，电视剧在播出期间通过手机短信的有奖问答等互动环节进行测评则更为常见。受众参与程度不断加强还导致了用户制作内容（UGC）的大量出现，各级电视台民生新闻的 DV 观察员拿起手中的微型数字摄像机活跃在市民生活当中，原汁原味的 DIY 公民新闻作品开始广泛传播……

数字技术的发展、互联网搜索功能和"云计算"等技术的运用，为受众的主动参与创造了条件，这个方程展现出受众的"参与"和"搜索"，这是"第二媒介时代"电视媒介营销传播的新特点。在这个阶段，营销者把单一手段的大众传播与其他的营销手段整合在一起，开始综合运用广告、

---

[1] 〔美〕马克·波斯特：《第二媒介时代》，范静哗译，南京大学出版社，2005，第 3 页。
[2] 〔美〕马丁·迈耶：《美国商业电视的竞争》，刘燕南、肖弦弈、和轶红译，中国传媒大学出版社，2007，第 77 页。

公关、宣传、促销等手段，让观众参与电视传播的整个过程，甚至变成"游戏中的角色"，如《美国偶像》《超级女声》等活动营销的范例。数字技术的发展和传播工具的多样化，客观上为受众参与电视传播活动提供了便利。互联网络、手机等新兴媒体，增强了受众在传播链条上的主动性，打开一条把"受众"变成"传播者"的简易通道。

五 "媒介营销空间定位模型"的建构及电视应用

在市场营销领域，美国的两位广告经理阿尔·里斯和杰克·特劳特首创了"定位"这个词："定位起始于产品。一件商品、一项服务、一家公司、一个机构，或者甚至是一个人……然而，定位并非是对产品本身做什么。定位是指要针对潜在顾客的心理采取行动，即将产品在潜在顾客的心目中定一个适当的位置。"[1] 后来，杰克·特劳特和史蒂夫·瑞维金认为这个观念需要进一步更新，于是提出"新定位"的概念，因为他发现一些公司出现了两类新的问题："第一种类型是，公司已经丧失了市场的焦点。他们要么进行产品线延伸，要么分散经营，结果作茧自缚。……另一种类型同变化相关，它们的问题是公司背后的市场变化。公司为了生存不得不寻找一种新的观念或定位以求发展。"[2] 值得一提的是，这本名为《新定位》的书中专门有一章讲"电视节目的重新定位"。数字化时代对电视媒介营销提出新的变革要求。电视媒介竞争的市场环境发生了新的变化，媒介融合增加了电视媒介营销传播的渠道，电视节目的数字化采集、存储、传输、共享为电视媒介营销提供了新的机遇，受众从被动的受传者变成主动的传播者，这些都给"我播你看"的传统电视蒙上一层阴影。在这种剧烈的市场变化中，我们怎样为电视媒介"重新定位"呢？

我们尝试构建一个"媒介营销空间定位模型"。综合考虑传播媒介的特性，大致有三个维度可以勾勒其自身的特性和状态。第一个维度是"信息存储和接收方式维度"，简称"信息维度"，以字母 I（Information）指代。信息维度是用来表示，媒介所传递的信息是怎么存储的，它们又是通过怎

---

[1] 见〔美〕菲利普·科特勒《营销管理》，梅清豪译，上海人民出版社，2003，第 340 页。
[2] 〔美〕杰克·特劳特、史蒂夫·瑞维金：《新定位》，李正栓、贾纪芳译，中国财政经济出版社，2002，"前言"第 2~3 页。

样的方式到达受众的，我们可以把这个维度大致分为固定接收信息、存储接收信息和移动接收信息三类。第二个维度是"以目标受众为标准的传播类型维度"，简称"传播维度"，以字母 C（Communication）指代。传播维度用来表示媒介追求的目标受众是大众的、分众的还是个体的，相应地可以分为大众传播、分众传播、个性化传播三种类型。第三个维度是"媒介传播所采用的技术水平或技术观念"，简称"技术维度"，以字母 T（Technology）指代。技术维度是用来表示，媒介传播所依赖或所遵从的技术水平或技术观念。在这个维度上，各媒介依据技术类别不同可以有不同的分类，比如电视可以分为模拟技术和数字技术两个维度，互联网可以分为 Web1.0 时代、Web2.0 时代和 Web3.0 时代三个维度，手机可以分为 1G、2G、3G 和 4G 等。这样我们就构建了一个"媒介营销空间定位模型"（ICT）。随着传播科技的进步，尤其是数字信息技术带来的媒介融合，各种媒介的边界渐渐被打破，但是其核心技术和传播理念各有不同，在一个由"信息维度"、"传播维度"和"技术维度"构成的三维空间中，随着市场环境变化，各媒介自身的定位和重新定位的诉求也会较为直观地反映出来。

随着技术的发展，电视媒介在营销空间的重新定位有了多种选择和可能。下面，我们以电视节目营销和电视品牌塑造为例加以说明（见图 2-1）。在模拟技术时代，电视节目营销传播和品牌塑造几乎全靠在播宣传，主要表现为传统电视台的"大众传播—固定接收"和电视频道专业化的"分众传播—固定接收"，由于采用的是模拟技术，信息的存储只能在磁带和录放机、摄像机的匹配中使用，所以在节目传播与分享方面只有少量的"摄像录像爱好者和收藏者"，电视媒介营销空间范围有限，定位狭窄而明确。数字技术时代，电视媒介的营销空间发生了很大的变化。随着媒介融合的发展，IPTV 和网络视频可实现的"固定接收—个性化传播"，PDA 可实现的"存储接收—个性化传播"，手机电视可实现的"移动接收—多类型传播"，VCD 和 DVD 的"存储接收—分众传播"等新的营销空间纷至沓来。特别是电视节目数字化带来可共享的"比特"，电视媒介的营销拥有了从"卖时间"到"卖比特"的巨大市场空间。面临这样的变局，电视媒介营销"重新定位"的时机已经成熟。

一个总的趋势是，数字技术时代，电视媒介营销从"撒胡椒面"的大众传播，发展到综合了个性化传播、分众传播和大众传播的"物理和心理

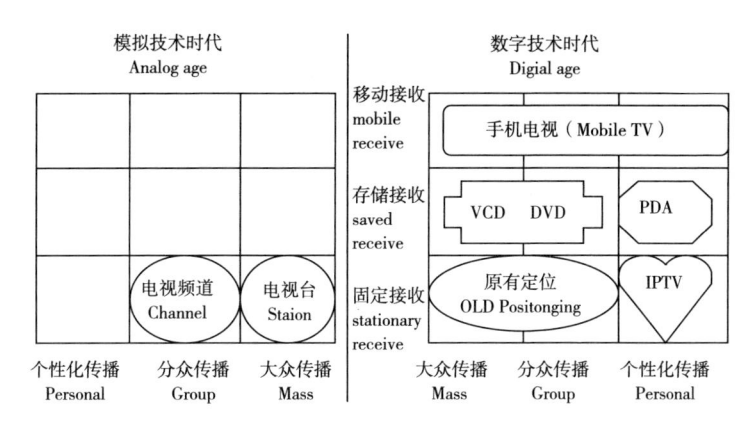

图 2-1　电视媒介营销空间定位模型

空间互动"的多种类型传播,其市场空间已经发生了新的变化。随着数字化信息技术的发展和传播类型多样性的实现,电视媒介营销呈现出来的对受众的影响也有所不同。依据媒介融合的发展趋势,结合"第二媒介时代"电视媒介营销传播的新特点,在保留和发展原有市场空间的前提下,电视媒介营销下一步的空间定位更倾向于"多种传播类型—多种信息接收方式—多平台传播",受众利用多种终端进行"搜索—存储—再传播",这就必然要求电视营销在追求电视传播的个性化和智能化方面下功夫。

六　数字技术环境下电视媒介营销的进路

如果以"搜索—再传播"为诉求,数字技术时代电视媒介的宣传和营销必须在现有基础上加强对新媒介形态及其技术的运用,电视媒介数字营销的进路可以考虑以下两种方式。

(一)从"卖时间"到"卖比特"

电视节目数字化为电视媒介营销开辟了"蓝海",节目内容数字化存储和多种终端可以共享的特性,在更深层次上改变了电视媒介的相对优势。在模拟技术时代,"渠道"是稀缺的,所以电视媒介经营靠的是"卖时间",通过广告获取利润。在数字技术时代,电视节目播出平台越来越多样化,相对而言,优质的节目内容资源变得稀缺,电视机构多年积累的技术优势、节目制作经验和政策优势（有些国家控制节目制作资质）使其能够按照不同的"终端渠道"要求生产和提供适销对路的数字化电视节目，从"卖时间"的广告经营的"红海"逐渐转向"卖比特"的数字节目生产经营的"蓝海"。

（二）从"旧媒介"到"新媒介"

罗杰·菲德勒在《媒介形态变化：认识新媒介》一书中，把代表传播技术的三类语言和媒介形态变化联系在一起，认为口头语言对应第一次媒介形态变化，书面语言对应第二次媒介形态变化，数字语言对应第三次媒介形态变化。[①] 传播科技的发展并不以人的意志为转移，今天我们不再使用电报，不再使用 BP 机，从机械电视到晶体管电视，从黑白电视到彩色电视，从模拟电视到数字电视，传播科技的历史告诉我们，"旧媒介"终将成为过去，"新媒介"终将改变传播的格局。现在，我国的数字电视新媒体正在蓬勃发展，如地面数字电视、卫星数字电视、移动多媒体广播等，传播科技的进步和发展必将带来传统媒介的升级与革新。从"电视媒介营销空间定位示意图"中我们也可以清晰地看到"模拟技术时代"与"数字技术时代"为电视节目和传播理念带来的巨大变化。从传统媒体嬗变成新的媒介，需要忍受脱胎换骨般的剧痛，但却值得我们去努力和付出。

当然，本节主要关注数字技术带给电视媒介营销的变革问题，没有延展到移动互联网时代和社交媒体软件等对于视频媒介营销传播带来的影响。在 2013 年媒体融合发展进入快车道之后，受到互联网、大数据、人工智能等新技术应用的综合影响，电视媒介的数字营销传播变得更为复杂。

第三节　数字经济与我国电视媒介产业的未来发展

2022 年，"数字经济"成为最引人瞩目的新概念之一。新冠肺炎疫情在全球肆虐，全球经济遭遇重创，"数字经济"成为全球竞争的新场域。什么是数字经济？我国数字经济政策图景如何？数字经济背景下的我国电视媒

[①] 〔美〕罗杰·菲德勒：《媒介形态变化：认识新媒介》，明安香译，华夏出版社，2000，第 46 页。

介产业向何处发展？

一　我国数字经济政策图景

所谓"数字经济"，是指"以数据资源作为关键生产要素、以现代信息网络作为重要载体、以信息通信技术的有效使用作为效率提升和经济结构优化的重要推动力的一系列经济活动"。① 当前，我国正处于大力发展新一代信息技术，推动新旧动能接续转换的关键期，是通过数字化、网络化、智能化，深化供给侧结构性改革、建设现代化经济体系的攻坚期，更是贯彻落实党中央、国务院的决策部署，发展壮大数字经济的重要机遇，发展数字经济前景广阔、潜力巨大。②

我国"数字经济"产业政策最早可以追溯到1998年。这一年，中国科学院院士大会和中国工程院院士大会提出了发展"数字中国"战略。随后，对"数字农业""数字城市""数字水利"等领域的探索与研究全面展开。如前文所述，数字技术是数字融合的基础，数字技术、大数据、人工智能、物联网、区块链、5G等新技术之间是一种交叉融合的复杂关系，因此，数字经济早已超越了"数字技术经济"的范畴，成为一系列新信息技术应用在国民经济发展中发挥强力引擎作用的综合概念。党的十八大以来，中国政府高度重视发展数字经济，推动数字经济逐渐上升为国家战略。《国务院关于积极推进"互联网+"行动的指导意见》《关于发展数字经济稳定并扩大就业的指导意见》等政策措施从国家战略层面对数字经济的发展进行了全局性部署。

在数字产业化政策方面，2014年，大数据被首次写入《政府工作报告》。2015年8月，国务院印发的《促进大数据发展行动纲要》，成为我国发展大数据产业的战略性指导文件。伴随物联网、云计算等技术的快速发展，我国出台了数字经济相关政策，深化数字技术研发应用，促进新兴产业加快发展。2017年3月，工业和信息化部印发了《云计算发展三年行动计划（2017—2019年）》，明确指出云计算是信息技术发展和服务模式创新的集中体现，是信息化发展的重大变革和必然趋势，是信息时代国际竞争

---

① 孙毅：《数字经济学》，机械工业出版社，2022，第145页。
② 何伟等：《中国数字经济政策全景图》，人民邮电出版社，2022，"序"第1页。

的制高点和经济发展新动能的助燃剂。2017年7月，《国务院关于印发新一代人工智能发展规划的通知》，面向2030年对我国人工智能发展进行战略性部署。2018年12月，工业和信息化部发布《关于加快推进虚拟现实产业发展的指导意见》，推动虚拟现实产业应用创新。2019年1月，国家互联网信息办公室发布了《区块链信息服务管理规定》，为区块链信息服务的提供、使用、管理等提供有效的法律依据。

在产业数字化政策方面，2015年以来，我国相继出台了《推进农业电子商务发展行动计划》《关于推进农业农村大数据发展的实施意见》《"互联网+"现代农业三年行动实施方案》等农业产业数字化政府文件。在工业与数字经济融合发展方面，我国先后制定出台了《关于深化制造业与互联网融合发展的指导意见》《智能制造发展规划（2016—2020年）》《工业互联网发展行动计划（2018—2020年）》《"5G+工业互联网"512工程推进方案》《关于推动工业互联网加快发展的通知》等。在第三产业数字化转型政策方面，我国陆续出台《关于促进信息消费扩大内需的若干意见》《关于大力发展电子商务加快培育经济新动力的意见》《中华人民共和国电子商务法》《关于推动物流高质量发展促进形成强大国内市场的意见》《国家标准化管理委员会 国家能源局关于加强能源互联网标准化工作的指导意见》等。

在数字化治理政策方面，随着移动互联网发展，社会治理模式正在从单向管理转向双向互动，从线下治理转向线上线下融合，从单一的政府监管向更加注重社会协同治理转变。我国政府高度重视数字化治理，主要从多元共治、技管结合和数字化公共服务三大方面推动数字经济治理能力提升。[1] 我国出台的相关政策文件有《关于促进平台经济规范健康发展的指导意见》《关于加快推进"互联网+政务服务"工作的指导意见》《关于促进"互联网+医疗健康"发展的意见》等。2019年9月，中共中央、国务院印发的《交通强国建设纲要》提出，将大力发展智慧交通，推动大数据、互联网、人工智能、区块链、超级计算等新技术与交通行业的深度融合。

二 电视媒介产业的数字经济与数字电视产业的差异辨析

值得注意的是，在"数字经济"的范畴里，"电视媒介产业的数字经

---

[1] 何伟等：《中国数字经济政策全景图》，人民邮电出版社，2022，第139页。

济"并不等同于"数字电视产业",两者之间的差异较大。

学者周艳在《中国数字电视产业政策的形成研究》一书中,从产业视角切入,研究我国数字电视领域的产业政策的形成,时间跨度从20世纪80年代至2005年底。[1] 该研究认为,第一,1995年以前是我国数字电视产业政策形成的萌芽阶段,这一阶段我国数字电视产业政策的核心词是研发、高清晰度电视、卫星直播电视、微波数字化、设备数字化等,反映出该阶段基本停留在对我国大力发展数字电视的大方向,即应用何种传输通路实施数字化、选用何种图像制式实现数字化的讨论上。[2] 第二,1996～2000年是我国数字电视产业政策形成的探索阶段,这一时期,广电产业政策引导了我国的数字电视的试验,指明了我国数字电视发展的新方向。探索阶段的核心特征是试验,不仅有高清的试验,地面数字电视的试验,还有有线电视数字化的多业务试验。[3] 第三,2001～2003年是我国数字电视产业政策的启动阶段,这一阶段我国数字电视产业政策开始指导媒介机构进行以有线数字电视为重点的试验播出,通过试验播出,一方面让媒体机构(网络公司或电视台)参与电视的数字化播出,探索新的业务和服务模式;另一方面让受众体验和感受数字电视的冲击,刺激其消费欲望。[4] 第四,2004～2005年是我国数字电视产业政策的突破阶段,这一时期我国数字电视产业基本形成了几种不同特征但是实质基本一致的数字电视商业运营模式,其表现主要是在有线数字电视领域,基本形成了以机顶盒的整体平移为基础,构建以资讯平台为核心的家庭信息服务平台。这一阶段,我国地面数字电视也迎来了移动领域的商业运营高潮,我国卫星数字电视也出现了商业运营的萌芽。[5] 综合来看,这项研究系统梳理了我国电视媒介产业从模拟技术到数字技术应用的数字电视产业政策的形成,对我国数字电视产业发展脉络进行了描摹。

数字融合、"互联网+"等新技术环境的变化,极大改变了传统数字电视产业的市场格局,"媒介—电信"融合导致数字电视产业的生态环境发生

---

[1] 周艳:《中国数字电视产业政策的形成研究》,中国传媒大学出版社,2007,第1页。
[2] 周艳:《中国数字电视产业政策的形成研究》,中国传媒大学出版社,2007,第26～27页。
[3] 周艳:《中国数字电视产业政策的形成研究》,中国传媒大学出版社,2007,第40页。
[4] 周艳:《中国数字电视产业政策的形成研究》,中国传媒大学出版社,2007,第81页。
[5] 周艳:《中国数字电视产业政策的形成研究》,中国传媒大学出版社,2007,第145页。

剧变。媒信产业的融合，打破了原有的市场边界。围绕"视频"这个核心，电视机构、电信企业、视频网站和电视机相关设备生产商展开了激烈的市场竞争。一个新的、以"视频"为中心的硬件设备和视频内容产业，即"大电视产业"，应运而生。传统电视媒体分别与固定网络和移动互联网融合，衍生出 IPTV、OTT TV、视频网站和手机电视等视听新媒体形态，电视产业向网络化和数字化方向快速拓展。① 当下的所谓"数字电视产业"，其实质已经逐渐演变为媒介深度融合背景下的"大视频产业"的概念了。

如果说"数字电视产业"在数字技术的"数字融合"魔力之下，已经由区别于模拟技术应用的"数字电视产业"演变为互联网时代的"大视频产业"的话，那么，"电视媒介产业的数字经济"的概念则是在新一轮"数字经济"全球竞争的浪潮里，依赖数字技术、互联网技术、大数据、云计算、物联网、虚拟现实、区块链、5G 等新技术应用的最新升级版的"电视数字经济"或"视频数字经济"。依照上文我国数字经济政策发展的图景分析，"数字电视产业"属于"产业数字化"的范畴，而"电视媒介产业的数字经济"属于"数字产业化"的范畴。两者的区别在于，前者是狭义上的"数字电视产业"或"视频产业"，后者是随着相互融合交叉的复杂新技术应用而产生的广义上的"数字经济影响下的电视产业"，代表着数字经济新浪潮下我国电视媒介产业的发展方向。

三 从"广电'十四五'规划"看电视媒介产业的数字经济发展方向

2021 年 10 月，国家广播电视总局发布《广播电视和网络视听"十四五"发展规划》。② 在这份根据《中共中央关于制定国民经济和社会发展第十四个五年规划和二〇三五年远景目标的建议》、《中华人民共和国国民经济和社会发展第十四个五年规划和 2035 年远景目标纲要》和《"十四五"文化发展规划》编制的规划中，我们可以管窥到我国电视媒介产业的数字经济发展方向。

---

① 高红波：《电视媒介融合论：融媒时代的大电视产业创新发展》，社会科学文献出版社，2018，封底。
② 规划财务司：《广播电视和网络视听"十四五"发展规划》，国家广播电视总局网站，https://www.nrta.gov.cn/art/2021/10/8/art_113_58120.html。

《广播电视和网络视听"十四五"发展规划》指出，我国广播电视和网络视听产业发展活力不断增强，整体实力显著提升。国家广电总局加强顶层设计，完善产业发展政策措施，推动产业高质量发展，产业发展规模持续增长，产业带动能力不断增强。2020年，全国广播电视行业总收入达到9214.6亿元，收入结构加速调整优化，新业务、新业态、新模式成为产业发展生力军，持证及备案机构网络视听收入达2943.93亿元。市场体系不断健全，要素流通更加顺畅，市场环境不断优化，产品交易、内容消费、视听播映市场进一步完善。电视剧、动画片、纪录片等内容产业健康繁荣发展，市场主体不断壮大、愈加多元，创新力、竞争力持续提升。截至2020年底，全国开展广播电视和网络视听业务的机构约4.8万家，其中从事广播电视节目制作经营的机构约3.7万家。产业创新融合加速，产业链和价值链进一步提升，推动产业良性循环和综合效益显著增长。产业基地（园区）、产业项目、产业会展聚合连接各种资源，带动贯通广播电视节目、电视剧、网络视听、超高清视频、沉浸式体验等内容生产传播价值链和电子信息设备产业链，大视听产业协同发展创新活力不断增强。

"十四五"时期，我国广播电视和网络视听产业的发展目标是，产业高质量发展，成为发展数字经济、扩大内需的强力引擎。广播电视和网络视听产业结构和布局更加合理、产业体系进一步升级、营商环境进一步优化，涌现一批特色鲜明、有较强竞争力和影响力的龙头骨干企业，做强一批集聚引导效应显著的产业基地（园区），打造一批功能融合、服务多元、优势独具的新产品、新业态，带动形成新时代大视听全产业链市场发展格局，在拉动文化信息和电子设备消费中发挥中坚作用，成为繁荣文化产业、发展数字经济、扩大内需的强力引擎。

具体而言，"十四五"期间，我国广播电视和网络视听要发展现代产业体系和市场体系，构建新时代大视听全产业链发展格局。[①] 坚持把社会效益放在首位、社会效益和经济效益相统一，完善广播电视和网络视听产业规划和政策，加速构建全国统一市场体系和现代产业体系，助力数字经济发展和文化强国建设。推动产业结构不断优化，贯通内容生产传播价值链和

[①] 规划财务司：《广播电视和网络视听"十四五"发展规划》，国家广播电视总局网站，https://www.nrta.gov.cn/art/2021/10/8/art_113_58120.html。

电子信息消费产业链，不断提升广播电视和网络视听产业基础高级化、产业链现代化水平。充分发挥广电视听产业在内容方面的核心优势，巩固提升广播电视节目栏目、电视剧、动画片、纪录片、网络剧、短视频、网络电影产业，积极拓展产品开发和衍生产品市场，提升内容产业价值链。适应数字产业化和产业数字化发展趋势，推动高新视频、沉浸式视频、云转播等产业快速发展，打造更高技术格式、更新应用场景、更美视听体验的新产品、新服务、新业态，改造提升传统广播电视业态，拓展新型消费模式，推动广播电视产业全面转型升级，提高质量效益和核心竞争力。围绕"一带一路"建设，京津冀协同发展、长江经济带发展、粤港澳大湾区建设、推进海南全面深化改革开放、长三角区域一体化、黄河流域生态保护和高质量发展、成渝地区双城经济圈等区域协同发展战略，着力打造新兴数字视听产业集群。发挥产业基地（园区）、产业项目库、产业会展"三驾马车"的带动作用，突出特色优势，推进资源整合，增强规模优势，集聚辐射效应。推动社会资本与广播电视和网络视听产业资源相结合，建立适合广播电视和网络视听产业发展的多样化、多元化投融资体系。优化营商环境，打破层级和区域限制，促进市场要素合理流动和配置，鼓励公平竞争，健全准入和退出机制，不断激发广播电视和网络视听产业创新活力。强化人才教育培训和创业指导，引导带动大学生、科研人员、高层次人才在大视听产业沃土中创新创业，打造文化和科技融合发展的视听人才蓄水池，助力大众创业、万众创新。推动各类市场主体发展壮大，培育新型业态和消费模式，以高质量视听产品供给增强人们的文化获得感、幸福感。

在国家广播电视总局发布的《广播电视和网络视听"十四五"发展规划》中，"推动产业高质量创新性发展"主要包括以下六点。[①] 第一，打造高质量视听产业基地（园区）。聚焦电视剧、纪录片、动画片、网络视听等内容产业，以及网络应用、超高清、高新视频等数字经济重要领域，加强政府统筹规划和引导指导，选择产业基础、政策环境、发展潜力、人才技术储备等具有突出优势的地区，强化政策扶持和资源配置，着力推动技术创新、业态培育、模式推广，做强做优已有产业基地，新培育打造一批内

---

① 规划财务司：《广播电视和网络视听"十四五"发展规划》，国家广播电视总局网站，https://www.nrta.gov.cn/art/2021/10/8/art_113_58120.html。

容资源丰富、技术优势突出、产业集聚效应明显、融合发展引导有力的产业高地。第二，完善广播电视和网络视听产业项目库和信息平台。完善产业项目支持引导政策体系，遴选储备、示范推广一批精品制作生产、产品业态创新、服务和商业模式创新、网络升级和融合发展、关键和核心技术开发推广应用等方面的对产业发展具有重要影响和促进作用的产业项目，集聚生产要素、拉动投资增长、促进文化信息消费，提升综合竞争力。按照"全国一盘棋"发展思路，完善产业公共服务平台，为行业主管部门、行业协会、市场主体、产业基地（园区）和产业项目等提供政务服务延伸、综合信息等服务。第三，打造视听产业交流促进平台。统筹办好行业重大展会活动，不断提升平台价值，发挥行业引领作用。强化协同联动，推动广电制播传输机构、网络视听市场主体、信息设备厂商、相关科研单位、金融机构加强协作，融通资源，完善机制，建立产业要素优势互补、产业链条贯通发展的视听产业联盟和产业投融资平台。第四，5G 高新视频产业化推进。建设互动视频、沉浸式视频、VR 视频、云游戏等高新视频业务端到端应用系统，建设高新视频数字版权交易服务平台，完善高新视频系列技术标准，打通技术、标准、产品、系统、业务等产业链条，推动高新视频产业快速发展。第五，探索区域视听产业带建设。创新跨区域广播电视和网络视听产业合作机制，围绕京津冀协同发展、长三角区域一体化、粤港澳大湾区建设等区域协同发展战略，探索构建京津冀视听走廊、长三角和大湾区高新视听产业集群，带动广播电视和网络视听产业区域性一体化高质量发展。第六，培育壮大龙头企业。引导生产要素向优质企业倾斜，培育大型专业化主体，打造规模化的龙头企业，形成龙头效应和集聚效应。推进国有广播电视企业公司制改革和股份制改造，鼓励上市企业积极稳妥开展跨地区、跨行业、跨所有制并购重组，着力打造综合性产业集团。

第三章 互联网对电视媒介进化的影响

互联网技术对电视媒介进化的影响，主要体现两个方面。其一，在产业方面集中体现在"电视融媒体产业"的形成。传统电视媒体分别与固定网络和移动互联网融合，衍生出 IPTV、OTT TV、视频网站和手机电视等视听新媒体形态，电视产业向网络化和数字化方面快速拓展。[1] 所谓"电视融媒体产业"，是指在电视产业分别与电信产业、互联网产业相向融合发展过程中形成的"互联网+电视"新兴产业。当前，我国"电视融媒体产业"市场竞争主体主要有广电上市公司、视频网站和终端硬件厂商等，考察这些企业在"互联网+电视"方面的创新发展举措，可以蠡测"互联网+"视域下中国电视融媒体产业创新与发展的路径。其二，马克·波斯特在《第二媒介时代》中提出，信息高速公路（互联网）带给媒介信息传播的主要特征，是从"单向"的电视媒介大众传播转向"双向互动""去中心化"的"第二媒介时代"。互动视频技术在互联网时代的视听节目内容生产创作方面具有重要的应用价值。

第一节 互联网+电视：中国电视融媒体产业的场域空间[2]

2015年7月4日，国务院印发《关于积极推进"互联网+"行动的指导意见》。三年来，我国"传统媒体与新兴媒体融合发展"的传媒业改革在"连接一切"的"互联网+"行动中，加快了以"互联网+电视"为核心的中国电视融媒体产业创新发展步伐，开拓了由媒体融合带来的传媒产业新空间。

---

[1] 高红波：《电视媒介融合论：融媒时代的大电视产业创新发展》，社会科学文献出版社，2018，封底。

[2] 本节主要内容发表在《现代传播》（中国传媒大学学报）2018年第7期。

一 "电视融媒体产业"概念辨析

所谓"电视融媒体产业",是指在电视产业分别与电信产业、互联网产业相向融合发展过程中形成的"互联网+电视"新兴产业。在我国"媒体深度融合"的新一轮传媒业改革中,"单向传播"的广播电视有线网络逐渐趋向于"双向互动"的互联网,传统电视机硬件设备厂商也在互联网电视机、音视频内容集成和智能化等方面努力开拓,与此同时,以往只做信息传输"通道"的电信运营商开足马力,瞄准 IPTV 领域猛冲猛打,迅速抢占市场份额,还有视频网站网络剧、原创视频栏目、网络大电影等网生内容风起云涌,以及互联网技术企业生产的各类数字电视机顶盒等智能终端,在电视产业与电信产业、互联网产业相互融合相向发展的场域中,上演着一场"三国演义"般的市场争夺与产业创新。

现代产业经济学认为,"产业就是具有某种同类属性的、相互作用的经济活动组成的集合或者系统"。① 比照这一定义,"电视融媒体产业"的"同类属性",即为"互联网+电视"。简单而言,"电视融媒体产业"的市场竞争主体,在"产业融合"的通道上,以"电视产业"为中心,开辟出"电视产业"与"电信产业"相向融合、"电视产业"与"互联网产业"相向融合的经济发展新空间。这一新兴产业与电视产业、电信产业和互联网产业相互关联,可称之为"互联网"与"电视"技术融合、媒介融合、产业融合变革发展的"新生儿"。比如 IPTV,同样提供"电视内容",但由于"互联网"技术的融合,其在功能上可以实现时移电视、点播回看、虚拟社区等互动功能,成为传统电视的超越者和替代品。再如 OTT TV,通过公共互联网通道和集纳视频内容的机顶盒,可以绕过传统意义上的电视台,完成所谓"Over the Top"的"过顶传球",直接把视频内容提供给用户。网络剧、网络原创视频栏目等网生内容在视频网站上层出不穷,这些在形态上日益与传统电视节目趋同的网生内容,由于媒体融合出现的"跨屏传播""移动传播",已经越来越多地在手机等移动终端占据了以往"看电视"的时间,网络视频与电视产业对用户的争夺日渐明显。围绕着"视频内容生产与传播",在"互联网+电视"的产业融合领域,还存在互联网电视机、

---

① 唐晓华:《现代产业经济学导论》,经济管理出版社,2011,第 2 页。

数字机顶盒等一系列硬件设备的市场竞争。除了上述视频网站、电信运营商、硬件设备厂商指向"电视"的各类产业融合产品外，从电视产业向"电信"和"互联网"方向融合产生的广电宽带、视频电商、互动游戏等新型产品，也在丰富着"电视融媒体产业"的内涵。

"电视融媒体产业"概念的提出，其实质是从电视产业的本位出发，在"互联网+"视域下，对电视产业与电信产业、电视产业与互联网产业相向融合创新发展的研究。这一概念与"大视频产业""网络视听产业"有明显的不同。首先，"大视频产业"的提法，以"视频"为共同属性，容纳了包括电影、电视、网络视频及其周边产品，其中的"电影业"和"电视业"赢利模式明显不同，前者主要靠电影票房，后者主要靠电视广告和有线网络，而"电视融媒体产业"则是以"互联网+电视"为核心要素，在赢利模式上偏重广告和网络收入，以及相关硬件终端制造业的收入。这是"电视融媒体产业"与"大视频产业"最大的不同。其次，"网络视听产业"的概念几乎可以涵盖"互联网+电视"的所有视频内容及周边设备产品，但其"互联网产业"本位与"电视融媒体产业"的"电视产业"本位相向而立，单向考量"互联网+"对电视产业的替代和覆盖，没有涵盖有线电视网络变身的广电宽带向互联网领域的延伸，以及有线网络互动视频开启的电视的"第二媒介时代"。除此之外，在"互联网+"视域下提出"电视融媒体产业"这一概念的原因，还在于我国从"电话、电视、电脑"的"三电合一"，到"电信网、广电网、互联网"的"三网融合"，无论对文字、图片、音视频等信息内容的融合，还是对广电、电信、互联网等信息传输通道的整合，"电视"都无一例外地居于中心地位，这可能与其曾是中国"第一媒介"的社会影响力有关。正如 IPTV 成为"三网融合"首要的焦点业务一样，"电视融媒体产业"也正在成为我国"传统媒体与新兴媒体融合发展"改革中首屈一指的"媒体融合"前沿领域。

"互联网+"是把互联网的创新成果与经济社会各领域深度融合，推动技术进步、效率提升和组织变革，提升实体经济创新力和生产力，形成更广泛的以互联网为基础设施和创新要素的经济社会发展新形态。[①] 毋庸置

---

① 国务院：《关于积极推进"互联网+"行动的指导意见》，国发〔2015〕40 号，http://www.gov.cn/zhengce/content/2015-07/04/content_10002.htm。

疑，以"互联网"为"基础设施"和"创新要素"，已成为我国传统媒体与新兴媒体融合发展改革的主流方向，以"互联网+电视"为核心要素的中国电视融媒体产业创新发展的流向愈加明晰。① 当前，我国"电视融媒体产业"市场竞争主体主要有广电上市公司、视频网站和终端硬件厂商等，考察这些企业在"互联网+电视"方面的创新发展举措，可以蠡测"互联网+"视域下中国电视融媒体产业创新发展的路径。

二 广电上市公司：电视融媒体产业"互联网+电视"的风向标

目前，我国广电上市公司主要有歌华有线、华数传媒、天威视讯、电广传媒、湖北广电、吉视传媒、广电网络、江苏有线、东方明珠、中信国安、广西广电、贵广网络等。撷取部分广电上市公司在"互联网+电视"方面的主要创新举措，可以管窥我国电视融媒体产业发展的动向（见表3-1）。

表3-1 2015~2018年我国部分广电上市公司"互联网+电视"行动一览②

股票名称及代码	创新举措
歌华有线（600037）	宽带广电、云平台、智慧北京、手机电视、互联网电视
天威视讯（002238）	有线宽频、智能物联、智慧家庭、宽带、VR、电商
电广传媒（000917）	家庭互联网生态、芒果TV、移动新媒体业务网游等
湖北广电（000665）	广电宽带、智慧湖北、云管端、电视互联网、移动互联网
广电网络（600831）	智慧城市、个人宽带、智能社区
江苏有线（600959）	智能电视、高清互动、云媒体
东方明珠（600637）	互联网电视、IPTV、DVB+OTT、手机移动电视

从2015~2018年部分广电上市公司的"互联网+电视"创新举措来看，广电上市公司在"广电宽带""智慧广电""高清互动""一云多屏"等多个方面，反映出我国电视融媒体产业"互联网+"的发展动向。广电媒体在"媒体融合"的"互联网+"改革中，逐渐由"传统电视运营商"向"融合媒体运营商"转型。"三网融合"在我国的全面深入推广，打破了广电与电

---

① 高红波：《2015年中国电视融媒体产业创新发展报告》，载唐绪军主编《中国新媒体发展报告（2016）》，社会科学文献出版社，2016，第369页。
② 笔者根据相关上市公司定期报告内容整理。

信之间的壁垒，在"宽带中国"战略指引下，我国广播电视有线网络双向互动改造开通"宽带业务"已经成为一种常态。同时，互联网"双向互动"的技术特性在"媒体融合"改革中深深触动了"单向广播"的传统电视，借助有线电视网络升级改造和"一省一网"的整合，"高清互动"成为融媒体时代有线数字电视发展的新追求。在互联网思维驱动下，今天的"电视"也不再仅仅是指"客厅电视"，"一云多屏"形塑了电视屏、电脑屏、手机屏的"三屏合一"，实现了多种视频终端的无缝对接。在电视内容传播技术方法上，也从传统的、单向传输的"图像广播"，发展为"IPTV""OTT TV""DVB+OTT"等双向的、可以互动点播的"互联网电视"。更为重要的是，依托"广电宽带"这一"电视媒体与新兴媒体融合发展的基础设施"，结合云计算、大数据、物联网、虚拟现实、人工智能等新媒体技术，广电上市公司的"智能化"战略发展趋势明显，其在实现"互联网+"过程中，不断拓展"智慧城市""智慧社区""智慧家庭""智慧乡村"等新媒体业务形态，拓宽了广电新媒体的服务领域和市场空间。

在"互联网+"视域下，广电上市公司涉及最多的主要是有线电视网络产业的融合创新与发展。2014年5月，中国广播电视网络有限公司成立，该公司致力于成为继中国电信、中国移动、中国联通之后的"第四运营商"。由此，中国电视产业的"互联网化转基因"加速，广电网络已不仅仅是传输广播电视节目的单一通道，而是逐渐成为融合了互联网功能的"广电宽带"。[①] 2015年8月，国务院办公厅印发《三网融合推广方案》，提出加快在全国全面推进三网融合，中国广播电视网络有限公司要加快全国有线电视网络互联互通平台建设，尽快实现全国一张网，引导有线电视网络走规模化、集约化、专业化发展道路。2016年，《中华人民共和国国民经济和社会发展第十三个五年规划纲要》《关于在全国范围全面推进三网融合工作深入开展的通知》《关于加快推进全国有线电视网络整合发展的意见》《"十三五"国家战略性新兴产业发展规划》《信息基础设施重大工程建设三年行动方案》等涉及广电有线网络的多项国家战略规划相继出台，明确了"加快全国有线电视网络整合和智能化建设"的目标任务、整合路径、推进

---

① 高红波：《"互联网+"：2014中国有线电视产业涅槃重生》，载陈曦、意娜主编《U40文化产业青年学者文集（2015）》，云南大学出版社，2016，第228页。

方式、项目支撑和实施步骤，推动广电网络创新转型发展。① 与此同时，在我国"传统媒体与新兴媒体融合发展"的传媒业改革浪潮中，各家广电网络上市公司在"互联网+"指引下，一方面加强网络升级和双向化改造力度，着力增加有线数字电视"高清互动"用户的数量；另一方面加快向"广电宽带"迈进的步伐，开发"个人宽带""家庭宽带""智慧社区""智慧城市""智慧乡村"等新兴业态，力争在"广电与电信双向进入"的"三网融合"深度推进过程中实现跨越式发展。即便如此，在电视融媒体产业的激烈竞争中，2016年我国有线数字电视用户规模第一次出现下滑，广电媒体机构面临严峻的大屏"线性"危机。② 在"互联网+"视域下，广电上市公司借助资本力量，"互联网+电视"行动频仍，求新求变，尝试运用新媒体、新技术、新渠道、新内容等打开广电机构在电视融媒体产业竞争中的新空间。

简言之，在我国电视产业与电信产业融合创新发展过程中，"广电军团"以广电网络为基础设施积极向电信运营商方向转变，在渠道融合、内容融合、平台融合等方面，成为"互联网+"视域下中国电视融媒体产业创新发展的风向标。

三 在线视频网站：电视融媒体产业"互联网+电视"的增长极

2018年1月，中国互联网络信息中心发布的第41次《中国互联网发展状况统计报告》数据显示：③ 截至2017年12月，中国网络视频用户规模达5.79亿，占网民总体的75.0%，手机网络视频用户规模达5.49亿，占手机网民的72.9%，在2017年，国内网络视频用户付费比例达到42.9%，网络视频移动化发展趋势更加明显，网络视频内容发展也更加正规化、精品化。在视频行业内部，搜狐、腾讯、阿里巴巴、爱奇艺等厂商陆续发布视频内容创作计划或投资视频内容创作机构，通过布局视频内容制作上下游的全产业链，以独家原创内容吸引观众。在视频行业外部，网络视频企业还积

---

① 赵景春：《国网公司：增强内生动力 推动广电网络创新转型发展》，载国家新闻出版广电总局网络节目管理司、国家新闻出版广电总局发展研究中心编《中国视听新媒体发展报告（2017）》，中国广播影视出版社，2017，第150~151页。
② 何宗就：《2016—2017中国电视媒体融合发展报告》，中国广播影视出版社，2017，第Ⅱ页。
③ 中国互联网络信息中心：《中国互联网发展状况统计报告》（第41次），2018年1月。

极与文学、漫画、电影、游戏等相关内容行业进行联动，商业价值逐步凸显。

笔者追踪关注了国内互联网巨头百度、阿里巴巴、腾讯（BAT）旗下视频网站爱奇艺、优酷和腾讯视频，汇制其2015~2018年"互联网+电视"创新发展行动举措如表3-2所示。

表3-2　2015~2018年互联网巨头BAT旗下视频网站"互联网+电视"创新发展行动

视频网站	创新举措
爱奇艺	网络剧、网生内容、"会员+广告"双赢模式、手机游戏、视频电商
优酷	网络自制项目、网络直播、家庭娱乐、超级剧集、生态合作模式
腾讯视频	"互联网+"生态系统、网络自制内容和版权

资料来源：笔者根据相关视频网站新闻动态及上市公司定期报告内容整理。

从2015~2018年互联网巨头BAT旗下视频网站的"互联网+电视"创新举措可知，网络在线视频在电视融媒体产业中的"网视力量"主要表现在网络剧、网络综艺、网络大电影、网络直播、短视频等网络衍生内容的制作、生产与传播等方面。此外，爱奇艺、优酷和腾讯视频发展迅猛的"会员+广告"双赢利模式，破解了中国付费电视用户增长长期滞缓的市场难题，培育出大批在互联网上付费观赏视频的"新型受众"。

爱奇艺以"悦享品质"为理念，实施"爱奇艺出品"战略，自制或合制网络剧《老九门》《最好的我们》，网络综艺《奇葩说》《爱上超模》等众多"头部"（即播放量排名靠前）内容，通过"大IP+高品质+周播制+付费为主、广告为辅"的运营战略，其2016年投入1.6亿元制作《盗墓笔记》前传《老九门》，成为首部点击量超过百亿次的网络剧，并在东方卫视的周播剧场晚间黄金时段播出，实现网台双赢。[①] 此外，爱奇艺在"时长达到或超过60分钟，以付费点播分账为主要赢利模式，符合电影叙事规律的互联网发行"的"网络大电影"方面，优势明显。数据统计结果显示，爱奇艺作为网络大电影概念的首创者以及市场的领航者，一直占有网络大电影独播市场的最大份额。比如2017年1~7月，五大网络视频平台（爱奇

---

① 龚宇：《爱奇艺：打造精品特色内容 与年轻人共同成长》，载国家新闻出版广电总局网络节目管理司、国家新闻出版广电总局发展研究中心编著《中国视听新媒体发展报告（2017）》，中国广播影视出版社，2017，第221~223页。

艺、腾讯视频、优酷、搜狐视频、乐视视频）独播影片数量占比，爱奇艺均在50%以上，在6月时达到峰值，高达68.2%，独占半壁江山。在播放总量方面，爱奇艺占比46.2%，占有绝对优势。[1]

优酷将"年轻"理念贯穿品牌建设，以"这世界很酷"为品牌主张，布局最受年轻人欢迎的热门剧集，打造自制网络节目。截至2016年12月，优酷会员突破3000万。优酷联合阿里巴巴推出"边看边买"模式，打通视频与电商渠道，为文化商品提供全新商业模式。[2] 在网络剧方面，以2016年10月至2017年8月上线网络剧为统计样本，从播放量分布情况来看，优酷表现格外突出，累计获595.46亿次播放量，占六大视频平台（爱奇艺、腾讯视频、优酷视频、搜狐视频、乐视视频、芒果TV）总播放量的比例高达43.64%，单部引流量达到约16亿次，位居榜首。从播放量TOP50的头部网络剧分布来看，优酷视频爆款剧数量一马当先，共有21部，占比42%，有绝对优势。代表作《白夜追凶》，豆瓣评分9.0，五星好评率59.6%。从独播情况来看，优酷视频凭借31部独播剧获得500.95亿次播放量，在六大视频平台独播剧总播放量中占比高达44.19%，播出效果优势最为突出。[3]

腾讯视频以视听节目内容为核心，坚持"版权+自制"两条腿走路的内容战略，发力网络剧、网络综艺等网生内容。2015年9月，腾讯视频成立企鹅影业，主打网络剧、电影投资和艺人经纪三大核心业务。自制或合制《捉妖记》《天降雄狮》《如果蜗牛有爱情》等多部影视精品，大大提升了腾讯视频在内容制作领域的实力。自2016年起，腾讯视频每年投入10亿元，在网生综艺的产业孵化、节目研发、节目制作、推广营销、海外出口等方面进行扶持。目前，多档腾讯视频自制综艺节目已逐渐成为品牌节目，获得较好的流量和口碑。如《吐槽大会》单期平均播放量过亿。[4] 以爱奇艺、腾讯视频、优酷视频、芒果TV、搜狐视频、乐视视频2016年10月1

---

[1] 陈鹏：《中国互联网视听行业发展报告（2018）》，社会科学文献出版社，2018，第105页。
[2] 杨伟东：《优酷：让年轻人的网络视听娱乐更阳光》，载国家新闻出版广电总局网络节目管理司、国家新闻出版广电总局发展研究中心编著《中国视听新媒体发展报告（2017）》，中国广播影视出版社，2017，第229~232页。
[3] 陈鹏：《中国互联网视听行业发展报告（2018）》，社会科学文献出版社，2018，第39~53页。
[4] 孙忠怀：《腾讯视频：打造生态竞争新优势》，载国家新闻出版广电总局网络节目管理司、国家新闻出版广电总局发展研究中心编著《中国视听新媒体发展报告（2017）》，中国广播影视出版社，2017，第225~226页。

日至 2017 年 8 月 31 日上线的网络综艺节目（15 分钟以上）为监测对象，腾讯视频以 27 档节目（占比 29.35%）、117.27 亿次播放量（占比 27.67%），在网络综艺领域稳居第一梯队，表明"腾讯视频在网络综艺制作能力和节目内容把控上都处于行业领先地位"。[1]

四 智能电视终端：电视融媒体产业"互联网+电视"的晴雨表

在"互联网+"视域下，中国电视融媒体产业的硬件终端设备主要集中在互联网电视机和机顶盒两个领域，对这两个领域的核心企业进行分析研究，可以从硬件设备的角度更加清晰地认识和把握电视融媒体产业的创新发展。试以 TCL 集团、海信电器、创维数字、同洲电子等四家生产制造互联网电视机和机顶盒的厂商为例，管窥我国电视融媒体产业智能电视终端的创新发展状况（见表 3-3）。

表 3-3　2015~2018 年部分智能电视终端硬件设备厂商"互联网+电视"创新举措

厂商名称	创新举措
TCL 集团	"智能+互联网"、智能电视、家庭互联网
海信电器	"互联网+"服务模式、高端互联网电视、互联网运营业务
创维数字	数字机顶盒、DVB+OTT 智能终端、互联网电视应用商店
同洲电子	机顶盒、全业务融合云平台、数字电视智能设备、DVB+OTT 智能终端

资料来源：笔者根据相关厂商上市公司定期报告内容整理。

从表 3-3 分析可知，我国智能电视终端硬件的生产厂商纷纷朝着"智能制造""智能研发""智能+互联网"方向发展，"智能化"正在成为智能电视机和各种机顶盒等电视融媒体产业硬件设备的特质和内在属性。[2] 比如为顺应电视与新兴媒体融合发展的趋势，生产各类机顶盒产品的创维数字有限责任公司将其未来发展策略定位在两个方面。[3] 一是内生性增长和深耕服务平台，在拓展多功能、多系列的智能盒子等智能产品的同时实施云平台战略，基于智慧家庭、智慧社区、智慧生活等围绕视频、健康、教育、

---

[1] 陈鹏：《中国互联网视听行业发展报告（2018）》，社会科学文献出版社，2018，第 157~176 页。
[2] 高红波：《中国电视融媒体产业的创新与发展》，《教育传媒研究》2016 年第 4 期。
[3] 引自创维数字 2015 年年度报告。

游戏、娱乐、医疗、购物、广告等方面深耕发展。二是外延式扩张与丰富生态链，通过对外合作在产业布局上向智能摄像、虚拟现实仿真技术相关硬件与服务领域进行外延式扩张。再如海信电器也在不断拓展互联网运营业务，截至2017年12月底，海信互联网电视全球激活用户量3078万，其中中国国内用户占比约82%，国际用户占比约18%。[1]"聚好看""聚好学""聚好玩"等内容集成应用，或将为海信智能电视、智能手机等设备的互联网接入提供服务。简言之，智能电视终端厂商的网络化、智能化发展方向愈加明显，部分硬件终端厂商"内容平台"建构力量正在彰显。[2] 由此观之，电视融媒体产业中的终端硬件设备厂商热衷于"智能制造"已成共识。

世界著名科技杂志《连线》创始主编凯文·凯利（Kevin Kelly）在《必然》一书中预言："下一代颠覆性的平台就是虚拟现实，而它已经到来了。"[3] 2016年被称为"中国VR产业元年"，乐视、小米、暴风等互联网公司，海信电器、创维数字、TCL集团等电视设备生产厂商，纷纷投资VR设备制造。[4] 笔者认为，在虚拟现实（VR）产业的多种应用形态中，"VR影视"设备制造也将成为中国电视融媒体产业新的增长空间。由于现有的"VR眼镜"的使用形式多是与智能手机结合，智能手机起到了"荧幕"作用，这种捆绑组合的"私人球幕影院"模式，有效激发了智能手机的潜能。在智能手机用户基数庞大的中国，"VR眼镜"与智能手机的组合，或将成为开启中国电视融媒体产业新的经济空间的金钥匙。[5]

2018年1月31日，海信电器在北京发布VIDAA AI人工智能电视系统，公布人工智能电视定义并推出全场景实时图像搜索和全场景语音两大人工智能创新交互设计。3月16日，百度战略投资创维旗下互联网电视运营品牌酷开，宣布双方将在人工智能领域深度合作，共同向消费者提供智慧家庭入口级产品和服务。据市场调研机构Statista预计，2021年全球智能家居市场规模将达793亿美元；ABI Research的预测观点则认为全球智能家居市

---

[1] 引自海信电器2017年年度报告。
[2] 高红波：《2017年中国电视融媒体产业创新发展报告》，《现代视听》2018年第1期。
[3] 〔美〕凯文·凯利：《必然》，周峰、董理、金阳译，电子工业出版社，2016，第268页。
[4] 高红波：《中国虚拟现实（VR）产业发展的现状、问题与趋势》，《现代传播》（中国传媒大学学报）2017年第2期。
[5] 高红波：《VR影视：中国电视融媒体产业新的增长空间》，《声屏世界》2016年第7期。

场2018年将达700亿美元，2021年会突破千亿美元。① 此外，目前国内外多家机构已经开始进行演播室机器人智能拍摄的技术实验，机器人将可能会在语音识别、图像识别、大数据运算的基础上，代替视频媒介工作者的部分简单重复性质的劳动，在摄录环境危险的情况下，还可以实现无人机智能拍摄等。人工智能对视频媒介未来工作流程及智能电视机等硬件终端的影响值得深入研究探讨。

五 中国电视融媒体产业的竞争格局与场域特征

格兰研究发布的《2017年中国有线数字电视用户离网研究白皮书》显示：截至2017年第三季度，我国有线数字电视用户20807.3万户，其中有线数字电视缴费用户减至15436.0万户，有线数字电视缴费率为74.19%。综合来看，我国有线电视缴费用户和有线数字电视缴费率持续下滑，我国有线数字电视用户的活跃度在下滑，用户黏度降低，有线数字电视用户离网问题日趋严重。② 与此对应，由于三网融合的全面深入开展和宽带中国战略的有力推动，截至2017年末我国IPTV用户已达1.22亿户，全年净增3545万户，净增用户占光纤接入净增用户总数的53.5%。全年IPTV业务收入121亿元，比上年增长32.1%。③ 总体来看，我国有线数字电视用户与IPTV用户数量差距越来越小，IPTV用户激增与有线数字电视用户的离网，形成鲜明对比，反映出电视融媒体产业受众市场发展趋势。

在视频内容产业方面，据骨朵传媒发布的《2017年网络剧产业发展白皮书》：2015年全网共有379部网络剧上线，2016年上线349部，2017年上线296部；在稳中有降的情况下，年度前台播放量呈线性上升趋势，从2015年的274.4亿，猛增至2016年的892.5亿，再猛增至2017年的1631.5亿，三年间翻了近6倍。从年度数量和前台播放量的数据上，能看出网络剧

---

① 陈维城：《百度入股创维酷开10.1亿元 腾讯、科大讯飞也曾与家电推出人工智能电视》，http://www.bjnews.com.cn/finance/2018/03/16/479292.html。
② 格兰研究：《2017年中国有线数字电视用户离网研究白皮书》，http://info.broadcast.hc360.com/2018/02/060935768263.shtml。
③ 工信部：《2017年通信行业统计公报》，http://www.miit.gov.cn/n1146312/n1146904/n1648372/c6048643/content.html。

精品化的趋势。① 网络大电影方面，2015 年上线网络大电影 689 部，2016 年上线 2193 部，2017 年上线 1973 部。2017 年，排名前 20 的网络大电影总计票房分账达到 3.21 亿元，较 2016 年增长了 62.12%。其中，《陈翔六点半废话少说》实现了近 10 倍的回报率，在爱奇艺网络大电影年度投资回报榜中位列第一。根据西游记故事改编的网络大电影《斗战胜佛》成为单片最高票房，片方分账收入 2655 万元。② 在网络综艺方面，2017 年主流视频网站共上线 159 部网络综艺，投资规模达 43 亿元，同比增长 43%，播放量超 500 亿次，市场表现与电视综艺比肩。③ 可见，在电视融媒体产业视频内容生产和传播领域，网络剧、网络综艺、网络大电影等网生内容已经迅速崛起。

由于电视融媒体产业涉及视频内容产品的生产和传播，这些精神文化产品对于社会影响的外部效应明显，存在经济学原理中的"市场失灵"现象，因此不能简单地用产业组织理论，按照产业结构、市场行为、市场绩效对其进行机械的分析和解读。综观中国电视融媒体产业的竞争格局，可勾勒出"互联网+电视"场域空间的基本特征。

（一）"受众经济"是中国电视融媒体产业的竞争核心

中国传媒经济学界对于"传媒经济本质"的论争，历经多年，至今仍未中断。从"注意力经济""影响力经济""舆论经济""意义经济"，到"受众经济""平台经济""版权经济""馈赠经济""吸引力经济"等，不一而足，且有从传统媒体赢利模式向新兴媒体赢利模式理论解析的范式转换的趋向。这些论说遵循了理解传媒经济的基础元素，即"'内容'和'受众'是传媒公司创造的两种商品"④，并且在"规模经济"和"范围经济"理论框架下进行思考和论述，共同成为传统媒体与新兴媒体产业竞争的范式基础。当前，我国媒体融合从"相加"阶段向"相融"阶段深化发展，

---

① 骨朵传媒：《2017 年网络剧产业发展白皮书》，http://www.sohu.com/a/225650619_436725。
② 彭侃：《2017 年网络大电影产业发展报告》，http://www.sohu.com/a/223928551_100097343。
③ 艺恩：《2017 年中国网络综艺市场白皮书》，http://www.sohu.com/a/217027287_100096472。
④ 〔英〕吉莉安·道尔：《理解传媒经济学》，李颖译，清华大学出版社，2004，第 9 页。

有线数字电视、IPTV、视频网站付费用户此消彼长,"受众经济"仍是中国电视融媒体产业的竞争核心。

(二)"规制管理"是中国电视融媒体产业的航线灯塔

在产业管理方面,电视融媒体产业受国家行政部门规制影响较大。2015年以来,视听新媒体相关政策法律法规纷至沓来,在政府规制方面影响着我国电视融媒体产业管理和健康发展。比如2015年9月《国务院办公厅关于印发三网融合推广方案的通知》,2016年7月《国家新闻出版广电总局印发〈关于进一步加快广播电视媒体与新兴媒体融合发展的意见〉的通知》,2016年11月中共中央宣传部、财政部、国家新闻出版广电总局《关于加快推进全国有线电视网络整合发展的意见》,2017年5月《国家新闻出版广电总局关于进一步加强网络视听节目创作播出管理的通知》,2017年6月中国网络视听服务协会发布的《网络视听节目内容审核通则》,等等。这些政策文件的出台,对中国电视融媒体产业的发展影响巨大,为其规定了"航线",亮起了"灯塔"。

(三)"跨界竞合"是中国电视融媒体产业的外部表现

中国电视融媒体产业市场竞争格局在电视与互联网融合的"媒介形态"方面主要表现在有线数字电视、IPTV用户的此消彼长上,在"内容产品"方面主要表现在网络剧、网络综艺、网络大电影等视听新媒体节目的勃兴及其带来的产业价值上。此外,"乐视超级电视"等硬件设备的"跨界"竞争与合作,也反映出我国电视融媒体产业的场域特征。面向未来,中国电视融媒体产业各方将在"融合与创新"的动力机制中,在"技术与规制"的双重影响下,在传统电视产业与电信产业、互联网产业相互交融的场域里,以"互联网+电视"为核心,培育网生内容、制造智能终端、共建宽带中国,满足人民群众在中国特色社会主义新时代对美好生活的视听需求。

(四)"技术创新"是中国电视融媒体产业的内在驱动

电视融媒体产业是传统电视产业与信息技术产业相互融合的产物。如果我们把传统电视产业和信息技术产业分别视为两个没有交集、各自独立的区域,那么电视融媒体产业就是两者之间边界逐渐消融,并相向融合发展的"中间地带"。具体而言，传统电视产业的节目传输网络向"电信宽带"发展，电视机硬件设备厂商开发"互联网电视机""智慧家庭平台"等，正在向"智能化制造"发展；中国电信、中国联通、中国移动等电信运营商，纷纷推出各自的视频融合产品，用户数量和规模日益壮大；以视频网站为代表的互联网企业，则在生产传播网络视频内容的同时，研发各种智能电视终端设备，市场份额快速增长。其中，云计算、大数据、物联网、虚拟现实、人工智能等新媒体技术的创新与应用，已经成为电视融媒体产业加速发展的内在驱动力。

第二节　IPTV："互联网+"对视频媒介进化影响的典型样本[①]

随着我国三网融合业务的深入开展，广电与电信打破壁垒、双向进入，IPTV用户数量大幅攀升，传统电视线性传播特性被超越，视频媒介时移互动进化特征明显。IPTV成为"互联网+"对我国视频媒介进化影响的典范，对电视融媒体产业创新发展具有重要作用和深远影响。

据工信部统计数据：2012~2019年，我国IPTV用户数量激增。其中，2012年底国内IPTV用户数量为2174万户，2013年底为2843万户，2014年底为3364万户，2015年底为4589万户，2016年底全国IPTV用户达8673万户，2017年底我国IPTV用户数达到1.22亿户，2018年底为1.54亿户，2019年底全国IPTV用户数量达1.94亿户。[②] 与之相较，国家广播电视总局发布的《2017年全国广播电视行业统计公报》则坦承："受交互式网络电视（IPTV）、网络视听等业务的快速发展，用户收视习惯发生变化，全国有线电视实际用户数继续下降。2017年全国有线广播电视实际用户数2.14亿户，比2016年（2.28亿户）减少0.14亿户，同比下降6.06%。其中，全国有线数字电视实际用户数1.94亿户，比2016年（2.02亿户）减少0.08亿户，同比下降3.96%。"[③] IPTV与有线电视用户数量的一升一降，其实质

---

① 本节主要内容发表在《声屏世界》2018年第11期。
② 笔者依据网络公开报道数据整理。
③ 国家广播电视总局：《2017年全国广播电视行业统计公报》，http://www.nrta.gov.cn/art/2018/6/5/art_113_38021.shtml。

是"互联网+"对我国视频媒介进化影响的直观显现。

一 媒介进化论视域下的 IPTV

IPTV 是互联网和电视媒介融合的产物。通俗地讲,IPTV 就是给传统电视媒介加入了时移、点播等互联网的部分功能,把单向的"广播"(Broadcasting)变成了双向的"互动"(Interactive)。①

分析 IPTV 与传统电视的不同,主要有以下三点。第一,传输渠道不同。IPTV 以电信宽带网络为传输渠道,有线电视以有线广播电视网络为传输渠道。第二,传输方式不同。IPTV 引入时移、点播等部分互联网功能,增强了传统电视传播的互动特性,保障观众主动收视的权利。第三,传播内容不同。IPTV 除传统的电视频道直播外,提供点播、回看、聚场及多画面直播等内容和功能。

美国媒介理论家保罗·莱文森在其博士论文《人类历程回放:媒介进化论》中认为,媒介进化遵循着"人性化趋势"(anthropotropic),其中"anthropo"意为"人性的","tropic"意为"朝着",试图阐明:"媒介是朝着增加人类功能的方向进化和发展的。"② 其在对未来媒介发展的预测中认为,媒介使用者的主动性、媒介使用者接收信息的通道以及媒介传播的内容,这三大领域至关重要。③

保罗·莱文森"媒介进化论"的基本观点及对未来媒介发展预测的三个至关重要的领域,对照上述 IPTV 与传统电视的三个不同点,有一种惊人的"暗合",展现出"人性化趋势"媒介进化理论的强大解释力。从"人性化"角度来讲,人们在"看电视"方面的需求,主要是"使用方便、内容丰富、主动性强",IPTV 在这三个方面无疑超越了传统电视。

首先,由于人们都遵循"使用方便"的原则和需求,随着"三网融合""宽带中国"战略的实施,IPTV 用户数量飙升、有线电视离网用户渐增的现象,有其内在的合理性。在政策的强力推动下,我国 IPTV 用户数量从

---

① 高红波:《新媒体节目形态》,河南大学出版社,2013,第 121 页。
② 〔美〕保罗·莱文森:《人类历程回放:媒介进化论》,邬建中译,西南师范大学出版社,2017,"中文版序言"第 2 页。
③ 〔美〕保罗·莱文森:《人类历程回放:媒介进化论》,邬建中译,西南师范大学出版社,2017,第 150 页。

2015年底的4589万户飙升到2016年底的8673万户,再到2017年底的12218万户,年增长率高达89%和41%,国内IPTV用户总量过亿,迅速成长为视频媒介领域不可小觑的新兴力量。反观有线广播电视网络,虽然也在加速向"广电宽带"拓展业务,但其在"宽带中国"战略中仍居从属地位,广电宽带用户数量难与中国电信、中国联通和中国移动宽带用户数量抗衡。与此同时,有线电视用户离网现象日渐增多,IPTV用户数量节节攀升。

其次,"内容丰富"是IPTV优于传统电视的一大特点,符合受众"多多益善"的视频观赏心理需求。笔者在2010年曾对381位河南巩义农村IPTV用户进行走访调研,结果表明,在媒介使用动机方面,用户选择安装使用IPTV的主要原因是"可以点播、回看"(占比65.1%),"节目多、内容丰富"(占比58%),以及"有独家最新节目"(占比25.7%)等。[①] 同样,在全球IPTV商用拓展的先锋企业上海百视通公司(BesTV)的营销推广中,该公司把IPTV定位为"家中的第二台电视机",对于IPTV与传统电视的区别,BesTV有一个形象的比喻,即"传统电视机提供自来水,IPTV提供桶装水"。"自来水"线性流淌、普惠大众,"桶装水"个性选择、质量更优。如果考虑到百视通IPTV提供的与传统电视相异的优质版权内容,如独家引进的国内外电视剧、美国NBA全程赛事等,IPTV在"内容丰富"和"自主选择"方面相较于传统电视的独特优势则展露无遗。"时移电视""回看、点播"更是凸显IPTV作为新媒体技术对于传统电视媒介在互动传播功能方面的拓展。

二 技术进化论视域下的IPTV

在21世纪之初,即有学者预言:"通过IP(Internet Protocol,互联网协议)网络来传输视频不仅存在于当前社会,而且在未来20年内必将成为视频业务传送的主要形式。"[②] 同时,该书还提出了"视频向IPTV演进的五大驱动因素",主要有:其一,由于诸多发达国家家庭都接入了宽带IP网络,

---

[①] 高红波:《中国IPTV城乡传播体系建构研究》,中国书籍出版社,2012,第86页。
[②] 〔美〕Wes Simpson、Howard Greenfield:《IPTV与网络视频:拓展广播电视的应用范围》,郎为民、焦巧译,机械工业出版社,2008,第1页。

视频业务提供商可以利用这些宽带网络来开展视频业务，而无须单独构建自己的网络；其二，IP 技术可以简化开展新型视频业务的流程，如交互式节目、视频点播和针对特定观众的广告业务等；其三，由于存在统一的国际标准，每年都会生产出大量的设备，从而使 IP 组网的成本持续下降；其四，在世界范围内的每个国家都部署有 IP 网络，且使用高速互联网连接的用户数量在高速增长；其五，对于诸多其他应用来说，IP 是一种完美技术，这些应用包括数据业务、本地组网、文件共享、网站浏览及其他业务。① 可见，数字技术的应用让数字电视替代了传统的模拟电视，同时也为视频的 IP 传输提供了基础条件。作为一种"时髦的""先进的"技术，IPTV 成为一种采用互动传播方式的新型电视。

"技术是什么，以及它是如何进化的？"美国著名经济学家布莱恩·阿瑟在《技术的本质：技术是什么，它是如何进化的》一书中的回答是："技术是实现目的的一种手段，它是一种装置、一种方法或一个流程"，② 技术的进化机制是"组合进化"，"所有技术都是从已经存在的技术中被创造出来的"。③ 从传播技术角度来看，IPTV 即一种典型的"组合进化"的产物，简单地讲，就是"电信的通道"（IP）搭载"电视的内容"（TV），实现电视收视的时移、点播和互动功能等。美国学者马克·波斯特将传播技术模式分为"在电影、广播和电视中，为数不多的制作者将信息传送给为数甚众的消费者"的"播放型传播模式"（broadcast model of communications），即"第一媒介时代"，还有"随着信息高速公路的先期介入以及卫星技术与电视、电脑和电话的结合，一种替代模式将很有可能促成一种集制作者/销售者/消费者于一体的系统的产生"的"第二媒介时代"。④ 依照这种分类方法，从信息传播技术进化论的视角来看，IPTV 是处于从"第一媒介时代"向"第二媒介时代"过渡的一种基于传统电视与电信技术"组合进化"的新媒介形态。

---

① 〔美〕Wes Simpson, Howard Greenfield：《IPTV 与网络视频：拓展广播电视的应用范围》，郎为民、焦巧译，机械工业出版社，2008，第 2 页。
② 〔美〕布莱恩·阿瑟：《技术的本质：技术是什么，它是如何进化的》，曹东溟、王健译，浙江人民出版社，2014，第 28 页。
③ 〔美〕布莱恩·阿瑟：《技术的本质：技术是什么，它是如何进化的》，曹东溟、王健译，浙江人民出版社，2014，第 194 页。
④ 〔美〕马克·波斯特：《第二媒介时代》，范静哗译，南京大学出版社，2005，第 3 页。

从技术创新的内在动因分析，IPTV 在我国的快速发展主要是因为其较传统电视可以在更大程度上满足受众"内容丰富"和"主体地位"的收视心理。从技术创新的外在因素来看，我国对"三网融合"的强力推进，"宽带中国""互联网+"等国家战略，成为 IPTV 用户数量飙升的社会经济因素。

三 IPTV 对我国电视融媒体产业发展的作用及影响

笔者认为，自 2015 年 7 月 4 日，国务院印发《关于积极推进"互联网+"行动的指导意见》以来，我国"传统媒体与新兴媒体融合发展"的传媒业改革，加快了以"互联网+电视"为核心的中国电视融媒体产业创新发展的步伐。① 媒介融合时代，电视产业的生态环境正在发生剧变。媒介产业的融合，打破了原有的市场边界。围绕"视频"这个核心，电视机构、电信企业、视频网站和电视机相关设备生产商展开了激烈的市场竞争。传统电视媒体分别与固定网络和移动互联网融合，衍生出 IPTV、OTT TV、视频网站和手机电视等视听新媒体形态，电视产业向网络化和数字化方向快速拓展。②

IPTV 对我国电视融媒体产业发展的作用及影响，集中体现在以下四个方面。

第一，IPTV 是我国电视融媒体产业发展中的第一块"大蛋糕"。"今日 IPTV，明日数字电视。" IPTV 为传统电视广播模式引入了点播、互动、信息服务等新的功能，将"看电视"变成了"用电视"，极大地改善了电视观众只能被动接收的现状，大大提高了电视用户的自主性。如果我们以中国电视家庭用户为 4 亿户来计算，截至 2018 年 9 月末我国大陆地区 IPTV 用户数量为 1.5 亿户，约占全国电视用户总数的 40%，约占全国有线电视用户数（以 2 亿户计算）的 75%，IPTV 正在对中国电视产业结构的深层变革施加越来越大的影响。在我国电视融媒体产业的发展过程中，IPTV 作为三网融合的焦点业务，凭借国家政策的东风，在媒介和电信产业融合发展的全球趋势下，迅速成为电视融媒体产业的第一块"大蛋糕"。

第二，IPTV 开启了我国电视融媒体产业牌照许可和平台集权的经营管

---

① 高红波：《"互联网+电视"：中国电视融媒体产业的场域空间》，《现代传播》（中国传媒大学学报），2018 年第 9 期。
② 高红波：《电视媒介融合论：融媒时代的大电视产业创新发展》，社会科学文献出版社，2018，第 8 页。

理模式。"互联网+电视"的融合，本来可以看作传统电视媒体的"互联网化转基因"，海量内容、双向互动、开放平等、合作共赢、分享馈赠等，这些"互联网基因"似乎并未对我国IPTV产业的发展产生决定性的影响。相反，牌照许可证制度和中国广电IPTV中央集控总平台，成为中国广电IPTV"统一管理"、快速发展的不二法门。在IPTV产业快速发展和"一统江山"的经验启发下，我国手机电视、互联网电视集控平台已经建成，国家广电总局似乎也想如法炮制，一举解决电视融媒体产业在移动终端和公共互联网融合发展方面所面临的经营与管理问题。但是，IPTV这种牌照许可和平台集权的经营管理模式的有效应用范围还值得观察和商榷，这可能跟电视与专属互联网融合形成的"围墙花园"特质有关。能否一劳永逸地将其用在手机电视和互联网电视产业经营管理方面，还有待进一步观察。

第三，IPTV探索了电视机构与电信机构合作共赢的新路径。电视与新兴媒体的融合发展，处处显露出市场竞争和受众争夺的火药味道，作为三网融合的焦点业务，IPTV成为电视机构与电信机构合作共赢的一种新的合作形式。简而言之，电视机构提供内容，电信机构提供通道，双方互相协作，收益共享。这种媒信产业合作共赢的方式与路径，在由数字电视、手机电视、网络视频、IPTV、互联网电视等形成的"大电视产业"中，因为竞争主体由电视机构一家独大扩展到电信机构、互联网企业、硬件设备生产企业等，市场竞争多于市场合作，竞争主体间矛盾冲突激烈，多数产品的替代功能明显，电视融媒体产业竞争主体之间往往你死我活、更迭替代。IPTV需要电视机构与电信机构通力合作，各取所长，收益共享。这种合作共赢的探索，虽然也经历了风雨波折，但总体而言，还是为"大电视产业"替代性的竞争，找到了一种电视机构、电信机构、硬件设备生产企业等各方合作共赢的范本。

第四，IPTV产业的发展带动了机顶盒等"中间件"硬件设备，如数字高清机顶盒、卫星电视机顶盒、IPTV机顶盒、OTT盒子等的市场发展。在我国电视产业数字化整体转换的发展进程中，各种机顶盒"中间件"硬件设备市场应运而生，电视融媒体产业急剧扩张的数字终端市场，为相关硬件设备生产企业带来巨大的商机。其实，不仅如此，互联网电视一体机、超级电视、CMMB移动电视终端设备等的发展，也都是"大电视产业"带来的硬件设备市场升级与扩容。IPTV产业发展提醒我们，有多少IPTV家庭用户，就需要多少IPTV机顶盒配套支持。如果考虑到计算的更迭和机顶盒的更新换代，加之在"互联网+"时代,"大电视产业"整体的"个性化、互动化、智能化"发展趋势,电视融媒体产业硬件设备市场的市场潜力和增长空间来者可待。

总之,视频媒介兼容文字、图片、音视频等多种信息载体,堪称信息传播的最高形态。在技术进化论的迭代机制下,互联网技术、云计算技术、大数据技术、物联网技术、虚拟现实、人工智能等新媒体技术必将对视频媒介进化产生相应的影响。IPTV 作为一种在国家政策推动下用户数量急剧增长的互动视频新媒介形态,成为"互联网+电视"的典型范本。它是借助信息传播技术的进化,紧追媒介进化影响的一个最为醒目的样本,值得更多视角、更多层面的深入研究。

第三节 互动视频技术及其对视听内容生产创作与传播的影响[①]

2019 年伊始,腾讯、爱奇艺、优酷等国内主流视频平台争相发展互动视频业务。截至 2021 年 8 月,国内市场已推出《古董局中局之佛头起源》《他的微笑》《当我醒来时》等百余部互动视频作品,互动视频呈现产业化发展态势。2019~2020 年,国家广播电视总局陆续发布了《互联网互动视频数据格式规范》《互联网超高清视频播放软件 第 2 部分:互动视频技术要求》《5G 高新视频—互动视频技术白皮书(2020)》等政府工作文件,对互动视频的发展现状、应用场景、技术标准等内容进行了梳理,展望了互动视频的发展前景。

一 互动视频技术及相关概念

互动视频技术理念最早诞生于电影领域,相比于传统视频,互动视频建立在高带宽网络的数字化技术之上,以"交互"为核心属性,在一种或多种互动方式中带给受众沉浸体验。互动视频最早兴起于西方,无论理论阶段还是实践阶段国内在互动视频领域都起步较晚,随着各制播平台的加入,互动视频行业将迎来快速发展。目前互动视频的互动模式主要分为分支剧情、信息探索、多视角探索、手势互动四种类型。

---

① 本节内容与河南大学新闻与传播学院广播电视专业硕士研究生赵威程合作完成。

（一）互动技术与互动视频

在 20 世纪 60 年代，蒙特利尔世博会上的一部电影《自动电影：一个男人与他的房子》(Kinoautomat: One Man and His House) 曾尝试采用观众主观选择来控制电影剧情的播放形式。最初这种互动技术完全依赖现场工作人员的手动操作来实现，工作人员在电影中共设置九个互动点，每到一个互动点电影就会停止放映，由主持人上台邀请观众在接下来的两个选项中进行投票，并播放得票最多的场景。此阶段的互动视频属于一对多的互动模式，观众人数较多，采用这种少数服从多数的选择方式受时间和场地的限制较大，但这种形式成为互动视频的基本互动雏形，给予了我们经验借鉴。

20 世纪 90 年代互联网兴起，互动技术跟随电视行业迎来了"互联网+"的数字化进程。随着数字化电视的普及，人们从电视前的被动接受者转变为需求提出者。人们不再要求电视仅仅是一台播放器，而要求其更要像一位可以交流互动的"朋友"。为了满足人们的互动需求，MHP、HbbTV、Hybridcast 等"互动电视"技术标准相继被研发并推出。这个时段的网络互动技术主要围绕"线性视频"来展开内容互动业务，并不会对播放内容走向产生实际性影响，更多是对电视播放内容进行多样拓展。用户虽然可以通过电视实现获取电视节目信息、查看股市信息以及在线答题等功能，但仍然只能按照节目时间表来收看电视节目内容，并无法实现快进、暂停、倒退等相关操作。

21 世纪伴随着流媒体平台的诞生，互动技术呈现出"平台化"的发展趋势。用户自制的 La Linaea Interactive、《电车男追女记》等互动视频在YouTube 平台开始出现，观看用户可以在每段视频后面做出选择进而影响后一段视频的剧情走向。腾讯视频在 2016 年也曾尝试过互动视频业务，由 FNC Entertainment 制作的 Click Your Heart 互动视频作品在腾讯视频上线。在剧中用户可以亲自挑选主人公，改变故事线的发展走向，甚至决定整部作品的大结局。当时用户在播放互动视频时仍需要跳出视频内容文本本身实施互动行为，其需要通过点击视频列表中的相关视频来完成选择操作，这在很大程度上削弱了互动视频带来的沉浸感。随后流媒体平台网飞（Netflix）分别在 2017 年和 2018 年推出《夜班》(Late Shift) 和《黑镜：潘达斯奈基》两部互动视频作品,这两部作品的成功使互动视频获得了视频行业的空前关注。依托于数字化互动技术和流媒体平台的融合升级,用户在实施互动行为时实现了"所选即所见"的蜕变。用户可以在视频画面上进行关键抉择,视频平台会根据用户的选择自动进行场景转换。

2019年国内互动视频领域,互动视频作品如雨后春笋般出现,这一年也被称为国内互动视频发展元年。2019年1月腾讯视频推出首部基于互动视频平台的作品《古董局中局之佛头起源》,其因新颖的视频互动模式在上映后一度引发热议,获得大批用户关注。随后哔哩哔哩、爱奇艺、芒果TV等互联网视频平台争相宣布将对互动视频业务展开布局,以互动视频为代表的内容互动业务正式成为互联网视频平台的关注焦点。在此后一段时间内,《他的微笑》《明星大侦探之头号嫌疑人》《龙岭迷窟之最后的搬山道人》等一系列互动视频作品相继上线,国内互动视频作品迎来井喷式增长,如表3-4所示。

表3-4 2019~2020年主流视频平台应用互动视频技术所推出的作品(部分)

作品名	出品时间	作品类型	出品方
《古董局中局之佛头起源》	2019年1月	电视剧	腾讯视频
《明星大侦探之头号嫌疑人》	2019年1月	电视剧	芒果TV
《画师》	2019年5月	电影	腾讯视频
《他的微笑》	2019年6月	电视剧	爱奇艺
《月与二分之一恋人》	2019年12月	动漫	优酷视频
《谁偷了我的WIFI》	2020年1月	电视剧	优酷视频
《出招吧!冠军》	2020年1月	综艺节目	优酷视频
《当我醒来时》	2020年1月	电视剧	优酷视频
《都市传说》	2020年2月	电视剧	优酷视频
《我+》	2020年3月	真人角色扮演互动节目	腾讯视频
《龙岭迷窟之最后的搬山道人》	2020年4月	电视剧	腾讯视频
《古墓派 互动季:地下惊情》	2020年4月	纪录片	优酷视频
《叩响明天》	2020年8月	故事片	芒果TV
《明星大侦探之目标人物》	2020年11月	电视剧	芒果TV
《魔熙先生》第三季	2020年12月	综艺节目	腾讯视频

资料来源:笔者根据网络资料综合整理。

（二）互动视频概念与互动模式

在媒介融合背景下，信息传播方式趋于个性化、互动化，受众对信息从以往的被动接收，转化为注重更加独特的个人体验，从习惯于遵循故事情节既定的叙事脉络，转化为根据个人意愿去尝试决定角色的命运以体验不同的结局。互动视频是基于特殊的视频呈现方式的一种传播形态，为受众带来全新的共时性互动沉浸体验，对内容传播和受众体验的提升有重要意义。

国外学者哈特穆特·科尼茨和诺姆·诺勒从叙事角度对互动视频进行阐述，他们认为互动视频是网络电视和在线视频等媒介平台上的互动数字叙事形式。2019年，国内网络制播平台陆续发布互动视频制作标准和互动视频制作相关平台，并尝试对互动视频进行定义。2020年，国家广播电视总局正式发布《5G高新视频—互动视频技术白皮书（2020）》，报告中将互动视频定义为以"非线性视频"内容为主线，在"非线性视频"内容上开展的可支持时间域互动、空间域互动、事件型互动的内容互动视频业务，该业务具有分支剧情选择、视角切换、画面互动等交互能力，能够为用户带来强参与感、强沉浸度的互动观看体验。[①]

综上所述，互动视频作为数字时代的产物，打破了传统视频的线性叙事限制，为用户提供了与作品内容互动的机会。例如，美国流媒体播放平台（Netflix）在2018年发布的《黑镜：潘达斯奈基》互动视频共有70多个分支选择，5种不同的故事结局，而受众对于不同支线进行的选择将会主导故事的结局。正是这种具有选择性的互动形式将互动视频与传统视频从本质上做出了区分。值得注意的是，互动视频是一个较为宽泛的概念，并不局限于某种视频形式，而是包含电影、纪录片、综艺等多种形式。

从各主流视频媒体推出的互动视频作品来看，国内互动视频主体共有互动类节目视频和广告互动视频两种类型，其互动模式也各有特点。笔者梳理总结出以下四种互动视频的主流互动模式。

其一是分支剧情类。用户可以根据自身的喜好在视频剧情的关键点进

---

① 国家广播电视总局：《5G高新视频—互动视频技术白皮书（2020）》，http://www.nrta.gov.cn/art/2020/8/25/art_113_52661.html。

行选择，从而决定视频中人物的某些行为，进而影响视频剧情的走向。哔哩哔哩平台上的互动视频作品多为此类互动模式，剧情内容和互动节点的可扩展性较强，时间长度也较为灵活。

其二是信息探索类。视频画面中会添加文字、照片、物品等道具元素，用户在观看视频中需要发现这些道具元素，并根据元素所提供的信息对剧情的发展做出判断。该类互动模式的游戏属性较为凸显，注重用户观看时的趣味性体验。

其三是多视角探索类。用户在观看视频时可以实时切换观看视角，从而获得不同的观看体验。综艺选秀类节目通常会采用这种互动模式，其间供用户选择的视角多以视频内的人物为目标。

其四是手势互动类。用户通过手指在屏幕上画出特定的形状来完成与视频的互动行为，从而推动视频进程的发展。此类互动视频的互动方式和视频内容都相对简单，目前主要应用于微信朋友圈的广告推广，以提升用户对广告内容的兴趣程度。

二　互动视频技术对内容叙事的影响

互动视频技术应用为内容叙事带来诸多变化，这首先表现为线性叙事逻辑不再是叙事过程中的主导者，同时，叙事流程也成为用户个性化的真实映射。

（一）线性与非线性的叙事时空

"线性"一词在不同的学科领域，所蕴含的意义也不相同。在数学领域中，"线性"即"线性关系"，是指两个变量之间的关系是一次函数，函数所呈现的图像是直线。在语言学中，"线性"也叫"线性原则"，即相继出现的语素，共同构成一个时间序列。线性思维，是指一种单向的、点对点式的一维思维方式。在以视频为媒介的传播中，从视频播放之初，到视频播放结束，整个过程中无时无刻不存在线性思维。这种线性思维是一条看不见摸不着的叙事逻辑，它依附于整个视频的时间序列。

若干个镜头组成一段视频，事件与情节的叙事逻辑决定着每个镜头的先后顺序。观众只能依靠线性思维的方式来解读事件的发展与情节的演变。某一时间段内的内容被固定在相应的时间序列之上，人们必须按照一定时空和逻辑顺序来解读其中的信息。时间序列上的故事情节发展是被制作者精心编排好的。即便是制作者特意安排了倒叙、插叙、补续等改变常规时间序列的叙事结构，作品也只能按照一种固定的叙事流程来呈现内容。

"非线性"是一种相对于"线性"而言的概念。在非线性视频编辑中，人们需要先将拍摄的视频素材拖拽到非线性编辑软件的素材库中，再将挑选好的视频素材在时间轴上按照作者的个人意志进行排列剪辑，最后再进行编码导出。而互动视频作品中的"非线性"与非线性编辑软件的剪辑原理相似，只不过是将在时间轴上进行的剪辑环节交给了屏幕前观看视频的人们，用户可以通过互动视频技术来"调用"和"拼接"这些素材，进而形成个人化的观看体验。

互动视频作品往往呈现出"线性"与"非线性"的时空叙事逻辑，这种叙事逻辑是由互动视频技术本身的交互形式所决定的。互动视频作品在未上传平台素材库之前其实就是若干段视频，这些视频片段长短不一，短则几十秒，长则几分钟，每个片段都是由制作者提前剪辑好的，可以说，这些视频片段内部所呈现的时空情景都是以线性的逻辑方式进行叙事。而这些视频片段被上传到平台之后，平台会根据用户的个性化选择将各个片段进行连接，在这个过程中，前后两个片段虽然也有一定叙事逻辑存在，但这种叙事逻辑并不是一一对应的，往往呈现树杈状的逻辑关系。

（二）基于用户个性化的叙事流程

互动视频作品与传统影视作品有着诸多共同点，但不同的是传统影视作品的相关情节是由编导来安排的，在人们观影时，编导的意志操控着影视作品的故事情节发展。互动视频作品的叙事流程是由屏幕前的用户进行控制，并按照每位用户的主观意志进行量身定制的。就其参与程度而言，传统影视作品的观看过程更像是人们坐在自家窗户旁观看户外风景，屏幕将作品与观众自然地隔绝开来，即使屏幕内故事情节发展得再激烈，观众也只能静静坐在窗后，没有插手的机会。但在互动视频作品中，人们被当作叙事过程中的交互对象，变成了屏幕上事件的主动参与者而非被动旁观者，而且他们在某种程度上还决定着故事的发展走向。

在用户没有参与互动之前，互动视频作品并没有一个既定的叙事流程，从某种意义上看，整部作品暂时还没有完成，随着用户互动行为的发出，作品的故事情节被逐渐构建起来，进而产生个性化的叙事意义。可以说，互动视频作品的叙事流程是一个基于用户互动行为而产生的个性化叙事流程。其实，这种由用户个性化行为来构建叙事流程的方式在其他领域中早就有所尝试。如在一些舞台表演中，台上的演员邀请观众参与一些简单的互动环节，尽管这是表演者在彩排时就已经设定好的，但观众仍能从中获得极大满足。在游戏公司动视暴雪所制作的 FPS 游戏（first-person shooting game）《使命召唤：黑色行动 2》中，单人剧情模式共设有 6 种结局，玩家将扮演作战小队中的某一角色，与队友共同粉碎敌方的阴谋。玩家无时无刻不在与叙事流程中的故事情节产生互动，并且根据玩家个人行为的不同，单人剧情也呈现出不同的游戏结局。

（三）带有叙事功能的互动场景

"场景"指特定的时空环境，它无时无刻不存在于人们的生活当中，如吃饭、睡觉、学习等，在某种程度上人们的日常生活就是由一个个场景构成的。从文本叙事的角度来看，场景是在文本叙事的过程中构建起来的，其目的是为相关元素提供一个可以实现行为活动的真实世界，当然这里所说的真实世界并不是现实中真实存在的物理空间，而是在作者思想层面构建的世界。在不同的媒介形式下，场景的组成元素和难易程度也有些许不同。在以小说、诗词、散文等为代表的文字作品中，场景的构建往往是几句话就能够完成的。在以有声小说、广播剧等为代表的音频作品中，场景的构建就相对复杂一些，需要语言、音乐、音响之间的相互配合。在以电影、电视剧、纪录片等为代表的视频作品中，场景的构建需要在这些有声语言相互配合的基础之上再加上影像这一元素，自然也就更为复杂。

在影视作品当中，画面、音乐、音响等元素都在为叙事情节的发展服务，场景自然也不例外。场景为叙事中行为活动的发出者提供现实空间，随着叙事进程的发展，场景也会随之进行相应的变换。例如，在纪录片《上线了文物第一季》之《白衣彩陶大盆》一集中，叙事与场景之间就呈现出主动与被动的关系，当叙事情节从介绍白衣彩瓷大盆进展到介绍陶瓷发展史时，画面内容也从白衣彩陶大盆静置在博物馆的场景立刻转换到古代人们生活时的场景。

三　互动视频技术应用的视听语言剖析

互动视频作品中的视听语言也呈现出互动化的趋势，影像画面成为人们体验互动的"游戏界面"，解说词也开始尝试回应人们的互动行为。

（一）游戏化包装的影像画面

"包装"一词是指对某事物或人的外观进行装饰或美化，使其更加具有吸引力或商业价值。影视包装广泛应用于影视作品当中，是影视作品制作过程中的重要一环。在这个环节中，制作者通过后期包装软件来实现在实景拍摄过程中无法达到的画面效果或将整部作品包装成某种统一的视听风格，来满足作者的某种表意需求，提升影像画面的观赏性，从而吸引观众进行观看。目前的影视包装主要使用 After Effects、Premiere、Cinema 4D 等后期影视包装软件，这些软件对计算机的性能要求较高，对使用者也有一定使用要求。

与普通视频作品不同，为了给用户展现更好的互动效果，互动视频作品的影像画面往往呈现游戏化的包装风格。在《喜欢你一分之二》互动剧中，主角需要用药水冲洗照片，此时画面上会出现提示用户点击的动画，用户就像在体验游戏一样观看视频。考古纪录片在应用了互动视频技术之后，其影像画面风格也呈现出游戏化的趋势。例如，在《古墓派　互动季：地下惊情》第 1 期工地意外挖出千年古墓的场景中，考古人员需要打开棺椁查看内部情况，此时画面中会出现引导用户向右滑的指示动画，并且在用户向右拖动后画面上还会弹出操作成功或失败的包装动画。

总的来说，互动视频技术下的影像在画面上呈现游戏化的风格特征，影像画面所呈现的动画包装效果不再仅仅是为了提升画面的观赏美，而是成为人们体验互动环节内容的一部分，为用户提供了更加具有沉浸感的互动效果。

（二）会与用户"交流"的解说词

解说词是通过口头的形式来阐述与说明某一事物的文体，通常情况下解说词都是提前写好的，通过对某一事物的详细描述来渲染氛围，让人们更加了解面前事物的真实情况和真实状态，从而更清晰地获得作者所要表达的意义。在宣传片、广告片、纪录片等影视作品中，解说词一直是作者表达创作意图的惯用工具，在整部作品的艺术表现方式中占据着十分重要的位置。解说词为作品视听语言构成的一部分，往往需要和画面相互配合进行表意，如果创作者过于注重画面的写实，那么作品内容所承载的信息就会相对匮乏，进而导致观众丧失观看的兴趣，而如果创作者过于注重解说词的写意，画面就成为解说词的附庸，造成作品呈现的内容过于空洞的现象，从而使作品本身缺乏观赏价值。

从视觉方面来说，解说词会通过描述来引导人们寻找画面中的重点或扩充展示画面以外的内容。从听觉方面来说，解说词会通过形象化的表达，营造出故事情节中的环境氛围，从而唤起人们对表达内容的想象。在其间，绝大多数解说词都会采用第三人称视角来进行叙述，观众更像是一个站在人群中的旁观者，默默地注视着眼前所发生的一切，没有任何交流互动的机会。例如，我国第一部考古纪录片《地下宫殿》的解说词这样表述道："定陵是明朝万历皇帝朱翊钧的陵墓，他生在385年前，10岁就当了皇帝。"在《大唐帝陵》中，解说词同样也采用第三人称视角，"据《旧唐书》记载，李渊为陇西成纪人，出身极为显贵"。互动视频作品则内在地要求解说词与用户的"交流"。

（三）互动感与纪实感的"统筹兼顾"

互动视频技术应用于考古纪录片之后，改变了传统考古纪录片的叙事方式，为用户提供了表达自我的通道。整个作品不再完全是作者的"独奏"，而成为作者与观众的"合奏表演"。用户可以通过观影过程中的互动节点，参与到剧情当中，从而得到较强的互动体验。在《古墓派　互动季：地下惊情》第2期中考古人员需要探索古墓中尸体不腐的秘密，在讲述用什么填充物密封棺椁的互动场景中，制作团队分别在两个选项中设置了回答正确或错误的动画与提示音，并对选项中的相关内容做出解释，让用户能切切实实地感受到作品对用户互动行为的回应。

纪录片作为展现真实生活的艺术表现形式，其纪实性的重要性不言而喻，互动视频技术应用下的考古纪录片虽然在叙事流程中融入了用户的个性化诉求，但在展现考古成果的过程中也必然要在影像上给人们带来浓厚的纪实感受。例如，在《古墓派　互动季：地下惊情》中，当讲述棺椁中尸体不腐的原因时，制作团队在制作"人为原因"和"自然原因"这两个选项的影像片段时添加了其他不腐尸体的事实例证，其间使用了大量充满纪实感的尸体特写影像资料，将棺椁内尸体不腐的情景真实地表现了出来。

总而言之，互联网技术的"互动"特性，打破了传统电视媒介的"单向传播"模式，互动视频技术在内容生产创作与传播方面带来了颠覆性的革新。在人机交互界面基础上的"人机互动"，以及通过视频界面的虚拟社区产生的"人际互动"，究其本质，都是互联网技术应用给视频内容生产带来的新模式与新可能。

第四章 云计算对电视媒介进化的影响

何谓"云计算"?一般认为,"云计算是采用分布式计算技术,把计算需求分布在众多计算机上,然后通过网络实现计算能力或者服务能力的按需交付。通俗的理解就是通过网络以自助服务的形式交付 IT 功能和服务,使用者按用付费——这就是厂商宣传得最多的一句话:像用水用电一样使用 IT"。[1] 而"云视频"就是"云计算"思想的一种应用模式,简单来说,"云视频"概念就是让现在的各种终端用户在享受视频体验的时候使其回归到像打开电视一样简单。本章聚焦云计算对电视媒介进化带来的影响。

第一节 云计算与视频媒介平台渠道变革[2]

云计算是一种按需交付的新兴模式,它将大量计算、存储、网络等资源池化,使各种应用系统能够根据需求获取各种资源和服务。[3] 云计算结合基于互联网的硬件和软件,充分利用和动员所有信息资源,为人们提供低成本、高效率、智能化的服务,满足各种层次和不同需求的信息服务模式。[4] 其特征简洁、鲜明:无须安排人工服务、无须考虑地域限制、无差别的资源共享以及可预测服务的快速恢复。这种新的思维方式和计算过程中使用的新方法,对视频媒介带来了显著的影响和变革。

---

[1] 季世:《拨云见日云计算》,《中国数字电视》2011 年 2~3 月号总第 75 期。
[2] 本节内容与河南大学新闻与传播学院广播电视专业硕士研究生崔竞佩合作完成。
[3] 杨铭民、徐元凯:《基于云计算平台的网络视频技术应用研究》,《广播与电视技术》2012 年第 11 期。
[4] 谢东晖:《浅谈云计算在广电的安全应用》,《广播与电视技术》2010 年第 11 期。

一 云计算技术对广播电视媒介的影响

"三网融合"意在整合广播电视网、电信网和互联网,实现资源共享,方便并满足用户对信息媒介的多方面需求。"云计算"和"云服务"在广播电视业媒体融合改革中具有重要的作用和影响。

首先,云计算可以实现对广播电视行业相关数据的收集与处理。云计算是一种安全可靠的数据平台。在三网融合背景下,广播电视行业需要建立一个全面的宽带网络,以支持与互联网和电信网络的网络互联及数据交换。对云计算技术的运用有利于广播电视行业进行数据收集,它可以将所有用户数据都通过云计算存储在前端云服务器中,并在技术开放和资源共享的技术和商业模式下满足广电行业发展的数据收集与处理需求。

其次,云计算技术有助于降低广播电视设备投入成本。广播电视行业的可持续发展要求不同地区和媒介之间的终端设备保持良好的互动。云计算的超强计算能力可以简化终端设备的某些功能,降低系统维护运营成本,最小化终端设备,满足广电行业的大量计算和大存储空间需求。云计算的本质是互联、共享和技术开放。广播电视用户可以以最简单的操作和最低的成本享受广电媒体带来的优质服务。

随着"三网融合"的进一步深化,云计算将越来越广泛地应用于广播电视领域。例如,华为推出的媒体云平台,将广播电视送上"云端",不仅可以分发、存储和共享基于云平台的视频,还推出流量监控和内容管制方案,提出广播电视行业云端控制策略。此外,在我国媒体深度融合改革进程中,"中央厨房"的搭建,标志着《人民日报》、新华社、中央电视台等主流媒体也融入视频云,确保内容的丰富性和及时性。由于云计算技术的应用,中国互联网电视首次登陆广电网络,改变了用户只能在电视机上观看节目的单一方式,加快了媒体融合改革的步伐。[1]

二 云计算给网络视频带来的变革

视频资源的云计算管理是指节目内容资源管理系统利用云计算技术的分布式架构,通过分布式节点构建区域视频节目的各个资源库,逐步形成

---

[1] 李育林:《云计算在广播电视领域中的应用探究》,《有线电视技术》2012年第1期。

独立的媒体云。由此，不同的"媒体云"之间通过技术标准协议互相联通，成为云计算给网络视频带来影响与变革的重要基础。

（一）云计算技术的视频应用系统

云计算平台以信息基站的形式，以大功率、高性能、集中化的新硬件为基础，以网络为连接，广泛集纳各种多媒体资源，如视频、音频、图片、动画等。云计算技术将这些数量惊人的数据重新储存并分配，建立一个高度符合用户需要且操作过程友好的应用系统，通过客户端或者同类的开源方式，为用户提供高效的信息检索和预览服务。这项技术可应用于具有屏幕的类似视觉智能硬件，如个人电脑、智能手表和智能手机等。视频云计算技术与信息技术相结合，在视频采集、视频资源处理、视频存储管理和资源检索发布等方面带来革命性的影响。

1. 视频采集系统

视频采集系统是整个视频云计算系统应用的重要开端。视频采集系统可以为用户开通云计算系统的视频传输通道，降低信息传输的"门槛"，让用户即使使用最基础的智能硬件，也能将高质量视频素材传递到"云端"的信息基站。作为一个多媒体的云计算平台，其采集系统应具有高度开放的互联性能，并支持跨平台多媒体操作和网格计算功能，如资源访问、视频文件收集、批量上传、格式转换、流媒体预览和运行管理。

2. 视频资源处理系统

构建视频云计算平台后，将形成完整的视频制作工作流程，即从视频数据采集到转码、处理、审计、存储、发布、共享和后期管理。在各种类型的视频资源进入云计算平台后，根据资料各自的应用类型将它们逐个发送到与资料相对应的处理子系统。这个处理环节的目的，在于建立素材的自动检索体系，方便搜索调用。同时，它还可以使程序的格式与标准相适应，并可以方便地通过各种终端发布程序。

视频分析可以理解为对视频内容的拆分处理，即以添加标记的形式对画面内容进行分类统计，用以获取视频的结构化信息。在此过程中，还可以分析和识别图像中的特定字符和场景。音频分析主要是分析和纠正视频文件中音频的常见问题，比如将单声道隔开或对立体声音频进行分组等，最终将画面中的音频元素总结为类似"人声""鸟鸣""车流"等具体的关键词。视频资源处理系统将可视化程序资源使用高级通用编码协议转换为目标流和格式,以适应各种终端的发布。①

3. 视频存储管理系统

经过视频资源处理系统处理后的视频资源,将会在存储管理系统中统一存放。基于前一步处理系统对素材的有效分析和分类,存储系统只需要结合上一步系统的处理结果对素材进行分类储存就可以了。但构建存储管理系统的难点在于建立一个相对友好的管理界面。各种素材的数量都是巨大的,在巨大的资源库中寻找特定的素材无异于大海捞针。这就要求存储管理系统搭建一个合理的管理体系,让用户可以有逻辑地逐步缩小搜索范围,直到找到具体需要的某段素材。

4. 资源检索发布系统

索引体系属于存储管理系统范畴,直接输入搜索内容进行搜索,是效率极高的检索方式。索引体系也应采取多角度的检索模式,可通过如素材格式、长度、尺寸、色彩模式等数据角度,或内容、风格、拍摄手段等技术角度,分别进行检索。这将大大提高素材检索的准确性,从而提高网络视频制作的效率,提高核心竞争力。

(二) 视频云计算平台的主要功能

视频云计算技术在视频应用业务中的普及应用带来了革新。在消费市场,每种视频应用产品都在尝试细分市场,独树一帜。这就决定了视频云计算平台需要应对差异需求,制作出高度融合的连接体系,确保每个视频应用程序的稳定和有效运行。

1. 处理视频来源

处理视频来源包括收集视频材料、输入媒体资助的数据、接入电视直播信号、统一管理本地视频数据等。目前,互联网技术在全球范围内广泛覆盖,但发展程度并不统一。这就意味着资料收集的方式和最终收集到的资料品质会有较大的差异。使用传统的集中式收集方法处理复杂的数据信息来源显然很困难,也很难满足使用信息的不同需求。而依托互联网的视频云计算技术系统,可以建构一个广泛分布的视频采集和共享平台,通过

---

① 宋杰:《基于云计算平台的视频应用探索》,《中国传媒科技》2014 年第 5 期。

不同的客户端或者同类的二级、三级节点，可以更好地满足多种类型的视频传输需求，提高信息处理的效率。

2. 视频多格式转换

视频多格式转换基于云代码转换平台记录和编码多格式程序。常见的民用格式多为 MP4、MOV、RMVB 等压缩视频格式。行业中常用的无损视频格式编码，如 Apple ProRes UnCompressed 等，并不能直接应用于个人用户。然而为了满足广大个人用户的使用需求和民用视频设备的播放需求，高效率的视频编码格式转换也就成为一个必然要求。

3. 大容量存储

由于视频数据量巨大，其存储技术已成为巨大的挑战，这需要云计算平台提供大量的视频数据存储空间。信息存储的这一方面应该是云计算技术中最依赖硬件连接的部分。云计算技术的运行特点决定了它需要大量的文件资料作为支撑。文件存储过程几乎是整个云计算技术的基础。因为文件数据总是需要存储在某个存储介质中。传统广电行业对于视频文件的存储通常基于硬件设施的建构，无论在存储效能还是资料保存的安全性上都有巨大的隐患。随着 5G 技术兴起，文件的传输速度大幅度提升，而与之伴随的新问题则是传统储存硬件的读取和写入速度过慢，使 5G 技术的技术优势受制于传统硬件而无法得到充分利用。作为新一代移动通信技术，5G 的峰值速率至少是 4G 的 10 倍，传输延迟为毫秒，连接容量为 1000 亿。与之相对应的大容量高效存储设备，则更应进行重点建设。

4. 视频素材处理

视频素材处理的功能主要是通过技术手段自动处理和编辑捕获的视频。该系统具备自动素材条带化处理，字幕、标签、画面风格、音频节奏的自动检测和记录等功能。该系统可以通过对视频资料的识别和分析，提取视频、音频、文本等其他视频特征，还可以为视频搜索、数据挖掘等提供建模依据。

5. 三屏断点续播应用

在线视频的出现带来了一种观看视频节目的新方式，它实现了一种在网络基础上观看和停止观看的便捷方式。视听内容多终端断点延续意味着用户停止观看视频或播放音乐后，可以在再次打开它时继续从上次停止的地方观看或播放。断点扩展也可以反映在不同的终端上，例如，电视屏、电脑屏和手机屏三个显示终端。当用户在任意一个终端暂停观看一个程序，并在三种观看方式之间切换时，可以自动无缝继续播放。它具有快速在线浏览缓冲、快速离线下载和断点延续等优点，可以进一步促进媒介融合，直接改善视频用户体验，提高服务质量。

（三）云计算对视频节目后期制作的影响

如果要使用云计算来完成视频程序的后期制作，需要关注虚拟机运行的应用程序的水平可伸缩性。通常来说，负责多媒体文件编辑的软件需要在云系统提供的客户端或同类平台上运行。在云系统中运行的软件应该能快速扩展和缩小，即使面对云断开，它也应该能够投入正常的应用程序使用。

1. 软件系统

软件系统应该至少满足两个要求：一是能在物理机上正常运行；二是能在虚拟机上正常运行。此外，在应用初期，软件系统应建立个性化识别的簿记系统。

2. 硬件系统

硬件系统应该基于一个容器来完成相应的设计工作，而不是以单个机柜或单一服务器作为扩展，这主要是因为在云计算时代，最小的硬件采购单元是容器，无论从购买成本还是操作维护成本来看，其都具有重要意义和功能。

3. 后期渲染

视频后期渲染是视频技术的核心之一。长时间以来，由于设备的性能、制作成本等方面的诸多限制，怎样实现大范围、高速、高质量的视频渲染是必须在视频后期处理中解决的问题。随着云计算技术的逐渐成熟，"云渲染"作为一种新的分布式渲染技术应用模型已成为后续视频渲染技术的基础。

当云计算技术应用于远程视觉效果渲染的工作时，其虚拟化、可拓展性和高效率的技术优势和特点将会尤为凸显。它能实现大规模且高效的视频处理，并根据用户的自定义设置，精细地调整计算方式，在保证效率的同时，大幅度降低用户的时间成本，极大提高视频服务的工作效率。传统的视频渲染技术依赖于计算机集群的物理机器。物理机器受施工个体、具体硬件的限制，其处理的效率无法紧随当下最新的技术逐步提升。而施工个体频繁地更新硬件，则又会形成资源的大面积浪费。具体的渲染处理工作，必须要对应施工个体具体的硬件设备。而硬件设备又是很难高度共享的，不能实现多个任务的高效并行处理。这就决定了传统物理机器难以对纷繁复杂的数据进行高效的利用。[①]

三 云计算视频应用存在的问题

关于云计算技术的安全性，主导了在巴塞罗那举行的移动世界大会上的讨论。人们在展会和后端会议上讨论了新技术，并且对其风险存在较为普遍的看法。

（一）技术实施风险

云计算视频处理技术迅速渗透到行业的各个方面，成为这个行业重要基础设施的一部分。如果基础设施建设不到位，比如没有建立起具体到每个用户的客户端口，则只是将传统的可视化应用程序移植到云平台。而无论应用的性质如何，在视频应用中都可能存在不可接受的现象，比如低操作效率和低稳定性。影响用户使用或导致数据错误和数据丢失的问题严重影响系统的正常使用。

（二）视频数据的安全性

在视频领域的实际应用中，除了每个视频网站构建的云计算平台外，还可以与公共云服务平台提供商合作。但是平台资源的租赁使用也带来了视频资源的安全问题。网络越大，黑客攻击的可能性就越大，这意味着系统越来越复杂，越来越多的组件需要得到保护。对于一些带有政治性和私密性的视频资源，不被木马和其他病毒入侵，不被黑客入侵或窃取，确保视频数据的安全性是云平台需要考虑的重要问题。在一个广泛系统中必然存在复杂性，而复杂性本身就是一个漏洞，这也是云计算系统不可忽视的问题。

---

① 吴晓瑜、宋倩倩：《基于云计算的分布式视频渲染服务平台》，《广播电视信息》2015 年第 4 期。

（三）网络传输问题

视频云计算服务的流畅性取决于可靠连接的高速网络。云计算服务的工作方式要求云平台高频次地处理大规模的数据。如果网络速度比较低且不稳定，云计算的应用将受到很大限制。通过测试，如果能确保服务器接入端的网络顺畅和建立分布式辅助节点，可以在很大程度上提高视频的传输效率。[①]

多媒体信息是互联网应用程序不可或缺的一部分。多媒体行业的发展也与云计算业务密切相关。目前市场上主要的云视频概念产品主要集中在即时成像的视频领域，如视频直播、视频会议、网络电视、视频互动等领域。而技术的发展，必将促进新产品的研发与面世。不断更新产品的行为将始终围绕广泛收集资讯、广泛覆盖客户、广泛连接互动这三个核心因素展开。这又与视频云计算技术的设计初衷不谋而合。用丰富的资讯内容，覆盖大面积的用户群体，逐步深入市场的每个角落，实现媒介融合是发展的必然趋势，这对技术本身、行业发展甚至社会发展的推进，都会产生巨大的影响。

四　小结

云计算是一项重要的应用技术，将为广播行业和视频媒体带来科学革命。云计算在视频媒体中的应用不仅有利于云计算技术的推广，也是视频媒体发展及媒介融合的新机遇和新挑战。将云计算平台与视频媒介充分结合，必须适应时代发展的需要，根据视频媒介和用户需求的具体特点对具体技术进行更加具有针对性的研究。应通过集中的信息基站，形成内容高度丰富的集成型云技术平台，为具有不同资源需求的视频媒介提供全面的技术支撑，确保每个视频应用程序的稳定性和效率。

只有将云计算的优势与视频媒介的特点紧密结合起来，才能不断调整结构，改变运营模式，加快行业内云架构的布局。应为每个系统构建云计算平台，在当前的云计算架构模式下，通过现有设备和网络结构转换设备，帮助解决多媒体数据快速增长的问题，大大提高视频处理的效率，不断提高质量，提供更好、更快的服务，同时加强内容建设，推进融合业务的发展，加强信息安全建设，不断突破媒体之间的障碍，为视频媒介平台的转

---

① 宋杰：《基于云计算平台的视频应用探索》，《中国传媒科技》2014年第5期。

型与进化奠定坚实基础。

第二节 云媒体电视传播体系的建构研究[①]

云计算技术的应用，迫使电视业面临平台的转型。媒体行业在全球范围内显示出"云资源，多终端"的发展趋势，电视业由原来单一的"电视节目内容生产、制作和传输的平台"，逐渐转变为复合型的"云媒体平台"，具体包括"云媒体资产平台""有线数字电视服务平台""IP电视集成播控平台""手机电视集成播控平台""互联网电视集成播控平台"等。而传统电视平台则向"内容集成平台"和"内容播控平台"外延。当前，"云媒体平台"的转型，已经成为电视业变革的主旋律。

一 "云媒体平台"的实质是建构现代化的电视传播体系

我国电视业的"云平台"转型已有先例。一是南方传媒集团的"云媒资平台"。这个平台以内部版权管理为核心，整合版权管理、交换交易、全媒体发布、数字DNA防盗版四大系统，与媒体资产数字库共同构建了媒体资产的精细化管理体系，并以此支撑媒体资产的存储、管理、交易、结算、发布和保护等各个环节的云应用，打造一条完善的版权资产经营产业链。[②]二是河南电视台的"制播业务云系统"。据称，这是广电行业第一个按照全台云计算架构设计的项目，电视台的媒体资产业务、备播业务、影视剧缩编业务、广告业务、审片业务等都运行在云平台上，未来还将扩展到全台云，即新闻、制作等业务，这开创了我国广电全台云建设的先河。[③] 当然，这两个"云平台"转型的案例，主要是建设本机构版权内容的"云媒体资产平台"数据中心，而对于外来的视频数据和内容也可以通过系统预留的接口实现内容资源的对接。

[①] 本节主要内容详见高红波博士后研究工作报告《融媒时代山东省大电视产业创新发展研究》，北京大学、山东广播电视总台博士后工作站，2013年11月。

[②] 陈峻、张佳：《打造以版权管理为核心的云媒资平台——探索版权资产精细化管理的思路》，《中国广播电视学刊》2012年第11期。

[③] 李玉薇：《浩瀚云媒构建全台云 新媒体工厂开创新价值——访中科大洋系统产品部总经理毛烨先生》，《广播电视信息》2012年第9期。

除了"云媒体资产平台"外，电视机构还可以针对不同的视频接收终端，建设各种内容集成和播出控制平台。按照具体的业务形态，"云媒体平台"构筑可以由"云媒体资产平台""有线数字电视集成播控平台""IP电视集成播控平台""互联网电视集成播控平台""公交移动电视集成播控平台""手机电视集成播控平台"等共同组成。如图4-1所示。

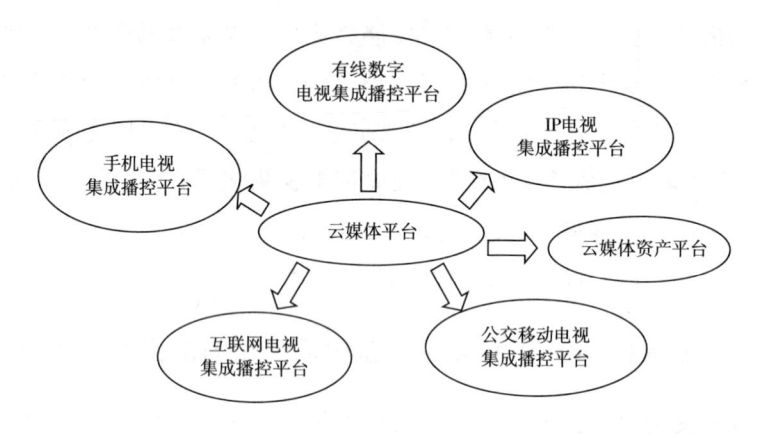

图4-1　电视机构"云媒体平台"业务形态

"云媒体平台"的转型，其实质是建构现代化的电视传播体系。其中，"云媒体资产"这一平台的搭建，可以实现版权节目的资源管理和海量存储，防止盗版侵权，同时还可以通过内部局域网在台属各部门之间实现内部资源的交易和交换，集节目资源存储系统、版权节目管理系统、全媒体内容分发系统、自动化办公系统为一身，成为现代化传播体系的中枢。"有线数字电视集成播控平台""IP电视集成播控平台""互联网电视集成播控平台""公交移动电视集成播控平台""手机电视集成播控平台"等针对不同视频接收终端的集成播控平台不仅为内容资源的分发、共享与服务结算提供了方便，且各具特色。

仅以"有线数字电视集成播控平台"为例。在全国各地广电网络提供的有线数字电视服务中，江苏有线自主研发的"云媒体电视"堪称翘楚。这一系统服务平台采用云计算"平台即服务"（PaaS）的理念，总体技术架构分为业务层、平台层、网络层、终端层和用户层等五个层次。如图4-2所示。[1]

"云媒体平台"的搭建不仅仅局限在电视台和有线网络公司，一些智能电

---

[1] 王伟、李鑫：《江苏有线云媒体电视平台研发与实践》，《有线电视技术》2012年第12期。

业务层	频道、点播、高清、互联网、商城、3D、互动教育、体感游戏、阅读、娱乐、营业厅、家庭智能控制等
平台层	展现域、能力集成与开放域、控制域、管理域、智能分析域、能力域等
网络层	光纤骨干网、FTTH、IP/MPLS城域网、家庭Wi-Fi等
终端层	标清机顶盒、高清机顶盒、智能机顶盒、智能电视一体机、电脑、iPad、智能手机等
用户层	家庭用户、企业用户、社区用户、分众用户、互联网用户、手机用户等

图 4-2　江苏有线云媒体电视平台总体技术架构

视机设备生产厂家和网络视频集成运营的互联网公司，也纷纷投身其中，研发自己的"云电视平台"。前者如海尔集团的"云电视""云家庭"系列，后者如乐视网内容平台及其研发的"超级电视"硬件设备等，不一而足。

二　现代化传播体系的"云媒体平台"构筑

大电视产业的创新发展需要构筑先锋科技平台，完善现代化传播体系。"云媒体平台"构筑的设想，正是从大电视媒体平台建构角度思考这一问题的解决方案。从电视传播的过程来看，传播者生产制作节目内容，通过视频终端传递给接受者。大电视时代来临后，电视传播的最大变化是终端多样化，即"一云多屏"的现象越来越普遍。无论电视屏、电脑屏、手机屏等，其实质是"大屏"和"小屏"两种，因为传播环境和接受屏幕尺寸的不同，对视频内容资源的要求各异，但总体而言在电视传播平台的建构中其实就是电视和手机两个屏幕的问题。基于这种认识，本部分内容尝试建构由"云媒体资产平台"、"云媒体电视平台"和"云媒体手机平台"组成的大电视"云媒体平台"系统。

（一）云媒体资产平台

云媒体资产平台，可以简称为"云媒资平台"，这是各家广播电视台的版权节目资源平台。其实质是对广播电视的内容资源进行数字化转换和管理，同时为自动化生产办公系统提供基础架构，成为现代化传播体系建构的内容资源核心。

在媒介融合过程中，通信企业与IT企业的视频媒体化带给传统电视产业很大压力。在新的媒介竞争环境中，由于竞争优势，电视传媒经济的重心正在从"注意力经济"和"影响力经济"逐步向"内容经济"和"版权经济"的方向转移。与通信企业和IT企业相比，广播电视机构在内容生产和节目监管等方面，优势较为明显，而内容的"壁垒"，更加凸显出传统广电机构的相对优势。"一云多屏"时代，版权视频节目的立体化销售，更加凸显出内容资源的产业价值。云媒体资产平台，将汇集广播电视台丰富的版权节目资源，从而形成数字化、可共享、易管控的云媒体资产系统，这将是传统广电机构在未来大电视产业中安身立命的根本所在。

在借鉴相关经验的基础上，云媒体资产平台，应该成为广电现代化传播体系的核心架构，成为包括版权管理、交换交易、全媒体发布、数字DNA防盗版四大系统在内的云媒体资产系统，同时还要支持新闻生产、制作、播出，以及向电视台办公网等方向拓展。这将是各家广播电视台的一块"私有云"，成为局台各部门信息资源共享、版权节目资源储存、生产制作流程再造的云平台基础架构。"云媒资平台"既要完成广电内容资源的数字化转换和管理，又要为自动化生产办公系统提供支持，成为广电现代化传播体系建构的基础架构平台和内容资源核心。云媒体资产平台的结构和功能要求，如图4-3所示。[①]

内部局域网访问接口	SaaS（软件即服务） 版权管理、交换交易、全媒体发布、数字DNA防盗版	计费
	PaaS（平台即服务） 广电版权节目资源集成、海量数据存储	运维
	IaaS（基础架构即服务） 虚拟化、自动化、绿色节能、可扩展硬件设备	安全

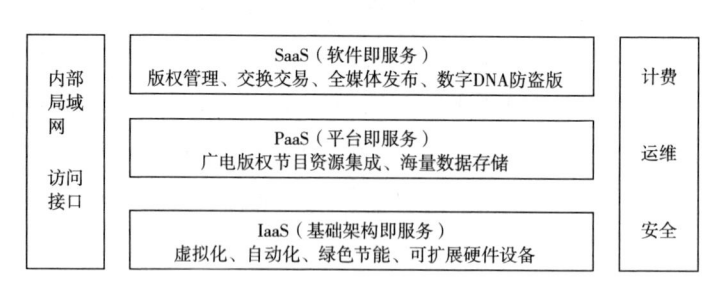

图4-3 云媒体资产平台结构和功能

在图4-3中，"基础架构即服务"（Infrastructure as a Service，IaaS）位

---

① 根据实现云计算的具体技术示意图改编绘制，绘图参考了朱近之主编《智慧的云计算：物联网的平台》（第2版），电子工业出版社，2011年，第40页。

于云计算三层服务的最底端，提供基本的计算和存储能力，以计算能力为例，提供其的基本单元就是服务器。[①] 其中，"虚拟化"通过物理资源共享来极大提高资源利用率，降低 IaaS 平台成本与用户使用成本，虚拟化技术的动态迁移功能能够带来服务可用性的大幅度提高；"自动化"可以将服务的边际成本降低为零，从而保证云计算的规模化效应；"绿色节能"和"可扩展硬件设备"则是对基础架构的基本要求。"平台即服务"（Platform as a Service，PaaS）是将具体的应用运行支撑能力以服务的方式提供给应用生命周期的参与者，他可以是应用开发者也可以是应用的运维者，或是最终的使用者。应用开发者可以采用平台云提供的开发环境直接进行快速开发；同时平台云本身提供以弹性伸缩为主要特征的应用运行能力，为应用提供运行时的自优化支撑。[②] 在云媒体资产平台的建构中，平台层的功能主要是"广电版权节目资源集成"和"海量数据存储"。"软件即服务"（Software as a Service，SaaS）通过在线式租赁使用的方式解决了传统软件高购买成本和高维护成本的诸多难题，产品开发基于对传统管理软件功能需求的满足，并提供在线服务和管理的思路，实现了财务、销售、采购等各角色的人可在同一平台上工作，实现信息可管控的高度共享和协同。[③] 云媒体资产平台的软件应用层，面向台属各部门实现"版权管理""交换交易""全媒体发布""数字 DNA 防盗版"等系统信息资源的共享和运营管理。云媒体资产平台通过内部局域网接口访问，实现系统的"运维"、"安全"以及台属各部门资源使用和交换的内部结算"计费"等。

简言之，云媒体资产平台将在广电现代化传播系统建构中起到基础架构的作用，这一平台的搭建，可以实现版权节目的资源管理和海量存储，防止盗版侵权，同时还可以通过内部局域网在台属各部门之间实现内部资源的交易和交换，集节目资源存储系统、版权节目管理系统、全媒体内容分发系统、自动化办公系统于一身，成为现代化传播体系的中枢。

（二）云媒体电视平台

云媒体电视平台，可以简称为"云电视"，这是"大电视产业"的"大

[①] 朱近之：《智慧的云计算：物联网的平台》（第 2 版），电子工业出版社，2011，第 110 页。
[②] 朱近之：《智慧的云计算：物联网的平台》（第 2 版），电子工业出版社，2011，第 135 页。
[③] 朱近之：《智慧的云计算：物联网的平台》（第 2 版），电子工业出版社，2011，第 135 页。

屏幕窗口",是面向电视终端传播的聚合内容资源和增值服务的重要平台。

按照平台建构主体的不同,我们可以把面向电视终端的内容平台建构分为两类:一类是"内生资源型",其平台聚合的主要内容资源和服务是企业自行设计生产和制作的;另一类是"外部侵入型",其平台聚合以直接引进外部现成的资源平台为主,适当加入本地特色内容资源和服务。

云媒体电视平台实际上是一组面向"大屏幕"接收终端传输视频节目和服务的平台集群,而不是一个单一形态的电视媒体传播平台。

1. 有线数字电视服务平台

综合来看,江苏有线自主研发的"云媒体电视"满足了创新开放平台建构的要求,其聚合社会资本、管理、营销、技术、人才、运营等多方共同参与,创新开发出丰富多彩的融合业务,为用户提供跨平台、跨系统、跨网络、跨终端的全业务服务。江苏有线的云媒体电视平台恰好具备以下特点:[①] 其一,构建开放框架,变竖井式封闭体系为水平化开放体系,构建基于 PaaS、SDP、SOA 架构的新一代业务平台;其二,抽象业务能力,针对互联网、电信网和其他新业务,具备分析、抽象、构建的通用能力;其三,开放能力运营,暴露能力调用,可实现社会要素快捷便利地参与江苏有线的业务开发与运营;其四,整合支撑体系,构建全业务的 BOSS、终端管理、安全监管等平台,形成分工明确、流程清晰、运行有效、新老结合的运行体系;其五,聚合丰富业态,通过能力运营的开放,引入 CP、SP,创造无限丰富的业务和内容,提供大众化、分众化的服务。

2. IP 电视服务平台

广局〔2010〕344 号文件明确统一播出呼号"中国广电 IPTV",明确提出中央、地方电视台、电信企业之间可探索多种合资、合作模式,充分发挥各种优势,开展 IPTV 业务。文件中对 IPTV 集成播控平台的描述是:[②] 对 IPTV 节目从播出端到用户端实行管理的播控系统,包括节目内容统一集成和播出控制、电子节目指南(EPG)、用户端、计费、版权等管理子系统。该文件同时明确了 IPTV 的业务范围:IPTV 集成播控平台播出的节目信号经由电信企业架构的虚拟专网,传输到 IPTV 集成播控平台管控的用户机顶

---

① 王伟、李鑫:《江苏有线云媒体电视平台研发与实践》,《有线电视技术》2012 年第 12 期。
② 高红波:《中国 IPTV 城乡传播体系建构研究》,中国书籍出版社,2012,第 192 页。

盒；用户将电视机与机顶盒连接，可收看由集成播控平台提供的各类节目内容。同时，牌照被分为两类——集成播控和内容服务，IPTV集成播控平台的内容源由各IPTV内容服务平台提供，而两类牌照的申请者都必须是广播电视播出机构。文件要求，IPTV集成播控平台建设实行全国统一规划、统一标准、统一组织、统一管理。

3. 公交移动电视服务平台

公交移动电视属于公共视听载体，是车载移动电视的一种业务形态。广电机构运营车载移动电视已有20年的时间。2003年，上海东方明珠率先启动公交移动电视实验；同年，北京、湖南长沙也开通了公交移动电视信号；随后，全国省会城市、计划单列市以及部分地市都开展了公交移动电视服务。目前，北京、上海、深圳等地的广电机构开展车载移动电视情况较好。其中，除了上海东方明珠、长沙移动电视等极少数公司自主经营外，其他移动电视公司大多与华视传媒、世通华纳开展了合作（见表4-1）。[1]

表4-1 全国部分城市开展车载移动电视的基本情况

公司名称	开办时间	经营模式	终端规模
上海东方明珠	2003年7月	自主经营	至2010年6月30日，在400条公交线路上，安装约2.2万块电视屏
北广移动电视	2003年8月	与华视传媒合作广告	至2010年底，在400余条公交线路约1.2万辆公交车上，安装2.4万块电视屏
长沙移动电视	2003年10月	自主经营	至2009年9月，在长沙1600多辆公交车上，安装约3200块电视屏
重庆移动电视	2004年12月	与华视传媒合作广告	至2010年12月，在127条公交线路3169辆公交车以及22辆机场大巴、3000辆出租车安装近万块电视屏
深圳移动视讯	2004年12月	与华视传媒合作广告	至2010年12月，在300余条公交线路5000多辆公交车上安装1万块电视屏
广州移动电视	2006年3月	与华视传媒合作广告	至2008年9月，在5000多辆公交车、近万辆出租车上安装近2万块电视屏

资料来源：国家广电总局发展研究中心课题组。

除广电机构运营的公交移动电视外，民营企业开展移动电视服务也有

---

[1] 熊艳红、董年初：《公共视听载体》，国家广播电影电视总局发展研究中心主编《中国视听新媒体发展报告（2011）》，社会科学文献出版社，2011，第161~162页。

十多年的历史。2003年,世通华纳公司在厦门正式开通公交移动电视服务;巴士在线签约南昌公交。2005年,深圳华视传媒成立,在成都启动公交移动电视服务,目前代理全国23个城市公交车的广告业务,8个城市35条地铁线路的广告业务,形成中国最大车载移动电视广告联播网。世通华纳代理全国35个城市公交车电视终端的广告业务,形成中国第二大公交移动电视广告联播网;巴士在线已覆盖24个城市的公交巴士,占据中国公交移动终端市场第三位。

国家广电总局发展研究中心课题组认为,公共视听载体具有以下发展趋势:① 其一,公共视听载体整体规模仍将继续保持稳步增长;其二,部分专业领域和区域出现饱和形势,未来发展重点将转向内容价值竞争以及向三四线城市布局;其三,广告收入仍是主要收入来源,但运营商会更加关注开拓多样化的增值服务;其四,高清化、交互化、网络化将是公共视听载体向高品质媒体转型的重要技术手段;其五,市场整合将进一步加剧,资源配置将逐步趋于合理。

4. 互联网电视服务平台

一般而言,互联网电视是以互联网电视一体机或有上网功能的电视机顶盒为终端,以公共互联网作为传输介质,以虚拟专网为传输通道,为观众提供直播、点播、回放及其他互动应用功能的 IP 电视媒介。根据中国的实际情况,互联网电视是指以公共互联网为传输介质,以绑定了特定编号的电视一体机为输出终端,并由经国家广电行政部门批准的集成播控平台向全国范围内的用户提供视音频等多媒体内容及其他相关增值业务的服务。② 2010年,国家广电总局开始发放互联网电视内容服务牌照和集成服务牌照。至今已为中央电视台、上海广播电视台、杭州广电集团、湖南广播电视台、广东南方广播电视传媒集团、中国国际广播电台等发放了互联网电视集成服务牌照。

互联网电视集成播控平台是互联网电视运营服务的基础平台,由具备互联网电视集成运营牌照的广电播出机构负责运营。集成播控平台是端到

---

① 熊艳红、董年初:《公共视听载体》,国家广播电影电视总局发展研究中心主编《中国视听新媒体发展报告(2011)》,社会科学文献出版社,2011,第170~172页。
② 张宇霞:《互联网电视》,国家广播电影电视总局发展研究中心主编《中国视听新媒体发展报告(2011)》,社会科学文献出版社,2011,第136页。

端的互联网电视运营平台,包括互联网电视终端应用系统或客户端软件、部署在公共互联网上的传输分发系统、完善的内容集成播控及运营管理系统 OMS 等组成部分。总体架构如图 4-4 所示。

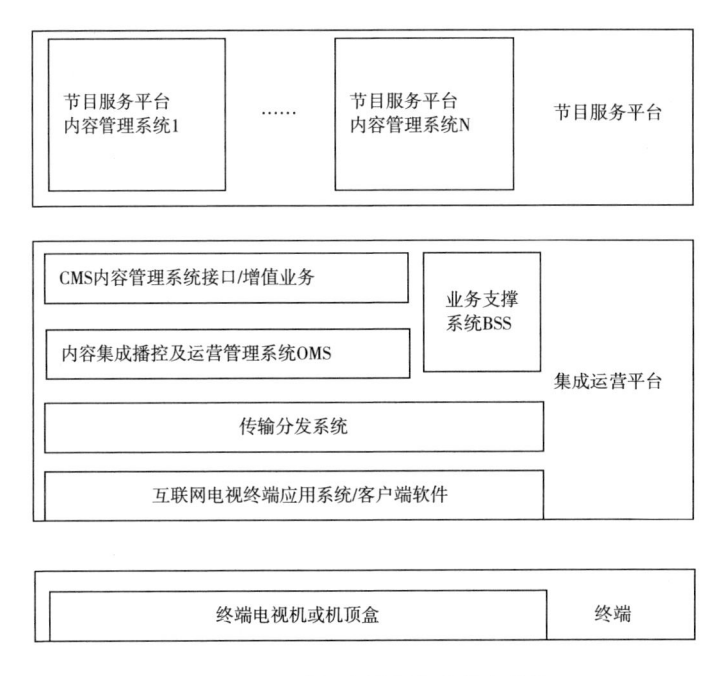

```
┌─────────────────────────────────────────────────────────────┐
│  ┌──────────────┐          ┌──────────────┐                 │
│  │ 节目服务平台 │  ……      │ 节目服务平台 │   节目服务平台  │
│  │内容管理系统1 │          │内容管理系统N │                 │
│  └──────────────┘          └──────────────┘                 │
└─────────────────────────────────────────────────────────────┘

┌─────────────────────────────────────────────────────────────┐
│  ┌─────────────────────────────────┐  ┌──────────┐          │
│  │ CMS内容管理系统接口/增值业务    │  │ 业务支撑 │          │
│  ├─────────────────────────────────┤  │ 系统BSS  │          │
│  │ 内容集成播控及运营管理系统OMS   │  │          │          │
│  └─────────────────────────────────┘  └──────────┘ 集成运营平台│
│  ┌──────────────────────────────────────────────┐           │
│  │              传输分发系统                    │           │
│  └──────────────────────────────────────────────┘           │
│  ┌──────────────────────────────────────────────┐           │
│  │   互联网电视终端应用系统/客户端软件          │           │
│  └──────────────────────────────────────────────┘           │
└─────────────────────────────────────────────────────────────┘

┌──────────────────────────────────────────────┐
│         终端电视机或机顶盒                   │    终端
└──────────────────────────────────────────────┘
```

图 4-4　互联网电视平台总体架构[①]

综上所述,云媒体电视平台的建构基本以"外部侵入型"为主,其平台聚合以直接引进外部现成的资源平台为主,适当加入本地特色内容资源和服务。如何更好地把本地特色内容资源和服务植入引进的平台中,形成有效的"加法",是"大电视产业"平台战略合作的关键。在云媒体电视平台的构筑方面,如何有效地在引进的外部平台基础上做"加法",良性促进"内生云"和"外来云"的碰撞聚合,将成为"大电视产业"在外来内容资源和服务聚合平台基础上孵化创新的催化剂。由于电视大屏幕传播的客厅环境,"数字电视家庭"成为云时代客厅电视传播功能化努力的方向之一,值得在云媒体电视平台建构的过程中借鉴。

---

① 张宇霞:《互联网电视》,国家广播电影电视总局发展研究中心主编《中国视听新媒体发展报告(2011)》,社会科学文献出版社,2011,第 148~149 页。

（三）云媒体手机平台

云媒体手机平台，可以简称为"云手机"，这是大电视产业的"小屏幕窗口"，是广电面向手机等无线移动终端传播聚合内容资源和各类增值服务的重要平台。

云媒体手机平台的建设，有内容生产传播与应用软件开发的层面和向度。"云计算"的服务类型可分为三个层面：[①] "软件即服务"（SaaS）、"平台即服务"（PaaS）、"基础架构即服务"（IaaS）。

所谓"手机电视"，是指以移动互联网或者移动通信网为传输载体，以流媒体内容为表现形态，使用手机终端观看的交互式视听节目业务。手机电视的传送与接收的实现方式主要是利用移动通信网络和流媒体技术，以集成播控平台为中心，按照生产制作、内容包装、集成播控、传输分发的流程向手机用户提供视听内容的下载和在线观看。其产业链结构比较复杂，一般包括内容生产商、内容服务商、内容集播控运营商、增值业务提供商、移动通信网络运营商、系统设备提供商、广告商、终端厂商、用户等环节。其中内容生产商、内容服务商、内容集成播控运营商、移动通信网络运营商、用户是手机电视产业链的五个关键环节（如图4-5所示）。[②]

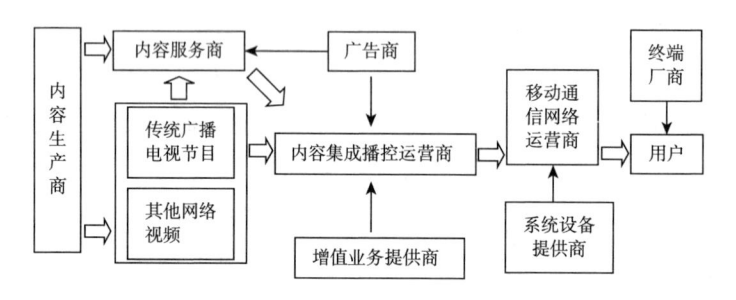

图 4-5　手机电视产业链

根据相关政策，提供手机电视内容服务和集成播控服务需要取得国家广电总局颁发的基于手机终端的《信息网络传播视听节目许可证》（俗称"手机电视牌照"）。从2005年3月起，国家广电总局先后批复上海广播电

[①] 朱近之：《智慧的云计算：物联网的平台》（第2版），电子工业出版社，2011，第61页。
[②] 董年初、韩凌：《手机电视》，国家广播电影电视总局发展研究中心主编《中国视听新媒体发展报告（2011）》，社会科学文献出版社，2011，第114~115页。

视台、中央电视台、中央人民广播电台、中国国际广播电台等单位开展基于 2.5G 移动通信网的全国手机电视集成播控节目服务。2010 年，国家"三网融合"政策出台，其中"三网融合试点方案"明确要求，广播电视播出机构负责手机电视集成播控平台的建设和管理，负责节目的统一集成和播出控制，负责电子节目指南、用户端、计费、版权等管理。

云媒体手机平台的建构应该在提炼特色上下功夫，在市场检验中不断推出新的内容产品，以"点状"突破，求得无线媒体市场的一席之地。

三 云终端"定制机"战略

大规模定制（Mass Customization，MC）通过"定制"满足特定客户的需求，通过"大规模"实现产品的"低成本"。[1] 云媒体终端定制，可以通过与数字电视一体机、数字移动终端和数字电视机顶盒设备生产厂商的大规模定制生产合作，在"规模经济"作用下有效降低电视的数字化转换成本，向数字电视产业的垂直价值链方向攫取利润，推动大电视产业的创新发展。

"云媒体终端定制"，主要是基于与优势企业的深度合作，完成对"数字电视一体机""互联网电视一体机""公交移动数字电视""标清数字机顶盒""高清数字机顶盒""云手机"等硬件设备的大规模定制。如图 4-6 所示。

这一平台构筑的重点在于与相关企业深度互动、互利互惠，以视频的数字终端设备为核心，以用户需求为导向，合作共赢。云媒体终端定制的过程中，在涉及智能电视、互联网电视、云电视、云机顶盒、智能手机等终端设备定制时，可以考虑以广电版权节目资源参与相关企业内容平台系统的建设作为合作互惠的筹码，联合高新科技企业开发力量研发具有广电内容资源优势和特色的应用软件，将这些应用软件嵌入智能手机和智能电视系统，既能做到对广电内容产品的品牌推广，更是在未来电视内容产业竞争中占据终端渠道的先机和制高点，同时还可以在定制设备的价格优惠方面奠定基础。

手机定制是指运营商对手机提出商标、操作界面、特有功能、应用软

---

[1] 夏德：《大规模定制的供应链运作机理与方略》，中国经济出版社，2012，第 52 页。

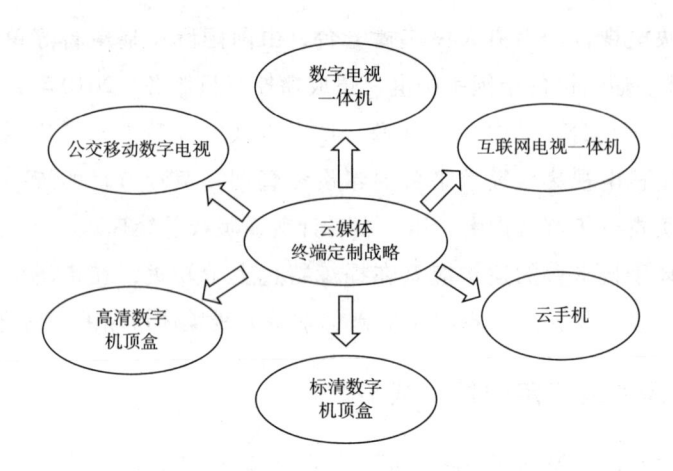

图 4-6 云媒体终端定制战略示意

件或是硬件等方面的需求作为手机终端厂商产品研发与生产的依据，终端厂商根据运营商的要求，或是只在终端上打上运营商的商标，或是将一些与运营商业务相关的应用内置到通用机型上，或是以 OEM、ODM 的形式专门为一个运营商生产特有型号的手机产品，将生产出来的终端产品根据协议价格销售给运营商或者直接进入流通渠道销售的业务模式。[1] 相应地，云手机终端定制流程如图 4-7 所示。

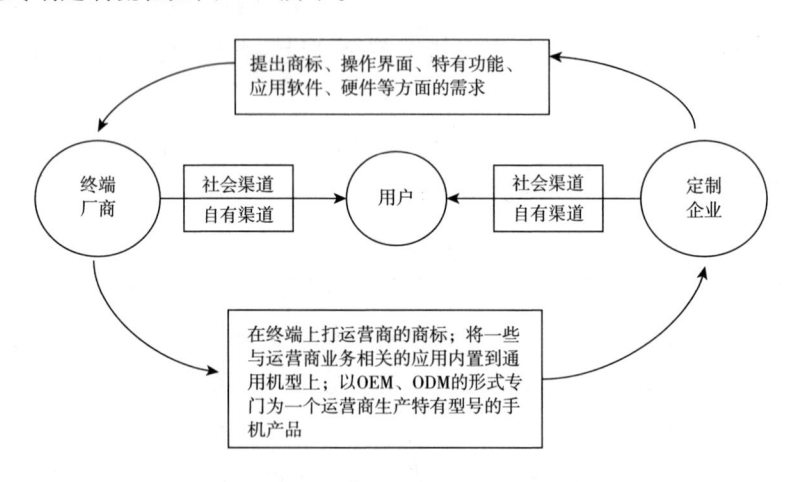

图 4-7 云手机终端定制流程

近年来，手机定制在国内外发展迅猛。有研究者对全球手机定制的基

---

[1] 史新洪：《手机定制模式及对渠道影响研究》，硕士学位论文，北京邮电大学，2007。

本状况进行了扫描。① 其一，日本市场。日本手机市场以全面定制为主。在日本，激烈的市场竞争迫使移动运营商对用户进行细分，对不同类型的用户推出具有针对性的业务和终端，这就迫使运营商不得不参与到与业务紧密相关的终端的设计与生产过程当中。日本市场100%的手机都由运营商定制和采购，在销售环节则会借助运营商的力量，运营商完全控制手机厂商，手机厂商对自己的品牌不做宣传，只相当于运营商的加工厂。其二，美国市场。美国市场以品牌形象定制为主，小部分采用业务应用定制类型。在美国，移动用户对数据业务的使用量不是很多，用户使用手机主要是为了打电话，因此美国运营商主要采用品牌形象定制，将定制手机与以语音业务为主的套餐捆绑销售给用户。其三，欧洲市场。欧洲市场在2G/2.5G时代以品牌形象定制为主，用户关心手机本身的质量和基本功能，而不太在意其对增值数据业务的支持程度。随着WCDMA网络在欧洲市场的不断扩张，数据业务成了运营商未来的发展重点，手机定制的类型也逐步转变到业务应用定制类型上。2004年以后，欧洲的定制手机和运营商的数据业务联系得更加紧密，部分定制手机上已经看不到厂商的品牌了。其四，中国市场。在我国，手机定制的类型已经从品牌形象定制模式逐步转移到业务应用定制。

第三节　新冠肺炎疫情下电视节目"云录制"现象评析

2020年初，新冠肺炎疫情开始肆虐全球，没有人会想到这种被世界卫生组织命名为"COVID-19"的具有"人传人"特性的传染病及其变异毒株，居然到了2022年仍在全球蔓延。新冠肺炎疫情袭来，大规模人群聚集被禁止，人员密集的中小学校开始"停课不停学"，中小学生各回各家，或者打开客厅电视机收看教育管理部门组织的"名校名师同步课堂"，或者在钉钉软件上用"直播课堂"学习。新冠肺炎疫情突然袭击，人员不允许聚集，也让往常最为热闹的电视大型综艺节目录制遇到了难题，中国电视节目"云录制"的奇特现象走上荧屏，成为一道独特的景观。新冠肺炎疫情下电视节目的"云录制"现象，也让我们看到了云计算技术、互联网技术和5G技术在特殊时期对于视频内容生产与传播造成的巨大影响。

---

① 王星：《手机定制重划产业格局》，《中国电信业》2007年第6期。

一 新冠肺炎疫情下中国电视节目"云录制"现象描摹

2020年3月,国家广播电视总局主管期刊《影视制作》的封面文章标题是《"云录制"与"云综艺":一场非常时期的媒体创新实验》,该期刊"观潮"栏目认为,为应对新冠肺炎疫情这一情况,被动寻求出路也好,主动寻求创新也罢,"云录制"这一方式被越来越多的综艺节目应用,"云综艺"成为这一时期综艺市场的新潮流。"电视湘军"一直是国内电视台中最具创新思维和执行力的团队之一,在这次对"云录制"的探索中,他们更是在时间、数量和质量上都走在了媒体前沿。该期"观潮"栏目,采访《天天云时间》总制片人沈欣、《歌手·当打之年》制片人洪啸,讲述这两档综艺的"云录制"从萌芽到落地的全过程。① 该文罗列出2020年新冠肺炎疫情期间采用"云录制"的部分综艺节目,如表4-2所示。

表4-2 2020年新冠肺炎疫情期间采用"云录制"的部分综艺节目

播出平台	节目名称	节目类型
湖南卫视	《天天云时间》	云微综——智趣类脱口秀公益节目
	《嘿!你在干嘛呢?》	云微综——分享互动生活创意秀
	《歌手·当打之年》	真人秀——音乐竞技节目
	《声临其境3》	真人秀——原创声音魅力竞演秀
东方卫视	《云端喜剧王》	云微综——喜剧竞演综艺
浙江卫视	《我们宅一起》	云微综——增强现实版朋友圈互动分享秀
山东综艺频道	《我是大明星冠军之战》	真人秀——金牌达人选秀类
	《百变歌王》	云微综——趣味猜评互动竞唱节目
	《当红不让》	云微综——互动真人秀
爱奇艺	《宅家运动会》	云微综——明星居家体育健身类
	《宅家点歌台》	云微综——音乐治愈互动类
	《宅家猜猜猜》	云微综——明星声音猜想互动秀
优酷	《好好吃饭》	云微综——全明星公益直播节目
	《好好运动》	云微综——"宅生活"直播节目
腾讯视频	《鹅宅好时光》	云微综——明星陪伴抗疫

---

① 陈晨、李丹:《"云录制"与"云综艺":一场非常时期的媒体创新实验》,《影视制作》2020年第3期。

湖南卫视《天天云时间》总制片人沈欣回忆："在疫情非常时期，总台希望卫视综艺骨干力量能输出一些既符合时期氛围，又能舒缓全国观众长期宅家负面焦虑情绪的内容，形式内容都没有确定，唯一确定的是播出时间——2月7日（周五）上线。"[①] 2020年2月5日晚，节目组最终确定采用"云录制"形式做一档公益智趣脱口秀，随即开始联络嘉宾、技术和相关设备；2月7日下午3点到5点半，两个半小时完成录制；2月8日晚10点送带，11点节目播出。沈欣工作室凭借突出的专业敏感度、制作功底和执行魄力，从录制到播出仅用了不到30个小时，就打造完成了第一期《天天云时间》。在一个月的陪伴之后，《天天云时间》正式收官。一季17期节目，涵盖了美食、歌曲、答题、魔术等各类丰富的内容，并与"抗疫防疫"背景紧密联系，比如"答题王"将会赢取捐赠物资。在整个过程中，节目流程越发成熟顺畅，嘉宾之间的配合亦越发驾轻就熟。节目多日取得收视率破1的成绩，甚至创下了频道"730"节目带的收视新高。沈欣表示节目播出后基本达到了团队预期的效果，而他们也对"云录制"的发展衍生充满期待："未来，继续沿着'云录制'这个思路探索下去，应该会诞生更多元的综艺内容。"[②]

无独有偶，上海东方卫视《云端喜剧王》特殊时期推出为期三周的"云比拼"，喜剧人在节目中分享宅家的娱乐方式和喜剧技能，通过在东方卫视六楼的从简录制，利用云录制的喜剧明星核心资源，充分呈现各种新奇巧妙的喜剧人趣味桥段。播出以来，《云端喜剧王》两周连续蝉联周日节目第一；59城收视率1.13，酷云关注度第一（1.54），短视频播放量超11.5亿次。[③]

有研究者就"云综艺"现象进行分析后认为，传媒技术赋能"云综艺"生产。云平台为"云综艺"的主持人、嘉宾、后期人员等自由上传和拷贝数据提供了实体装置。在此，云平台被定义为一个能计算与（或）存储大

[①] 陈晨、李丹：《"云录制"与"云综艺"：一场非常时期的媒体创新实验》，《影视制作》2020年第3期。
[②] 陈晨、李丹：《"云录制"与"云综艺"：一场非常时期的媒体创新实验》，《影视制作》2020年第3期。
[③] 刘芊芊、秦雪晶：《东方卫视：云综艺的探索与面向未来的筹谋》，《上海广播电视研究》2020年第2期。

容量数据的资源池。它将服务器虚拟化，屏蔽了物理设备间的差异，实现了数据加工与本地终端的剥离。终端性能在综艺生产环节权重的降低，变相提升了个人和组织机构生产的自由度，由此折射的是综艺生产环节部分构成要素的外包化趋势。"云"的异地数据传输离不开稳定的网络连接，在这一方面，5G 发挥了举足轻重的作用。其对网络连接能力的强化，至少可从如下指标予以描摹：在连接速度上，可提供至少十倍于 4G 的峰值速率；在连接密度上，每平方公里的并联数可达百万级；在连接同步性上，数据的传输时延可降至毫秒；在连接类型上，人与物均被赋予了信息终端与传播者的双重角色——网络的连接由此超逸了选择性的、粗线条的粗放时代，升级至"时时在线、万物互联"的新阶段。AI 亦为云综艺生产赋能。对这一论断的理解，需要回归云综艺具体的作业流程之中。以湖南卫视歌唱竞技类节目《歌手·当打之年》为例，其在采用"云录制"的模式后，仅 500 名线上听审就产出了高达 70000 条视频素材，需花费剪辑师数天时间才能剪辑完毕。通过引入 AI 平台——智影平台，只需 1 小时，即可完成对素材的筛选、分类与制作。不仅如此，AI 还能根据数据标签，自动捕获听审的面部表情，将听审细微的情绪感受直观地传递给电视观众。① 可见，"云综艺"的完成，其实质是对云计算技术、互联网技术、5G 技术和 AI 技术等多种新媒体技术综合运用的结果。

二 "云录制"的技术实现路径

何谓"云录制"？国家广电总局发展研究中心研究员李秋红认为，"云录制"就是将以往的线下录制改为线上录制，或线下直播改为线上直播。在"云录制"过程中，参与节目录制的嘉宾不像以往聚集在演播厅，而是分散在各地，通过视频设备实现交流，目前尝试较多的形式有"无观众席"录制、远程分会场录制，主要包括云连线新闻直播、云连线新闻采访报道、云综艺云音乐会节目。"云录制"解决了疫情期间大量节目线下无法录制被迫停播的问题。② 笔者查阅电视技术期刊文献资料，找到两则重庆广电"云录制"技术实现路径的案例。

---

① 刘瑞一：《云综艺：兴起逻辑、视听魅力及未来可能》，《现代视听》2020 年第 12 期。
② 李秋红：《"云录制"的创新与展望》，《传媒》2020 年第 13 期。

（一）重庆卫视《谢谢你来了》远程"云录制"的实现[1]

在 2020 年新冠肺炎疫情背景下，重庆卫视利用小鱼易连远程办公协作系统完成《谢谢你来了》节目的远程"云录制"。

1. 小鱼易连远程办公协作系统

远程"云录制"借助了小鱼易连提供的远程办公云视频方案：使用 PC/Mac、手机安装的客户端，通过家庭宽带或 4G 网络实现多方视频会议，同时可共享 PC/Mac、手机中的 Word、PPT、Excel 等各种文档，会后还可生成音视频记录。

这套远程办公协作系统包括客户端、硬件终端和网络会控平台三个组成部分。其一，客户端。客户端或称为用户端，是指与服务器相对应，为客户提供本地服务的程序。除了一些只在本地运行的应用程序之外，一般安装在普通的客户机上，需要与服务端互相配合运行。远程办公协作系统的客户端特指小鱼易连 App，其支持 PC/Mac/iOS/Android 各个平台，用户可根据自身平台进行下载安装。其二，硬件终端。硬件终端指的是小鱼易连推出的一款高清视频会议终端产品系列。它由主机、摄像头、全向麦克风以及相关的线缆配件组成，可连接电视屏幕或投影仪作为视频输出。用户可使用遥控器进行操作，实现多方视频会议、共享屏幕、通讯录、会议日程以及修改设置等功能。其三，网络会控平台。网络会控平台是管理视频会议的应用，可以通过 Web 对接入用户、接入群组和视频会议进行管理。用户和群组以企业为单位进行管理，每个企业独立管理自己的账号和群组，管理平台通过路由器进入加密互联网，经过专有云进行数据传递和交换，并设置安全防火墙保护网络安全。

2. 临时远程"云录制"系统的搭建

由上述方案可演化成节目录制的思路：导演、主持人、编导、嘉宾和当事人等用户分别使用 PC/Mac、手机，通过家庭宽带或 4G 网络实现多方高清会议，共享电脑、手机中的视频文件，同时将节目过程在演播室中进行录制。

临时远程"云录制"系统由两部分组成：小鱼易连视频会议子系统和

---

[1] 粟勇：《重庆卫视〈谢谢你来了〉远程"云录制"的实现》，《现代电视技术》2020 年第 4 期。

重庆彩电中心 300 平方米演播室子系统。其一，小鱼易连视频会议子系统。小鱼易连视频会议子系统中包含 ME40 和 ME90 视频会议硬件终端各一套。硬件终端通过网线连接路由器与一台 PC/Mac 交互，由 PC/Mac 上的网络会控平台进行管理，各个终端用户接入系统进行节目录制，最后共输出两个独立的 HDMI 信号进入演播室子系统。其二，重庆彩电中心 300 平方米演播室子系统。两路 HDMI 信号进入演播室子系统后，作为外来信号的 EXT-1 和 EXT-2 分别通过 BlackMagic Teranex 2D 处理器进行帧同步、制式转换、解嵌音视频信号的处理。处理完成后输出的视频信号分别送往切换台、监视墙和导演监看电视，同时将单挂的视频信号送往蓝光录像机和 Atomos 录像机。音频信号解出后送往调音台进行处理。由切换台和调音台进行制作后输出的信号，通过加嵌板进行音视频的加嵌处理，并进入蓝光录像机做主记录，另外环出加嵌信号给 Atomos 录像机做备份录制。

3. 小鱼易连网络会控平台的管理

重庆卫视使用小鱼易连会议管理平台进行《谢谢你来了》节目录制的管理操作和具体应用如下。第一，硬件终端参数配置。硬件终端配置需调整的参数有：语言、服务器地址、HTTP 端口和 HTTPS 端口，有线网络连接，摄像头、扬声器和麦克风等输入输出设备的连接，等等。第二，邀请通话。在网络会控平台界面中，会议主持人（导演）使用邀请通话功能，对已经安装有客户端 App 的终端发出邀请，邀请节目主持人、编导、嘉宾和当事人进入会话。第三，节目录制。在会话中，多个手机客户端进入会议，会按照预设生成带有主画面的多画面显示布局，这类似于切换台的多画面分割输出。在会议中的主持人（导演）可以通过点名功能，选择任一客户端画面作为主显示画面，这样就实现了类似于切换台切换的功能。会议主持人在网络会控平台管理界面可以通过会议主持功能，授予和解除任意一个用户的收听、发言权限，同时也可以播放视频小片，以此实现节目流程的控制。

总之，受到 2020 年初新冠肺炎疫情的影响，大中型棚内录制节目在很长一段时期都无法恢复常态，利用远程视频会议平台进行节目录制，用摄像头代替广播级摄像机，用手机麦克风代替专业拾音设备，显然声画效果不如现场制作完美。

但远程"云录制"的实现让身处四面八方的导演、主持人、编导、嘉宾和当事人,通过会管平台进行交流、互动和录制。即便是用简单的设备也可以展现真实的故事和生活中的真善美,让观众在出行不便的时候仍然能够感受到节目的温度。

(二) 新闻类节目"云录制"系统方案[①]

在 5G、大数据、云计算技术的支持下,电视节目制播转向"云录制","云录制"实现了轻量、迅速、高效的内容生产方式,揭开了各大电视台节目创新生产和制作的面纱。下面以重庆新闻频道《630 网络公开课》节目为例介绍新闻类节目制作运用"云录制"形式的技术方案探索和节目呈现效果,详细叙述"云录制"技术搭建方案,包括低时延通话技术、多通道录制技术和局域网超高清视频传输技术。

1. 节目形态

该节目录制场地主要包括两部分,一部分在重庆广电大厦新闻演播室,另一部分则分布在各个小选手家中。演播室主要是老师和主持人,通过在线出题的方式向在家的 6 位选手出题,包括对答题、抢答题和飞花令三个环节,需要老师能够对选手的回答做出实时判断,主持人能够实时记录并统计出最终结果。各个小选手则在家里,通过视频通话方式在线答题。整个节目时长在 1.5 小时左右,并最终以录播形式呈现。

2. 技术需求

其一,实时视频通话。线上的 6 位选手、演播室主持人和嘉宾,需要通过一个在线实时视频系统来进行语音、视频交流。该视频通话系统类似于视频会议系统,具备低时延、高流畅度、高稳定性、易用性等特点。目前在市面上比较通用的视频会议系统有阿里钉钉、腾讯视频会议、Zoom、小鱼易连等。其二,多通道录制。在节目制作过程中,会收录线上制作的 PGM 信号,但该 PGM 信号主要为多的画面,并不会过多放大某个选手的画面,此时需要单独录制 6 名小选手的信号。索贝公司的"咔咔采编"App 在支持低时延视频通话的同时,进行高码 RTMP 旁流推送至云端索贝流媒体服务器,分辨率最高可选 1080P。利用 Vmix 或者 VLC,拉取每位选手的高码 RTMP 流进行录制,生成 MP4 文件,即完成了选手视频的本地录制。

---

① 戴维维:《新闻类节目云录制系统方案探索与实践》,《影视制作》2021 年第 2 期。

其三，PPT 在线播放。类似于钉钉会议的屏幕共享功能，整个节目形态需要能够实现将 PPT 通过屏幕共享给各位选手观看，实现方式可以是利用一台笔记本播放，通过输出 HDMI 接入切换台，也可以考虑以一种直接通过网络的方式将信号发送给切换台，即利用 NDI（Network Device Interface）传输。所谓 NDI，其实是一种网络接口传输协议，即一种通过 IP 网络进行超低时延、无损传输、交互控制的标准协议，其最大的特点是传输视频可以摆脱 HDMI、SDI 线等。其四，网络需求。本次节目在同一会议房间共涉及 8 路信号，因此只需要 8 路手机 Wi-Fi 互联网信号、移动蜂窝网络信号较好，就能保障云录制信号的流畅。演播室现场网络则需要考虑上下行对等网络。LiveHand 共两个网口，其中 EHT2 接上互联网，该网络为专有网络，上下行对等 100M，下行带宽主要用于拉取云端流媒体服务器的 6 路 RTC 流，总消耗带宽约等于 6×1Mbps，上行带宽用于推送 1 路 2M 的 RTMP 流，网络带宽占用率低，网络条件好。ETH1 接到一个华硕 RT-AX96U 千兆路由器上，用于接收来自同一局域网的笔记本 NDI 流，类似于 UDP 点对点单播，NDI 实时传输码率最高可达 100Mbps。

3. 演播室音视频系统

演播室音视频系统主要包括现场视频、音频、灯光子系统。视频系统以索贝 LiveHand 制作收录一体机为核心，接入 3 路演播室摄像机 SDI 信号+1 路笔记本 NDI 流信号+6 路外场选手低时延视频流信号，在 LiveHand 切换台 M2 级自定义 8 视窗，其中周围 7 个小视窗固定，左上较大视窗在 M2 级 A 路进行现场机位、PPT 和选手信号切换，同样，在切换台 PP 级也可对某路信号进行全屏放大。LiveHand 后级接入一台 HD1200 蓝光机用于录制 PGM SDI 信号，同时，LiveHand 输出一路 RTMP 流信号到"第 1 眼"云直播平台用于收录、拆条等。音频方面，现场给主持人和老师配备有线话筒，接入 YAMAHA MG20XU 调音台，调音台 PGM 输出给 LiveHand，同时调音台辅助通路分别给主持人和老师的摄像机进行本机 SXS 卡本地录制。

4. 云端视频会议系统

6 名选手和主持人、老师共 8 人进入"咔咔采编"视频会议房间，同时 LiveHand 会返回一路 PGM 信号到会议房间，6 名选手通过放大返回的 PGM 信号来实时观看节目动向。在整个视频会议系统中，考虑最多的是声音如何实现，即要保证声音通话能够正常接收，并且不能听到自己的回音，此时考虑将返回的 PGM 信号进行静音,所有人通过会议系统进行交流,现场主持人和老师通过佩戴蓝牙耳机与 6 名选手进行线上通话,并规定默认状态下都静音,只有在自己说话的时候才开启麦克风,此方法可以最大限度地保障音频的干净与清晰。

受这次疫情影响而生的"云录制"是一次创新形式的探索,创作人员简化、无须到达演播室现场,在家里配备一部手机即可完成一场节目的录制。相比传统录制模式,"云录制"具备高效、迅速的特点。在广电行业,首先进行"云录制"探索的是湖南卫视的《歌手·当打之年》,这种尝试是大胆的,同时这种创新的方式的确带来了高收视率。随着 5G 时代来临,高速网络技术的发展更加利于"云录制"的推进,新应用场景将会越来越多,"云录制+音乐竞演""云录制+访谈节目""云录制+美食节目"等创意节目将会越来越多。

三 新冠肺炎疫情下"云录制"的技术哲学思考

2005 年美国未来学家雷·库兹韦尔提出了著名的"奇点理论",预言科技正以史无前例的速度发展,计算机将能够赶超人类智能的各个方面。所谓"奇点"是未来的一个时期:人类创造技术的节奏加快,技术的力量也正以指数级的速度在增长。20 世纪 50 年代,信息理论学家冯·诺依曼指出,"技术正以其前所未有的速度增长……我们将朝着某种类似奇点的方向发展,一旦超越了这个奇点,我们现在熟知的人类社会将变得大不相同"。[1] 追溯词义本身,"奇点"(Singularity)是一个英文单词,表示独特的事件以及种种奇异的影响。数学家用这个词来表示一个超越了任何限制的值,如除以一个越来越趋近于零的数,其结果将激增。[2] 雷·库兹韦尔的"奇点理论"至少包括以下三条原则。一是范式转换(技术创新)正处于加速状态。现今它正以每十年翻一番的速度增长。二是信息技术动力(性价比、速度、容量以及带宽)正在以指数级速度递增,几乎每一年都要翻一番。三是通过软件和硬件彻底地模拟人类智能,计算机将可以在 21 世纪 20 年代末通过

---

[1] 〔美〕Ray Kurzweil:《奇点临近》,李庆诚、董振华、田源译,机械工业出版社,2021,第 3 页。
[2] 〔美〕Ray Kurzweil:《奇点临近》,李庆诚、董振华、田源译,机械工业出版社,2021,第 10 页。

图灵机测试，那时机器智能和生物智能将没有任何区别。① 这一理论，本来是预言人工智能发展的，但当2020年突如其来的新冠肺炎疫情肆虐全球之际，电视节目"云录制"的既无奈又创新的实践，恰恰反映出新技术叠加式发展和应用所带来的新的可能性。

（一）作为技术的"云录制"

对于技术的哲学探究最好集中于思考"深层重大"问题，而哲学的任务，就应当是厘清技术的意义并帮助我们理解技术的活动形式及技术对人类生活与价值的影响。② 梅因把技术的特征描绘为"为了实现有效目标而进行的知识组织"，这种描绘提供了打开技术模型的初始结构。③ 如果我们把新冠肺炎疫情期间的"云录制"作为一种技术来看待，那么其要实现的"有效目标"显然是克服人群不能聚集的困难，通过空中视频会议的形式，把处于不同空间的嘉宾和主要参与人，呈现在荧屏上展演或竞赛。这种在"同一时间，不同空间"的"云端视频会议"式的电视节目录制方式，无疑成为在突如其来的可以"人传人"的新冠肺炎疫情的背景下，避免节目"开天窗"，服务"宅"在家里的普罗大众的一种应急录制技术或"知识组织"。正如约瑟夫·C.皮特对于"技术"的定义：技术是人类在工作。约瑟夫·C.皮特把"技术模型"分为三种要素。④ 其一，一阶转化过程是应用一种已经确定的知识基础或从一个既定的发展状态开始谋划的过程，是我们面对一个问题或者一系列问题必须做出决策的过程。其二，模型的第二部分由第二阶过程构成，就是我们在日常使用中称为技术的东西，也就是机器。有必要指出，不管此过程的最终产品是什么，产品本身并不是目的。这些产品有具体的目标因而有更进一步的应用。其三，技术模型的第三个也就是最后的组成部分是评估反馈。技术评估是一种特殊的决策，在

---

① 〔美〕Ray Kurzweil：《奇点临近》，李庆诚、董振华、田源译，机械工业出版社，2021，第12页。
② 〔美〕约瑟夫·C.皮特：《技术思考——技术哲学的基础》，马会端、陈凡译，辽宁人民出版社，2012，"前言"第1页。
③ 〔美〕约瑟夫·C.皮特：《技术思考——技术哲学的基础》，马会端、陈凡译，辽宁人民出版社，2012，第10页。
④ 〔美〕约瑟夫·C.皮特：《技术思考——技术哲学的基础》，马会端、陈凡译，辽宁人民出版社，2012，第11~15页。

这种决策过程中，前边的执行决策的效果通过反馈机制被阐明，其只有正式通过反馈机制才有可能升级知识基础并做出进一步的决策。

约瑟夫·C.皮特的"技术模型"理论，为我们思考"云录制"技术提供了框架。首先，当 2020 年初的新冠肺炎疫情突然袭来，电视从业者面临着"人群不能聚集"的疫情防控要求，同时还有"节目断供""开天窗"等问题，这是一个做出决策的过程。其次，当"云端视频会议"的节目录制方式成为共识，具体解决方案根据节目要求逐渐变成"知识组织"，在新冠肺炎疫情特殊时期完成了"云录制"，无论综艺节目还是新闻节目，作为技术手段的"云录制"解决了疫情防控特殊时期电视节目的制作难题。最后，"云录制"技术的评估反馈。虽然这种不得已而为之的"云录制"毫无疑问属于电视节目制作领域的创新，但是在 2020 年 7 月新冠肺炎疫情短暂缓和期以后，采用"云录制"技术的节目在荧屏上越来越少见，截至 2022 年 6 月，历经阿尔法、奥密克戎毒株变异传播后，荧屏上的各类综艺节目早已恢复了"线下录制"，这种"用脚投票"的方式说明"云录制"技术只是特殊时期的应急方案，并不是视频节目创新的主流方式与技术方法。这种对于"技术模型"的追问和思考，可以帮助我们更加清晰地认识"云录制"技术的本质。

（二）"云录制"改变人类工作的方式

如果我们把"技术"定义为"人类在工作"，那么"技术变革"被表达出来似乎应该是"改变人类工作的方式"。尤其是在这一语境中，技术作为"人类在工作"的定义才明确地获得了自己的本意。我们应该按照新的器具和我们生活中行事方式的不同来谈论技术变革。多半情况下，我们是通过引入执行任务的新方式来改变我们的工作方式。[1] 以"云录制"技术为例，云计算、5G、AI、大数据等新技术交叉融合创新应用，支持"云录制"成为新冠肺炎疫情初期的电视节目解决方案，成为一种新的"技术变革"。云计算技术的"云端视频会议"应用模式，可谓"云录制"最直接的灵感来源和最重要的基础技术。一方面，这种电视节目的应急解决方案，在经历过最初不知所措的新冠肺炎疫情突然袭击后，因不符合电视节目时空表

---

[1] 〔美〕约瑟夫·C.皮特：《技术思考——技术哲学的基础》，马会端、陈凡译，辽宁人民出版社，2012，第 124 页。

现的特性，而渐渐被作为备份放弃使用。另一方面，这种"云端视频会议"或称"线上会议"的"云计算""云办公"技术思维，改变了我们的日常生活和工作方式。新冠肺炎疫情后，"云参会""云旅游"等，成为我们日常生活工作的新常态。在新冠肺炎疫情突袭而至之前，"云计算"技术所能提供的这些可能性，基本没有用武之地，"不能大规模人群聚集"的"人传人"的新冠肺炎，让电视节目的"云录制"、人们日常生活"云参会"或"云办公"等应用场景一一出现。从这个意义上讲，"云录制"技术在特殊时期于一定程度上改变了人类的工作方式。

（三）马克思技术观视域下的"云录制"

人的解放是马克思的文化理想，也是马克思技术观的价值旨归。在马克思看来，人的一切现实活动（包括技术实践）的最终目的是实现人的解放。[①] 新冠肺炎疫情期间，中国电视节目"云录制"的技术实践，在客观上，实现了在人群不能聚集的特殊情况下，节目嘉宾和采制者的"云端互动"的自由。马克思对于技术实践的评价是以唯物史观为基础的。在他看来，技术实践的出发点是"现实的人"，其最终的目标和归宿也是"现实的人"，"人"必然成为衡量技术实践价值的根本标准。人是现实与理想、现有与应有、给定与超越的辩证统一，"现实的人"本身就包含现实性与历史性的双重维度。技术实践在满足人的现实生存需求的同时，也必然要满足人对于发展的价值追求。[②] 在马克思技术观视域下的"云录制"，显然部分实现了在新冠肺炎疫情防控期间，节目参与人的自我解放，人们运用"云计算"技术原理，实现了"云端交流互动的可视化"，完成了现实社会条件下的电视节目制作，同时，也为疫情防控中的广大受众带来了精神上的慰藉和共克时艰的信心。从这个意义上讲，"云录制"的技术实践无疑是具有社会意义和价值的，至于在疫情防控之后，"云录制"技术应用实践骤然减少，没有越来越多，则是电视节目录制和观赏效果决定的，毕竟电视节目的"云录制"说到底是一种特殊情况下的应急性技术实践，在社会条件允许的情况下，人类还是会选择自我解放和全面自由的发展。

---

① 于春玲：《文化哲学视阈下的马克思技术观》，东北大学出版社，2013，第190页。
② 于春玲：《文化哲学视阈下的马克思技术观》，东北大学出版社，2013，第193页。

第五章 大数据对电视媒介进化的影响

英国牛津大学网络学院教授维克托·迈尔-舍恩伯格和《经济学人》数据编辑肯尼思·库克耶合著了《大数据时代：生活、工作与思维的大变革》（*Big Data: A Revolution That Will Transform How We Live, Work and Think*）一书，提出以互联网为基础的"大数据时代"正在给我们带来一场思维方式与工作方法的大变革，认为"大数据已经撼动了世界的方方面面，从商业科技到医疗、政府、教育、经济、人文以及社会的其他各个领域"。[①] 显然，"各个领域"的论断涵盖很广，电视业无疑也在其中。

第一节 大数据时代电视平台的战略转型[②]

电视业是怎么走进"大数据时代"的，大数据时代给电视业带来哪些方面的变革，大数据时代电视业又应如何实现思维变革、商业变革及管理变革，从而实现大数据时代的全方位转型？这些问题是本节研究和思考的重点。

一 数字融合：电视业进入大数据时代的序曲

数字融合（Digital Convergence）是指媒介传播的文字、声音、图像、图片等各种原属不同的"原子"，经由数字技术的融合，纷纷变身为一串串由"0"和"1"重新编码的"比特流"，广播、电视、报纸、期刊、手机、互联网等各种媒介形态内容有了统一数字编码的基础。数字融合的变革为

[①] 〔英〕维克托·迈尔-舍恩伯格、肯尼思·库克耶：《大数据时代：生活、工作与思维的大变革》，盛杨燕、周涛译，浙江人民出版社，2013，第15页。

[②] 本节主要内容发表在《南方电视学刊》2013年第3期。

电视业进入大数据时代奠定了基础。

　　在数字技术应用浪潮中，电视业很快从"模拟化"走向"数字化"，逐步实现节目制作、传输和接收的全方位数字化生存。一盘盘模拟的电视节目资料带，变身为计算机系统中相应的字符存储空间；一间间存放旧式节目磁带的资料库，也在媒体资产的数字化转换中，变成了媒资系统中一块块装满数字节目内容的硬盘塔。在数字化转换过程中，模拟磁带上的电视节目被按照标准格式重新编目，以便识别和检索，亦即模拟的电视节目变身为数字化的、可供检索的、可以多次开发利用的内容资产，旧式的磁带资料库也变身为电视节目内容资源的数据库。这种由"模拟"到"数字"和"数据"的转变，奏响了电视业大数据时代的序曲。

　　一方面，数字融合使电视节目内容资源成为传媒机构的数字资产，为视频数据的存储、传输、分享及版权交易的结算等提供了便利的条件；另一方面，数字融合加速了电视与互联网的融合发展，互联网电视、网络视频、手机电视等共同推动电视业向大数据时代进发。

　　简言之，数字融合为电视节目内容资源在多种收视终端的数据分享提供了便利的条件。回顾电视节目的模拟技术时代，由于内容存储格式不统一，内容资源依赖于不同介质的承载，即使在电视机构内部，内容资源的"数据分享"都并非易事，通常需要在资料带库里查询、借阅，转换格式等。电视的数字化生存，大大提高了内容数据在多种收视终端上共享的可行性，数字视频不仅让电视节目内容从"节目"变成了"数据"，同时也实现了电视节目内容从只能由电视媒介"独享"变身为多种视听新媒体终端的"共享"。

　　目前，电视节目内容库早已成为海量数据的空间，无论电视传媒机构，还是视频网站，其数字节目内容资源都是一个庞大的数据库。例如，中国网络电视台（CNTV）深度整合了中央电视台45万小时的优秀历史影像资料，汇集全国电视机构每天播出的1000多个小时的视频节目，已经形成中国规模最大的以网络视频为核心的多媒体数据库。截至2010年底，中国网络电视台的视频内容资源已达1PGB，总时间长度达到10万小时。[①] 除中国

---

① 国家广播电影电视总局发展研究中心：《中国视听新媒体发展报告（2011）》，社会科学文献出版社，2011，第187页。

网络电视台外，上海广播电视台、杭州华数、歌华有线、PPTV、乐视网、优酷网等，都拥有海量视频内容。网络电视化的发展趋势，也加快了电视业走进"大数据时代"的步伐。

二 网络融合：电视业拓展大数据信息空间的前奏

在数字融合的基础上，广播电视网、电信网、互联网等从过去承载传输不同介质的信息，逐渐实现信息传输业务功能的融合，网络视频、IPTV、OTT TV等互联网与电视融合的视听新媒体形态越来越多，广播电视网也逐渐把节目传输的单一功能，向实现互联网接入等信息服务的空间加以拓展。

2013~2015年，是国务院"三网融合"改革向全国推进的重要阶段。目前，中国广播电视网络有限公司已获国务院批准组建，将由财政部出资，国家广电总局负责组建和代管，注册资本45亿元人民币。按照规划，国家广电网络公司成立后将整合全国有线电视网络为统一的市场主体，并赋予其宽带网络运营等业务资质，成为"三网融合"的推进主体。这标志着国家广电网络公司即将诞生，成为继移动、电信、联通后的"第四运营商"。这是网络融合促使电视业向信息产业空间拓展的最新例证。随着我国"三网融合"全面推广，广电网络的互联网接入业务前景良好。网络融合成为电视业向大数据信息空间方向拓展的前奏。

以杭州华数和歌华有线为例。两者虽然同属于有线电视网络经营机构，却都已实现"由单一有线电视传输商向全业务综合服务提供商"和"由传统媒介向新型媒体"的转型。其中，杭州华数的"云、管、端"战略，体现出在大数据时代云计算和物联网技术对于未来网络运营的巨大影响；歌华有线的"一网两平台"（以有线电视网络为基础的"首都公共文化服务网络"，以高清交互数字电视平台为核心的"首都新媒体信息综合服务平台"及以上市公司资本平台为核心的"首都文化产业发展投融资平台"）的战略构想，体现出大数据时代"平台制胜"的精髓。同时，歌华有线"歌华飞视"无线网络热点的建设和发展，显示出有线电视网作为"第四网络运营商"的发展潜力。

综合来看，网络融合拓展了电视业的信息产业空间，在传输电视节目的基础上，增加了互联网接入等网络信息服务功能。在数字融合、网络融合的背景下，大数据时代的电视业呈现出"一云多屏""平台制胜""全媒体传播"的发展趋势。具体来讲，云计算技术的应用，让多终端传播成为主流；平台经济效应初显，云平台建设如火如荼；互动电视、IPTV、手机电视、互联网电视等组成的视听新媒体全媒体传播格局已经形成。

三　平台转型：大数据时代电视业变革的主旋律

大数据时代对海量数据存储和信息处理的要求越来越高，云计算平台成为"大用户"、"大数据"和"大系统"问题的解决方案。[①] 从电视业务需要出发，大数据时代的电视业不仅要实现海量内容资源的存储管理，还要整合视频、数据等多种信息资源，提供综合信息服务，提高业务和运营支撑水平等，云计算在"三网融合"及下一代广电网中的应用，可以涉及数据存储、数据计算、数据再处理、软件开发、数据传输、网络协同等方面。[②] 云计算平台的建构满足了大数据时代电视业适应信息社会发展的变革需求，为电视业的"平台转型"提供了技术基础。

电视业原本有两个重要组成部分：一是电视节目内容的生产和制作；二是电视节目的传输网络。与之相应，传统电视业的平台较为单一，是一个"电视节目内容生产、制作和传输的平台"。

所谓"平台"，是指"适合某些事物发展的载体，可以是实体或虚拟的，具有极强的集成性特征。在传媒领域，平台往往指为多方在媒介的内容生产与交换、市场运用与管理、技术研发和应用、人才培养和交流等方方面面提供的机会和场合"。[③] 大数据时代的云计算技术应用，在全球范围内显现出"云资源，多终端"的发展趋势，迫使电视业面临着平台的转型，电视业由原来单一的"电视节目内容生产、制作和传输的平台"，逐渐转变为复合型的"云媒体平台"。传统电视平台向"内容集成平台"和"内容播控平台"外延。大数据时代，"云媒体平台"的转型，已经成为电视业变革的主旋律。

大数据时代电视业的发展变革，还体现在向"全媒体、全终端、全业务、全功能"等方面的转型，这些趋势对于电视"云平台"提出了更高的要求。除了"云媒体资产平台"外，电视机构还可以针对不同的视频接收

[①] 姚宏宇、田溯宁：《云计算：大数据时代的系统工程》，电子工业出版社，2013，第2页。
[②] 朱近之：《智慧的云计算：物联网的平台》（第2版），电子工业出版社，2011，第238页。
[③] 易绍华：《电视的活路：数字化背景下电视媒体的网络化生存研究》，厦门大学出版社，2010，第111页。

终端，建设各种内容集成和播出控制平台。按照具体的业务形态，"云媒体平台"构筑可以由"云媒体资产平台""有线数字电视集成播控平台""IP电视集成播控平台""互联网电视集成播控平台""公交移动电视集成播控平台""手机电视集成播控平台"等共同组成。

大数据时代，由于"泛视频化"现象丛生，"云媒体平台"搭建不局限在电视台和有线网络公司，一些智能电视机设备生产厂家和网络视频集成运营的互联网公司，也纷纷投身其中，研发自己的"云电视平台"。在多种与视频相关的行业竞争中，"平台转型"已经成为大数据时代电视业变革的主旋律。电视业的"云平台"转型，将成为其在未来以视频为核心的大电视产业竞争中占据优势地位的关键一步。

四 数据挖掘：大数据时代电视业的生产与营销变奏[①]

"大数据时代的预言家"舍恩伯格对"大数据"的概念界定分为两个层次。一是信息爆炸的学科如天文学和基因学创造出的"大数据"概念，原意是指需要处理的信息量过大，已经超出了一般电脑在处理数据时所能使用的内存量。二是指人们在大规模数据的基础上可以做到的事情，即通过寻找数据与现象之间的相关关系来"获得新的认知、创造新的价值"，甚至"改变市场、组织机构，以及政府与公民关系"。[②] 尤其是在第二种认识层次上，舍恩伯格等认为大数据时代将对人们的生活、工作及思维等产生颠覆式的巨大变革，许多看上去不相关的信息可通过数据挖掘获得其内在的联系。

大数据时代的数据挖掘和数据资料的再发现与再利用，正在为电视业带来一场巨大的变革，这种变革主要体现在电视内容生产和电视媒介营销两个方面。

大数据时代对电视内容生产带来的变革首先体现在视频资源重组和再利用方面。大量的视频资料通过标准格式的重新编目，成为数字化的、便于识别检索、可供多次开发利用的大数据，在可共享的"云媒体平台"中

---

① 本部分主要内容发表在《现代视听》2013年第9期。
② 〔英〕维克托·迈尔-舍恩伯格、肯尼思·库克耶：《大数据时代：生活、工作与思维的大变革》，盛杨燕、周涛译，浙江人民出版社，2013，第9页。

能够对这些作为数据存在的视频资料实现方便的调用和再加工。在今天的电视新闻节目当中,"资料画面"正在被越来越广泛地使用。不仅电视新闻节目,在电视纪录片、综艺娱乐、经济、体育、教育等各类节目中,"视频资料"的数据检索和重新使用的情况已经较为普遍,大数据时代"聚类""连接""联想"等智能化数据信息处理功能,为视频资料的广泛使用提供了更加便利的条件。

大数据时代对电视内容生产带来的变革还体现为在对于大数据深度挖掘和量化分析的基础上反向指导内容生产和节目编排。大数据隐藏着许多"秘密",这些"秘密"通过少量数据的分析难以得到,只有在庞大的数据库中通过对相关性的量化分析才能被"挖掘"出来。这种对大数据的深度挖掘,就像社会学统计分析"破译"社会现象背后存在的某种规律一样,让人们变得更加"聪明"。归结到电视内容生产方面,大数据的深度挖掘,在电视新闻生产方面,国外早已有"计算机辅助报道"(computer aided reporting)之类的研究和应用,在电视剧的生产方面,也已经出现了在对视频用户数据深度挖掘基础上的网络剧改编和内容生产的案例(如 NetFlix 的 House of Cards〔2013〕)。在电视节目内容的编排方面,电视收视率分析、电视购物节目的编排等,也早已开始运用统计分析作为辅助的工具。大数据时代的到来,大大提升了这种统计分析和数据挖掘空间,"精准营销"的方式已经开始震撼电视业。

"电视媒介营销"在本书中主要指电视媒介自身面向受众的自我营销传播活动。基于互联网技术的大数据为电视媒介营销传播带来许多新的营销方式和营销渠道。其中,最为明显的是"社交电视"产品以及"个性化定制""智能化推荐"服务等。

大数据时代,视频内容接收渠道越来越多,由于媒介融合等因素,"电视"在很大意义上已经变身为"视频",网络视频、互联网电视等的冲击,导致电视开机率一降再降。这时,一种基于社交媒体思想的"社交电视"产品从美国麻省理工学院的实验室渐渐走出来,这种试图通过用户在社交媒体上对电视节目内容的讨论,提高收视内容关注度,提升电视开机率和收视率的方式也逐渐普及。如美国的 GetGlue、Miso、yap.TV,中国的"社交电视""电视粉""看点""呼啦"等社交电视类应用软件。还有人对于 Twitter 的每日推文数量进行统计,发现每天 9000 万条发帖中绝大部分推文话题与电视相关。Twitter 用户发表推文信息的高峰时间与每日广播电视黄金时间一致，说明用户在观看电视节目时用 Twitter 发表即时评论可以促进用户的"社交观看"行为，有效引发用户共鸣。此外，该研究使用"Twision"（推特电视）一词，意指"Twitter 已变成新的电视节目指南"。这种基于社交网络的电视媒介营销，也可视为电视业在大数据时代"关系营销"的新起点。

大数据时代，电视用户的基本资料及其收视行为变得"透明化"。电视与互联网的融合，模拟电视用户的数字化整体转换，单向广播网的双向化改造以及云计算技术的应用等因素，让电视消费者无处隐藏。与之相应，大数据时代电视业的"精准营销"越发普遍。比如，上海百视通交互式网络电视（IPTV）界面中，专门以用户收视记录数据为基础，进行"个性化""智能化"的视频节目推荐，这种类似互联网电商惯用的商品推荐的行为，其实是数据挖掘在电视媒介营销方面的一个简单应用。随着用户数据资料的积累和数据挖掘工作的深入，电视业的"精准营销"将会向用户生活的各个方面深入渗透。

五　小结

欧洲著名管理大师弗雷德蒙德·马利克这样定义"战略"："战略，是当我们不知道未来会怎样又必须采取行动的时候，所采取的正确行动。此时，无所作为也是一种行动。"[1]

面对大数据时代的到来，电视业应该采取怎样的行动，至今仍争议不决，"等死"或"找死"的论调也时可耳闻。但可以肯定的是，由于新技术的普及应用，电视业在大数据时代正在受到思维观念、工作流程、运营模式等多个方面的冲击，战略转型已迫在眉睫。这将是一场大数据时代电视业变革的协奏曲，是一种对于电视业务流程管理平台的重新认识和塑造。国内外电视与互联网融合的经验表明：在大数据时代，电视正在经历着一场巨大的变革，电视业的"云平台"战略转型正在成为一大趋势。

---

[1] 〔奥〕弗雷德蒙德·马利克：《战略：应对复杂新世界的导航仪》，周欣、刘欢等译，机械工业出版社，2013，第 2 页。

第二节　大数据对视频媒介内容生产和传播效果测量的影响[1]

数字化让音视频文件与文字、图片信息等信息存在方式介质相同，助力视频媒介走进大数据时代。由于"跨屏传播"成为现实，原本电视媒介的"通用货币"收视率的价值受到前所未有的挑战，大数据为视频媒介收视效果的价值重估提供了新的契机。在内容生产和精准化营销方面，对用户接收互动状况的数据搜集与深度挖掘，也将对视频媒介进化产生深远的影响。

大数据时代为视频媒介带来了"非结构性数据"的使用价值，这意味着视频媒介可以从海量数据里选择性收集全面的用户行为，在宏观层面具有一定洞察力，通过用户数据如暂停时间长短、观看时间及类型、快进内容等预测出与用户兴趣点相匹配的内容。大数据技术对受众数据的挖掘，可以实现广告节目等内容的精准、个性化投放，在跨屏传播、多屏互动当中与用户构建一种多元互动关系。简言之，用户需要媒介提供更优质的服务，媒介能够更好地抓取受众数据信息，电视产业链由传统的B2C模式过渡为C2B模式，从"点对面"的大众化传播模式升级为"点对点"的个性化传播模式。在大卫·波维特的"价值网"视角下，视频媒介通过大数据抓取用户行为数据满足受众的个性化、多元化需求，并以用户信息等勾画用户喜好倾向实现其与广告商、运营商等的市场匹配，从而提升产业价值。[2]

根据迈克尔·波特在《竞争优势》提出的"价值链"理论，电视产业价值链是由传播渠道、传播平台、传播内容及评估手段等构成。[3] 视频媒介的数字化传播为其带来了受众数据的"镜像世界"，使其精确辨识受众群体构成从而提供具有针对性的服务，颠覆了视频媒介领域的生态结构。大数据所负载的独特价值成就了视频媒介社会利益和文化实践的良性互动，这种升级，为视频媒介传播领域的发展提供了新的契机，加速了传受关系的变革，重塑了视频媒介的传播理念，形成了视频媒介传播的新模式。

---

[1] 本节内容与河南大学广播电视专业硕士研究生赵泽红合作撰写。
[2] 〔美〕大卫·波维特：《价值网：打破供应链 挖掘隐利润》，仲伟俊译，人民邮电出版社，2000，第37页。
[3] 〔美〕迈克尔·波特：《竞争优势》，陈小悦译，华夏出版社，1997，第56页。

一　大数据时代视频媒介的内容生产

电视产业通过大数据重新定位自身发展布局，同时通过大数据将数字转化为信息，对受众数据的相关关系进行深入剖析，摒弃传统的单向传播，制定灵活的传播策略，对用户数据进行深度分析，挖掘数据潜在的关联价值，了解受众需求，借以对电视节目内容进行取舍，从而使其成为一种"个性化"的双向信息传播系统。电视节目将大数据作为支撑节目内容改变的生产要素，将受众画像、受众定位、受众行为、受众接触等转化为大众创造多元化的 C2B 制作模式。

（一）数据新闻崛起

数据新闻是利用大数据进行视觉化叙事，运用数字语言报道新闻事实，提升新闻报道的深度与真实感等，通过地图、图表等数字化处理方式，深化受众对新闻的理解认识，进行交互式处理的新闻报道方式。有研究者认为，数据新闻的发展经历了四个阶段，即"图示化阶段"、"数据解读阶段"、"向新闻产品转化阶段"和"数据信息服务阶段"。[1] 数据新闻采用二维信息图表、三维动画图像等可视化叙事模式，主持人结合受众需求的全知多维度视角增加叙事视角，通过延伸或浓缩新闻的叙事空间，深化新闻报道的客观性与趣味性等。大数据不仅承担新闻报道内容的工作也担负新闻生产的任务，周密地参与新闻内容采集、分发等报道流程，革新新闻制作流程。以腾讯《事实说》为例，其监控实时热点，根据数据维度制定选题策划并通过腾讯新闻用户调查平台发布和公测，由用户对感兴趣的话题进行投票选择，进而分享选题的 H5 产品模板等数据类传播产品进行上线测试，最后基于数据分析报告敲定场地、嘉宾与后期优化方案。其以大数据为框架建立起内容生产和推广传播的大数据模型，根据用户数据反馈调整传播策略，完成大数据全生态内容制作和商业营销的良性循环。

（二）电视剧生产优化

大数据为电视剧的内容制作、营销传播全产业生态链提供了一定技术

---

[1] 周洋、董涛：《拓展与探索：数据新闻发展四趋势》，《中国记者》2017 年第 12 期。

支撑，并为其提供了极具价值的数据参考依据。电视剧大数据包括传统电视即行业数据，如观看时间、收视率等宏观数据，也包括移动终端数据，即从电视剧的发行、推广、内容等方面获得的新媒介的数字化数据。其以电视剧大数据为基点，挖掘受众观影行为及消费特征等，推进电视剧类型和模式的探索，为电视剧提供数据支持。双向的互动过程诠释着电视剧的传播效果以及接受程度等，通过大数据技术跟踪电视剧受众的喜好行为及偏好，反向影响电视剧的构成要素，从电视剧文本中寻求与受众的契合从而达到面向受众的精准营销，从互动过程中创造更加多元化的价值，寻求国家意识、艺术表达、商业市场和受众审美相互博弈的平衡点。乐视网推出的《光环之后》是以数据为基础，颠覆传统电视台生产矩阵，以用户大数据的反馈为创作模式的电视剧。《爱情公寓4》通过大数据的流量预判系统实现了收益最大化，使得购买电视剧版权成为一种理性的商业行为……大数据时代下，电视剧产业通过对播出市场、播出环境等进行全面分析，形成以提取受众市场需求的量化指标、解析剧本的核心元素为导向的精准营销模式，构建大数据电视产业评估体系。

（三）综艺节目大数据挖掘

综艺节目在大数据技术下对自身的发展变革，具体来说是一个循环过程。其"通过大数据挖掘受众需求计算节目内容等，再通过节目数据制定节目内容，结合大数据推出个性化运营，后期收集受众反馈开始新一轮的节目制作"，从大数据计算的节目导线出发且基于大数据进行精准分析，提供精细化的服务。综艺节目为播出平台带来了巨大的经济效益和品牌塑造价值等，以版权运营、宣传发行、粉丝经济等为主要环节的综艺节目产业链逐渐形成，通过大数据的理性思维与为受众建立的个性化互动交流机制完成综艺节目的市场期许。用户画像数据库为分析目标用户喜好，完成嘉宾选择、内容制作、节目营销、资源分配、热点发现等一系列生产运营决策提供数据支持，精确了解受众收视状态，从而预测受众收视期待，合理地调整节目内容，进而多维度分析受众感兴趣的内容、青睐嘉宾、个性化意见、节目品牌情感归属和广告商契合度的问题。广告商利用大数据洞察节目内容与目标消费人群的契合度进行资源配置从而提升品牌资产的积累；综艺节目结合大数据理性工具和感性经验促进品牌融合，打造精细化的定制营销模型。

二 大数据时代视频媒介的精准营销

大数据时代视频媒介可以抓取使用用户数据，全面掌握用户媒介接触行为，助力完成受众个性化的内容定制、个性化服务、全样本的市场评估及信息的精准投放，实现最佳传播效果。

（一）电视传播渠道之变

在大数据的背景下，传统电视媒体转型涉及如何运用大数据改善电视传播生态、升级电视产业价值链。"三网融合"典型业务 IPTV 在我国的成功推广，主要得益于政策支持和平台建设的成熟等因素，值得一提的是，大数据挖掘技术与视频聚类推荐也功不可没。IPTV 大数据的分析主要包括核心指标统计分析，如日用户量、视频播放量等；用户终端分析，如 IP 地理位置、停留时间等；内容播放分析，如广告点击量、播放类型（直播或回看）、订购内容等。IPTV 运营从用户操作行为分析，快速精准地勾勒出用户的使用行为，将用户需求作为生产依据，从而改进运营决策方案。

OTT TV 打破了传统电视在时间和屏幕上的局限，真正地实现了跨屏传播，使得"客厅经济"成为可能。从品牌层面或产品体系来讲，对于 OTT TV 实现核心价值，用户是关键点，多终端传输是基础，大数据是运营手段。OTT TV 的多屏互动提供了极具价值的大数据，数据维度更加丰富。OTT TV 在大数据的运用上，除用户画像外，还体现为对用户数据从内容或牌照方角度进行深度挖掘从而根据大数据提供精准的商业化服务、以多屏交互流程的综合数据切实分析用户需求和指向，以及智能家居和自动学习推荐等，这些大数据运用方式推动 OTT TV 业务进入良性循环。如奥维云网推向市场的 OTT 大数据系统平台工具 TV-Video-Compass，依托电视终端的 SDK 全程监测，监测全路径智能电视的使用行为，切实为客户在实际的广告投放、精准营销、节目制作等方面提供有效支撑。

（二）网络视频平台之维

大数据技术下的网络视频使互动的非线性传播的数据抓取替代了传统媒体的单一行为。目前，视频网站对于大数据的应用主要集中于用户行为、位置数据、兴趣指数以及内容评价等。相较于传统媒体的线性传播模式，视频网站受众的信息触点及传播路径更为多元化，大数据为网络视频提供了全新视角分析受众，能够对用户行为进行多维度量化，从而构建受众行为模型，在海量用户信息资源下挖掘用户需求，以增加用户黏度，提升用户忠诚度。

依靠百度强大的数据库资源以及与PPS合并后的自身数据库，爱奇艺成为视频网站大数据运用的典范。网络用户的百度搜索行为成为爱奇艺的用户指标"一搜百映"，为爱奇艺提供了强大的数据基础，使爱奇艺的引流变现能力一骑绝尘。依靠百度搜索的海量数据库，其降低非目标用户的打扰而实现精准投放从而优化网站的广告投放，也就是说，用户在百度的搜索行为成为用户需求信号，由此通过贴片广告巧妙地植入品牌，精准投放于具有切实购买意愿的个人，避开了传统广告人群画像购买力不足的现象，展现了大数据时代互动行为的广告价值。爱奇艺依靠百度搜索数据库推出了"蒲公英计划"，即将百度经验、百度知道等知识类的搜索结果以视频化的结果呈现，覆盖美食、美妆、瑜伽等内容领域，构建功能性视频内容。"群英荟"基于百度地图、百度导航等数据分析用户住宅地址和工作地址，筛选出高端住宅区和工作区，从而对精英人群进行精准贴片广告的投放，同时也推出了以百度旗下用户注册信息为基础的"众里寻TA"贴片广告，综合用户注册信息及用户行为如观影记录、搜索行为等明确用户性别属性，从而实现定向广告的精准投放。"绿镜"视频编辑功能，从用户观看视频的"快进"或"快退"等操作行为判断用户对内容的喜好程度，全面系统地展现用户的视频内容喜好，技术生成"精华版"内容，探析受众的个性化需求以实现对节目内容的优化调整……爱奇艺将自身定位于一家科技属性的视频网站，利用大数据等新技术均衡用户数据与数据营销之间的联系，开拓网络视频媒介的新价值格局。

腾讯视频依靠腾讯的互联网资源在网络视频领域定向广告营销、平台内容投放等方面存在的先天性优势，成功构建了基于自身基础的大数据模式。为实现视频产品推送、广告精准投放等的"ISEE内容精细化运营战略"，腾讯以QQ空间、QQ浏览器、腾讯云等网络软件完成"闭环传播"，打造了立体环绕式的视频营销模式，实现关系链价值最大化。腾讯视频结合腾讯平台推出了广告合约CPM售卖方式，提前约定广告的覆盖人群及曝光率等，保量购买与程序化定投颠覆了传统广告的覆盖率与曝光率，满足广告主需求以期在目标特定人群内实现商品的持续曝光，从而降低无价值的曝光。腾讯视频意在打破数据孤岛，满足受众数据的交互式发展期许，达到营销的传播最大化。

阿里大文娱板块的生态体系为优酷视频带来了大数据营销差异化的优势，打破传统大数据精准营销、细分受众导致窄向传播不断加剧的限制。与以往针对特定人群反复营销的概念不同，这是通过大数据分析了解用户喜好、习惯等，整合相似用户作为营销目标的营销策略，除了精准营销之外更扩大了针对潜在用户的营销，以视频为载体与阿里矩阵下的各板块形成全链条的营销产品体系。优酷为把握大内容的大宣发提出基于大数据的用户洞察和追踪，旨在捕捉更多相似用户的泛客群，以提升广告投放效果，追溯阿里用户对相关产品的真实需求。阿里大文娱板块的生态体系不仅为其提供了海量的真实用户数据，还将营销真正地做到了全周期，淘宝、天猫、高德等数据的可视化为优酷视频在营销上提供了扎实的基础和广告的平台。

芒果TV开创性地依靠湖南电视台的内容资源与受众资源开启优质独播战略，成为国内广电视频网站平台的佼佼者，创建了"一云多屏"的立体全方位传播体系。芒果TV的数据处理主要分为三个业务系统：一是数据魔方系统，主要负责用户重要指标的统计；二是系统推荐系统，主要负责流量引导；三是视频内容分析系统，根据用户行为等为视频内容提供数据支撑。芒果TV针对IPTV市场推出"翼芒"智能一体机，主要是针对家庭大屏用户及运营商垂直市场推出精准细分、服务垂直人群的运营范式，搭载具有海量画像与数据精准推荐等特点的"智云UI"，发展智慧家庭客厅大屏的电视业务生态产业链。芒果TV针对OTT硬件领域推出了电视系统产品"牛奶OS"，解决平台人工干预用户过多的情况，由用户行为数据决定推荐内容，过滤广告等营销内容。旗舰智能硬件产品"牛奶盒子"则是建立了角色过滤模式，对家庭成员加以区分，根据用户登录身份建立用户的内容推荐模式并搭载爱奇艺、腾讯、BiliBili等平台资源。芒果TV通过大数据实现对用户的精准量化开发，建造了视听新媒体资源整合的电视生态，完成了电视全产业链的立体布局。

三 大数据时代视频媒介的"收视率+"

当前,视频媒介正在进行一场关于大数据的思维变革,通过受众多维度行为数据建构受众行为模型,满足受众潜在需求。视频媒介大数据收视率确定受众时间、空间等多维度数据,加大用户数据粒度并确定每秒收视行为,多维度整理受众数据而获得更有效的市场评估体系。作为"通行货币",大数据技术为影视公司、数据公司、播出平台等视频行业相关产业价值链条的通力合作提供便利,提升数据挖掘的能力和价值,为视频媒介产业领域的多元化竞争提供服务。

(一)多屏收视率

传统收视率已无法显现日益精细的视频受众分流,大数据技术为受众多元化收视终端的收视率统计提供了一个全新的解决方案。在传统收视率基础上,多屏收视率突破了单一的电视收视调查指标局限,融合了网络点击量、网络搜索量、网络转发量和吸引度等;发展了以计算机计算方式为主的大数据调查技术,相较传统的人为统计方式具有更精确的数据信息;形成了多机构的全媒体收视调查体系,保证了收视率调查结果的公正性。在直播、回看等多种时移收视、网络终端收视的环境下,多屏收视率是实现"收视率+"的一条路径,观众在电视端、PC 端、移动端的直播或时移的多屏收视指标在很大程度上保证了视频节目分析评估全面性、精确性的最大化。[①]

(二)多平台收视率

有线电视、IPTV、OTT TV 及网络电视等的迅速发展,为视频媒介提供了获取大渠道数据信息的契机。多平台收视率是实现"收视率+"的另一条路径,它不仅优化了自身发展路径,更在一定程度上助力了"智慧城市"的建设。多平台收视率突破了传统收视率的行业数据局限,融入了网络商城、电视银行等多层相关数据依据,多维度地分析节目收视率,达到个性化推荐机制和广告精准投放的最优化。多平台收视率扩充了传统的收视维度,在原有

---

① 郑维东:《媒介融合中的"收视率+"》,《光明日报》2015 年 5 月 30 日,第 6 版。

的重要指标时间、地点等基础上升级了数据采集，加密平台收视数据粒度以达成收视数据的深度分析。视频媒介大数据通过掌握多元数据样本测量收视率，深层剖析受众收视行为，多维交叉建立收视指标体系。

（三）反思收视率

收视率作为视频媒介评估的重要尺标，本质上是视频媒介商业化的运作机制，但当"收视率"成为资本逻辑的价值判断标准时，便会消磨视频媒介的内容创造思维而偏向同质化以追求商业利益最大化，进而以"注意力经济"围剿视频媒介的主体意识。由于"单向的数据王国""数据孤岛""数据黑箱"等大数据负面价值的存在，大数据收视率依然会出现"数据污染""数据失真""数据造假"等消极数据现象。播出平台、广告商等以"收视率"为判断节目市场存在价值的标准，使其成为滋生"数据造假"的温床，大数据为"收视率"营造了一个"美丽的泡沫"。部分视频媒介播出平台遮蔽自身的社会属性、数据平台漠视行业规则，以及视频媒介运营平台，为追求商业利益的最大化不惜形成了"数据造假产业链"，严重损害数据及视频媒介的公信力。视频媒介为资本主义商业市场的利益所驱使是收视率造假的主要原因，而大数据的出现使数据拥有者更容易造成"数据污染"。收视率造假不仅受到受众及广告主等的质疑，同时严重威胁到视频媒介的公信力，破坏了受众及社会对视频媒介的信任度，影响自身"行业货币"的权威性。

四 小结

大数据以自身无可估量的资源价值成为视频媒介内容生产、传播方式和营销渠道的技术性应用，但大数据规制了受众其他维度的存在空间，掩盖了视频媒介的丰富多样性，也就是说，大数据理性制约视频媒介的自身价值。"在技术社会，人创造了种种新的、更好的方法征服自然，但却陷于这些方法的网罗之中，并最终失去了赋予这些方法以意义的人自己。人征服了自然，却成为自己所创造的机器的奴隶。"[①] 一方面，视频媒介对大数据的"议程设置"形成了界定范围内受众画像的市场化商业逻辑的"自我

---

① 〔美〕埃·弗洛姆：《为自己的人》，孙依依译，生活·读书·新知三联书店，1988，第25页。

异化";另一方面,视频媒介对大数据的过度依赖形成了自身思维方式的僵化。沉溺于受众的"虚假需要",符号结构的"技术偏倚"影响整个视频媒介传播环境的逻辑思辨的社会行为,消解了传播者的主体意义,解构了媒介主流价值的立场,异化了视频媒介的本真逻辑。

第三节 数据可视化技术在科学纪录片中的应用价值与反思[①]

科学纪录片作为普及科学技术知识和生产知识的视听作品,具有很强的科学性、娱乐性、故事性、专业性以及商业性,其传播内容具有高度的抽象性,与理论、数据等内容有着天然的联系。科学的严谨性与数据的抽象性,使得科学纪录片的内容相较于其他类型的纪录片更难进行架构与表达。因此,科学纪录片如何在理性地传播科学知识的同时又能感性地讲故事,是科学传播的重要课题。数据可视化作为大数据时代新生的技术手段,为这一问题的解决提供了新的视角与思路。

一 珠联璧合:数据可视化与科学纪录片的关联

数据可视化技术作为科学、技术与艺术的完美结合,为科学纪录片的创作提供了更为有效的表达途径,拓宽了科学纪录片的创作手段。伴随人们视听需求的不断升级,数据可视化作为更为简洁、清晰的表达方式,在科学纪录片中的应用将更为普遍与广泛。

(一)二者的形式与特点

数据可视化作为一种信息表达手段,并不是一种新近产生的技术方式,它早在 16 世纪就已经开始萌芽。绘图学、测量学、地理学等学科在 16 世纪就已经开始了对世界的精确描绘。法国哲学家、数学家笛卡尔在 1637 年通过坐标系的创建连接起代数与几何空间。英国人口学之父 J. 格兰特编制了世界上第一个死亡表,提出了"数据简约"的概念,即对庞杂无序的数据进行处理,从而凸显有效信息。这些早期的对于数据的处理分析与实践探

[①] 本节系 2021 年度教育部人文社会科学研究规划基金项目"技术哲学视域下的视听媒介进化研究"(项目批准号:21YJA860004)研究成果。与课题组成员杨娜娜合作撰写。

索为数据可视化的发展奠定了基础。伴随18世纪英国工业化革命的进程，数据可视化也得到了快速的发展，各类图形符号大量出现，人们对于数据可视化的表达形式开始进行有意识的探索。在21世纪的今天，海量数据已充斥在社会的方方面面、角角落落，数据可视化逐渐成为工作生活的必需技能。伴随技术的不断提升，数据可视化的形式还在不断增多，数据可视化的应用领域也在不断拓展。

1. 数据可视化的形式

数据可视化形式有很多种，我们在这里主要阐述按照数据可视化的表达效果进行划分的形式，一共分为三种：静态可视化、动态可视化、交互可视化。[1]

静态可视化主要包括图像、图形、图表等。其中，信息类图表最为常见，包括我们熟知的柱状图、饼图、折线图、散点图、雷达图、K线图、树状图、甘特图、南丁格尔玫瑰图、桑基图等。

动态可视化主要通过动画或动态数据来展现相关信息，展示的信息包括图表、文字、情境等，可以生产出更为生动、具体的表达内容以及达到更为丰富多样的审美效果。动态可视化可以在一定程度上增加画面的沉浸感，更容易将用户带入情境。[2]

交互可视化主要指的是可视化效果包含人机交互的内容，此类可视化的形式可以为用户提供自行探索数据的途径，提升作品的趣味性，增强可视化作品的沉浸感。交互可视化较多出现于网页形式或者H5形式的可视化作品中，用户可通过鼠标或者键盘的简易操作自行探索，寻找信息点。比如2019年中国新闻奖融媒互动类作品一等奖《快看呐！这是我的军装照》就利用人脸识别、融合成像等技术进行游戏互动，激发用户对军人形象和现实自我之间的联想，满足受众对镜像自我的需求及想象。[3]作品通过交互可视化实现沉浸式传播。

2. 科学纪录片的特点

科学纪录片是指"以科学精神为背景，以科学方法和科学视角揭示科

---

[1] 雏晓霞：《初中数学概念类知识的可视化研究》，硕士学位论文，南京师范大学，2014。
[2] 方洁：《数据新闻概论》（第2版），中国人民大学出版社，2019，第194页。
[3] 杨娜娜：《技术逻辑下融媒互动新闻的主流话语建构》，《青年记者》2019年第8期。

学内容，具有科学性、娱乐性、故事性、专业性、商业性，不同于传统科教片和一般纪录片的影片"。① 这是中国传媒大学万彬彬在《科学纪录片研究》中做出的定义。国外研究学者 Diego Pineda 在文章"Editing a Science Documentary: More than Words"中给出了这样的定义："A science documentary is a film that portrays science to the public in a way that is engaging, entertaining, and educational."（译文：科学纪录片是以具有趣味性、娱乐性和教育性的方式向公众描绘科学的电影。）② 其中提到的趣味性、娱乐性和教育性是科学纪录片的基础属性。除此之外，还有很多国内外学者曾尝试给科学纪录片下定义，但定义视角有别，叙述各不相同。本节结合各位学者的视角，尝试做出以下定义：科学纪录片是指以科学知识、科学现象、科学技术等为主要内容，以科学精神为重要指引，注重内容的科学性、严谨性以及表述方式的趣味性、吸引力，具有知识普及、宣传教育等功能，通过纪实拍摄或真实描述的方式进行创作的影像作品。

相较于其他类型的纪录片，科学纪录片一般是主题先行的，主要有以下五个特点：科学性、严谨性、逻辑性、趣味性、故事性。

科学性是科学纪录片的首要特征。科学纪录片的内容选题一般是科学性话题，包括科学知识、科学或自然现象、科学技术等内容，坚持客观中立、符合客观实际，可以反映出事物的本质或者客观规律。

严谨性是科学纪录片的重要原则。这主要体现在数据严谨、调查严谨、分析严谨、过程严谨四方面。数据严谨指的是科学纪录片所涉及的数据一定要确保正确及准确，即准确权威的数据源、准确统一的数据单位、正确严谨的数据处理以及正确合适的表述方式。调查严谨指的是针对不同的科学纪录片话题，要事先进行调研与调查，弄清科学原理、事实真相、逻辑线索以及科学结论等。分析严谨指的是在科学纪录片的创作中，除了展现与还原科学原理或科学现象外，常常涉及根据已有的现实数据或者社会自然现象进行分析判断，尽管大多数情况下，这种分析判断隐藏在摄像机之后，影片只是通过镜头展现事实，但创作者的思维逻辑与个人分析必然会

---

① 万彬彬：《科学纪录片研究》，中国传媒大学出版社，2011，第47页。
② Diego Pineda, "Editing a Science Documentary: More than Words," *Science Editor*, 2004 (47).

影响影片的整体架构并藏于其中,通过一定逻辑线索引导受众深入。所以,科学纪录片的拍摄一定要注重思维逻辑以及叙事框架的合理性,在影片创作之初就要注意影片的客观性以及分析的严谨性。过程严谨指的是在科学纪录片的创作及拍摄过程中,注意内在逻辑的统一,时刻保持清晰的思路,整体内容保持叙述的一致性。

逻辑性是科学纪录片的基本要求。对于大多数影片来说,叙述的逻辑性是需要时刻注意的问题,科学纪录片的创作表达更应注重内容的逻辑性以及叙述的逻辑性。科学纪录片多为主题先行,对所选主题进行深入剖析与探讨,其叙述过程一般是层层推进、环环相扣的。因此,其内容的逻辑性相较于其他类型的纪录片来说一般会更强,在叙述的过程中稍有不慎便容易让受众无法理解,难以继续推进。

趣味性是科学纪录片的创作要旨。由于科学纪录片的选题大多是对某一科学知识或者科学现象的深入探讨,相较于故事片或者娱乐片来说趣味点不宜捕捉,稍有懈怠便容易将影片拍摄得平淡无趣。因此,创作者需要着重思考、捕捉选题内容的趣味点,确定合适的叙述视角与讲述方式,找准切入口,将内容讲述得生动、有趣、新鲜、幽默。

故事性是科学纪录片的叙述方式。纪录片的本质在于真实性,科学纪录片对真实性的要求更为严格,如何在坚持真实非虚构的前提下体现故事性,是我们需要了解和探讨的。科学纪录片的真实性与故事性并不冲突,其故事性的展现并非依靠内容的戏剧化,而主要是体现在叙述方式以及叙事结构上。比如运用设置悬念、结果前置、层层推进等方式进行内容讲述,也可以改变叙事视角,通过创新的视角进行故事讲述。

(二) 二者之间的关联

科学纪录片作为知识输出、宣传教育的一种有效途径,最基本的要求也是最大的难点就在于如何将内容讲清楚,其次才是如何将故事讲有趣。事实讲清楚、原理讲透彻、内容讲明白、观点讲具体、故事讲有趣是创作者在进行科学纪录片创作时需要时刻注意的问题,数据可视化可以说是达成这些目的的一个良好方法,它和科学纪录片的创作在内容以及形式上都有着密切的关联。

1. 内容关联

数据可视化和科学纪录片的内容要求在很多方面都有着密切的关联。数据可视化的内容多为一些结构化的数据或者非结构化的数据信息，原始数据一般比较抽象难懂，而科学纪录片的内容在很多情况下也是比较难理解的知识内容。虽然有些科学纪录片的内容并没有特别深奥，比如《影响世界的中国植物》，导演并没有以植物的生物学理论研究为主要探讨对象，更多的是体现植物和人类之间和谐共生的关系，体现一种人文关怀。但是，还有相当一部分科学纪录片的内容会深奥许多，比如BBC纪录片《量子理论揭秘》所探讨的就是关于物理学量子理论的相关知识。当我们面对难以通过镜头拍摄去获取的信息或者比较庞大的数据时，数据可视化就成为科学纪录片制作的一个有效途径。数据可视化作为简洁清晰地、艺术地呈现数据信息的一种表述方式，与制作科学纪录片的目的与宗旨是一致的，二者对于内容表达效果有着同样的目的与需求。

2. 形式关联

数据可视化的表达形式多种多样，包括静态可视化、动态可视化以及交互可视化。这些形式多为视觉系统以及听觉系统的综合性表述，与科学纪录片的形式完美契合且无须过多的形式转化。静态动态相互结合的数据可视化表达，使得整体内容阐述更加清晰，画面更加生动。同样，交互可视化也可以用于科学纪录片的创作当中，当然，这需要借助相关功能性视频平台。交互可视化视频主要借助互动视频的形式进行制作，但是互动视频对视频平台的依赖性较强，暂时无法独立播放，受众观看时会受到平台局限，所以这一形式还未有更多的推广运用，但在科学纪录片的实际创作中也是可以实现的。

二　数据转译：科学纪录片的数据叙事与表达

科学纪录片数据叙事的表达方式一般采用动态叙事，主要指图像与声音视听结合的形式。在可视化映射的过程中，视觉元素如何设计、视觉属性如何调控，如何通过声画之间的联系与变化展开内容表达，声像系统如何搭配，逻辑框架如何架构等都需要我们认真思考。

(一) 视觉修辞的去惑与审美

在科学纪录片数据叙事的过程中,图像是最为核心的表述方式。图像主要包括点、线、面、体、文字、声音等多种元素,是数据的展现,也是一种信息表征与视觉修辞。米歇尔在其《图像学》中认为,给神奇事物祛魅的最好方法,就是借非信仰者的眼光从新奇的视角去看待它,绘画可以描绘出看不见的本质。[1] 面对科学纪录片所要制作传播的科学知识或者科学现象,再也没有什么比图像更加直观,图像本身是具有去惑功能的。

数据可视化的图像是在原始数据以及原始信息的基础上进行的二度创作,是从庞杂无序的数据中截取有效信息以及关键信息后进行的可视化描述。原始数据一般是繁杂的数字或者字母,难以理解,但经过可视化转化与创作,就形成了图表图像等信息形式,易于理解且关键信息更加凸显。二度创作的目的就是使信息更直观,表达更清晰,因此,数据可视化的图像表述可以帮助人们更好地理解科学纪录片的内容,具有去惑性。

此外,作为艺术创作,科学纪录片对审美也有一定要求。"美"也是我们对于可视化作品的衡量标准之一。数据可视化的每一种图像元素都有相对应的视觉通道。调整及更改图像元素的属性可以进行更准确、美观的表达。审美愉悦在一定程度上可以引发受众的观看欲望,帮助人们更好地理解内容。Julie Steele 和 Noah Lliinsky 在 *Beautiful Visualization* 一书中提出数据可视化作品美的四个关键因素:美观愉悦(aesthetically pleasing)、新颖(novel)、信息丰富(informative)和高效(efficient)。[2]

(二) 声音叙事的强化与补充

声音在一般的数据可视化作品中并不是核心要素,但是对于科学纪录片中的数据可视化创作来说,声音叙事尤为重要。数据可视化在科学纪录片中呈现的声音主要包括解说词、效果音响、音乐等,此三者相互配合,共同构成科学纪录片数据可视化创作的声音系统。

---

[1] 〔美〕米歇尔:《图像学》,陈永国译,北京大学出版社,2012,第46页。
[2] Julie Steele, & Noah Lliinsky, *Beautiful Visualization* (California: O'Reilly Media, 2010), p. 1.

画面是具有多义性的，图像、句子和思想在本性上并非表征，表征只有得到解释才成为表征。[1] 这时，可视化创作者就可以通过解说词来对图像画面进行意义补充。针对可视化素材当中重要的信息，可以通过解说词来进行凸显与强化。此外，在数据可视化素材当中，常会遇到图表等内容，即使已经完成对原始数据的处理与映射，相对于原始数据来说已经非常清晰明了，也仍需正确加以引导与辅助说明。当创作者需要表达一定态度与情感时，除了可以通过图像及解说词进行表达外，音效与音乐也同样具有情感表意功能，创作者需要根据可视化内容来确定音效，根据可视化素材上下衔接的素材风格以及科学纪录片的整体风格来选择背景音乐。

（三）数据逻辑与视听逻辑的耦合与规约

逻辑即事物或者观念的原理与规则。对于数据来说，最直接的数据逻辑就是客观、准确、量化、直观以及理性。视听逻辑在这里指的是视听语言的语法规则。在科学纪录片中，视听逻辑指的就是各种视听语言之间的搭配及构建形式，这种构建形式以感性为基础，以理性为表征，直观、美观且富有象征意味。数据逻辑的直观是指数据的清晰简洁，视听逻辑的直观是指可以使受众直接通过声画的方式获取信息。两者的目的都是清晰地对信息进行表达。在科学纪录片数据可视化的创作中，应该如何设计图形，如何通过视听通道进行颜色明暗及音乐音效的把控，是数据逻辑和视听逻辑耦合的重点。

由于数据逻辑与视听逻辑有着部分不同的属性特点，并且在科学纪录片数据可视化的创作中，二者之间存在耦合关系，所以需要一定规约来避免出现矛盾与问题。第一，当数据逻辑与视听逻辑出现不可转化的冲突时，一般以数据逻辑为主，首要目的是将事实讲清楚，然后才是将内容讲好看。第二，在满足事实讲清楚的前提下，可视化的整体创作越符合视听逻辑则效果越好。

三 守正创新：数据可视化在科学纪录片中的呈现原则

数据可视化在科学纪录片中的呈现原则主要有四个方面：注重科学严

---

[1] 〔英〕丹尼·卡瓦拉罗：《文化理论关键词》，张卫东等译，江苏人民出版社，2013，第40页。

谨性、技术服务于内容、避免故弄玄虚以及多形式灵活运用。

（一）注重科学严谨性

无论数据可视化还是科学纪录片，都与科学性和严谨性息息相关，这也是二者可以相互结合的原因所在。因此，注重科学性和严谨性是二者共有的特点，也是创作者需要坚持和遵守的重要原则。注重科学严谨性需要做好以下两个方面：一是从整体把握好创作方向，每一步都要进行严密的统筹策划；二是注意细节的严谨性，比如数据来源是否可靠，是否具有一定权威性，对原始数据进行处理时是否完整记录下所有的处理方式等。对于数据而言，差之毫厘，失之千里，容不得半点马虎与差错。

（二）技术服务于内容

海德格尔在《技术的追问》中提到，我们都不情愿地受缚于技术，无论我们是肯定它还是否定它。[①] 对于数据可视化作品来讲，内容表达永远是第一位的。在我们进行数据可视化创作的过程中，一定不能为了运用某种高级炫酷的可视化形式而使得数据生硬嵌套，要根据数据特点以及科学纪录片的整体风格特点来确定数据可视化的形式。

（三）避免故弄玄虚

科学纪录片作为以传播科学知识、科学现象以及科学技术为目的的影片，把知识、现象、技术深入浅出地讲清楚、讲明白、讲好听、讲好看是基本标准，如果讲完之后受众依旧不清楚、不明白，或者本来还了解一些，听完、看完以后更加迷惑，就与科学普及以及科学传播的初衷背道而驰了。因此，制作科学纪录片不是为了展示创作者对于某一项科学知识有多么深入的了解，而是为了让大众听明白、听得有趣且愿意听下去。所以，对于故弄玄虚的做法是一定要杜绝的。

（四）多形式灵活运用

数据可视化在科学纪录片中的形式多种多样，以静态图表为例，仅

---

① 吴国盛：《技术哲学经典读本》，上海交通大学出版社，2008，第 301 页。

"图表秀"这一种可视化在线图表制作工具可制作出来的静态图表形式就有87种,还不包括图表间组合的形式。如果是运用编程语言进行可视化的处理与内容制作,形式数量将会更为庞大。因为在编程语言的可视化写作中,创作者可以自行设计可视化的形式,构思有多少种,数据可视化的形式就可以有多少种。不同的可视化内容组合在一起,就组成了一组可视化叙事单元,在一组可视化叙事单元中,可以采取使每一个可视化信息的形式都保持一致的方案,也可以对每一个可视化信息都进行不同的形式设计,具体采用哪种方案,要根据自己的作品以及作品的整体风格来进行设定。保持一致的可视化形式,可以带给人规范大气之感;不同形式的组合给人以活泼生动感。它们具有各自的风格特色,要在具体的环境中才能判断选择。

四 技术反思:科学纪录片数据叙事的价值与反思

数据可视化作为技术进步的时代产物具有很强的时代意义与时代价值。对于当代科学纪录片的创作来说,反映当下科学知识、当代科学技术、当前社会科学现象是符合时代要求、科学传播要求的重要选题。当代社会是一个数字化的社会,计算不再只和计算机有关,它决定着我们的生存。[①] 2018年11月,IDC发布白皮书 *Data Age 2025* 显示,全球每年产生的数据将从2018年的33ZB增长到175ZB,相当于每天产生491EB的数据。[②] 2025年,每个互联人员将至少每18秒进行一次数据交互,我们每个人时刻都在产生大量的数据,我们也已经完全成为数字化的个体。随着数据时代的发展,人们的生活方式及思维模式也发生着重大变革。数据作为高度抽象化的生活表征,已经浸透到人类生存的方方面面,人类生存的一切行为皆为数据。而在如此庞大的数据中,潜藏着大量的信息,数据将比人类更了解人类。而这些数据信息的可视化表达也成为理解人类自身与社会环境的重要方式。

(一)科学纪录片数据叙事的价值

传统科学纪录片的叙事元素主要包括长镜头、同期声、人物述说等,

---

① Nicholas Negroponte, *Being Digital* (Great Britain: Hodder & Stoughton, 1995).
② https://www.seagate.com/cn/zh/our-story/data-age-2025/.

方式相对局限单一，较难实现叙事的创新与突破。随着科技的不断发展，数据可视化等技术为科学纪录片的创作带来了新的方式——数据叙事，打开了科学纪录片创新创作的新局面。数据叙事不仅拓宽了科学纪录片的叙事空间，同时也可以通过可视化处理，挖掘数据背后的隐藏信息。

1. 数据图景拓展叙事空间

传统科学纪录片的叙事方式多为文字与镜头画面。尽管文字与镜头画面的表意功能已经十分强大，但仍有些内容是文字和镜头难以说清楚、讲明白的，比如一些数据图表等。在这个时候我们就需要进行技术创新，在科学纪录片的创作中引入新路径、新方法。大数据时代，数据可视化作为技术的产物，自出生以来便肩负众望，承载着革新工作与生活方式、拓展实践与叙事空间的使命。通过数据叙事，我们可以把曾经感觉深奥的、难以理解的内容进行可视化处理，清晰准确地表述出来。

2. 数据背后的隐藏讯息

传统科学纪录片的叙事方式多为文字与画面。与文字和画面的多义性不同，数据有着明确且具体的信息意义，正是由于数据意义的明确性，作为信息的数据才有着很高的可信度。此外，与文字和画面的直观性不同，除了涵盖的表面信息外，通过计算或者可视化分析处理数据，我们可以从中挖掘出更多的隐藏讯息。

（二）数据反思

大数据时代，数据带来的认知及生活变革已深入人类的生活日常。从人们出生的那一刻起，手腕上的编码就代表着你数据人生的起始，直至人生的终点。比如网络交易，你每次接收的商品推送都是在对你日常网络行为数据进行综合分析的基础上，选择性地向你推送的；你对商品进行的物流监控，也是大数据可视化的产物之一。比如网约车出行，乘客的每次评价都是网约车的数据搜集对象，同时，用户每次在进行选择时，也会优先选择数据背景良好的商家。所有人日常涉及的方方面面，都在数据的笼罩中。

1. 工业秩序的数据话语中心

美国作家丹尼尔·贝尔在《后工业社会》一书中将人类社会发展史分为农业社会、工业社会和后工业社会三个阶段，农业社会人与经济的发展是以自然为中心展开的，工业社会是以技术为中心的，后工业社会强调理论知识的中心地位。① 在工业化的社会，人的才能与智慧在技术与工业化的笼罩下被压制，社会中的一切内容都是可复制的，包括艺术。瓦尔特·本雅明在《机械复制时代的艺术作品》中提出，在艺术作品的机械复制时代，凋谢的东西就是艺术品的光晕。② 工业秩序与经济秩序一致，以经济为发展中心，避免亏损与更高产出是基本法则。在经济法则、机械规范化、可复制性、控制性的社会话语体系中，数据占据了中心位置，没有数据，这一切都难以实现。但是，被数据笼罩的社会就犹如米歇尔·福柯所提出的"全景监狱"一样，我们的方方面面都存在于数据的监视下，数据比我们自己还要了解我们。一切都是可视化的，一切都是工业化的，人们的自我意识也逐渐被消磨。数据可视化给我们带来的巨大经济效益是以人们对部分隐私权的放弃为代价的，那么在进行可视化创作时，哪些数据可用，哪些数据不可用，哪些数据涉密都是我们需要严格考察的重要问题。处于工业化社会向后工业化社会转型的发展时期，我们一定要保持清醒，在充满金属味道的环境中，恪守底线，保持初心。

2. 数据逻辑归因与数字幻象隐喻

柏拉图在《理想国》中提到了关于洞穴的一个比喻，生活在洞穴里的囚徒们，对世界的看法与观念都来源于墙壁上的影子，而影子作为真实世界的影像，与真实世界是大相径庭的。人们生活在数据逻辑的社会中，对社会越来越多地通过媒介及影像认知与了解，而非眼睛。数据可视化技术在为科学纪录片带来便捷的同时，也带来了更接近真实、更能令人信服的数字幻象。通过可视化技术，部分科学纪录片为了吸引受众，将科学纪录片拍成了科幻片，达到了以假乱真的效果，这是违背了科学纪录片的本质的。但是，这也并不是说我们在进行纪录片创作时要杜绝数字技术。数据可视化与数字技术为科学纪录片的创作带来了新鲜血液，为日渐颓靡的科学纪录片市场注入了一剂强心针。当然，我们在享受数据带来的高效便捷的同时，也要时刻对数据保持警惕，坚持纪录片的真实原则，以及科学纪

---

① 〔美〕丹尼尔·贝尔：《后工业社会》（简明本），彭强译，科学普及出版社，1985，第25页。
② 〔德〕瓦尔特·本雅明：《机械复制时代的艺术作品》，王才勇译，中国城市出版社，2001，第10页。

录片的科学性与严谨性，合理应用技术，警惕成为技术的囚徒。

五 小结

从全球第一部纪录片《北方的纳努克》开始，人们就对通过影像来了解世界的方式抱有极大的热情。科学纪录片从诞生至今肩负着传播科学知识、传播先进科学文化的重要使命。伴随技术的发展，人们对于科学知识、科学文化的需求与日俱增，科学纪录片的创作方法也在不断升级。从数字技术到特效合成，从超微摄影到显微摄影，从高清技术到4K、5G，从AR技术到VR、AI，技术的革新使得传播内容得以更好地呈现，同时也为科学纪录片的创作与发展带来更多可能。

大数据时代，将数据可视化技术用于科学纪录片的创作不仅是技术发展的结果，更是科学纪录片发展的必然。科学纪录片的题材相对特殊，部分内容十分抽象且难以展现，数据可视化技术的多样化视觉呈现恰好可以帮助科学纪录片更简易地表达。但是，数据可视化在科学纪录片中的应用还需要在实践的检验中不断积累经验，科学纪录片的创新发展还需要更多技术的应用与支持。

技术的革新与发展是持续且无止境的，因此，未来科学纪录片的创作还会不断注入新的技术，这将会带给人们更多的认知与更具沉浸性的感官体验。需要注意的是，纪录片的真实性和科学纪录片的科学性与严谨性是不容忽视的，科学纪录片传播、普及科学文化的使命也需要薪火相传。因此，科学纪录片的未来发展之路，任重而道远，还需要一代又一代的创作者们不断探索、砥砺前行。

第六章　虚拟现实对电视媒介进化的影响

本章主要包括虚拟现实（VR）的基本概念、虚拟现实技术的产生和发展、虚拟现实技术对视听媒介可能产生的影响等内容。"快速的刷新率+准确的头部追踪+真实 3D（立体感）= 有临在感的 VR。"虚拟现实对视听媒介产业的影响，主要表现在 VR 游戏、VR 影视、VR 设备等多个方面，涉及 VR 内容创作和硬件设备产业。虚拟现实的交互性、沉浸性与构想性等技术特征，为受众视觉和心理感应机理规律研究拓展了新的空间。

第一节　中国虚拟现实产业发展的现状、问题与趋势[①]

2016 年被称为"VR 元年"。虚拟现实技术经多年酝酿，在消费市场和资本市场厚积薄发，VR 技术的消费级应用产品频频出现，VR 产业价值受到广泛关注。全球范围内，Google、Facebook、微软、索尼、三星、HTC、腾讯、阿里巴巴等都加入了 VR 产业市场角逐，美国高盛集团（Goldman Sachs）、德勤会计师事务所（Deloitte & Touche）、德意志银行（Deutsche Bank）纷纷发布 VR 产业投资研报，消费市场 VR 头盔消费数量飙升，股票市场 VR 概念热潮涌动。

一　虚拟现实技术、设备及其应用形态

虚拟现实技术是一种计算机仿真系统，它通过对三维世界的模拟创造出一种崭新的交互系统。它利用计算机生成模拟环境，是一种多源信息融合的交互式三维动态视景和实体行为系统仿真，并使用户沉浸到该环境中。[②] VR 工作原理是用头盔或眼罩等设备阻断人眼与现实世界的连接，同时

[①] 本节主要内容发表在《现代传播》（中国传媒大学学报）2017 年第 2 期。
[②] 中国电子技术标准化研究院：《虚拟现实产业发展白皮书 5.0》，2016 年 4 月。

通过实时渲染的画面，营造出一个全新的虚拟的世界。这种虚拟现实技术，可以使用户沉浸在特定的视听空间内，将传统的平面显示方式全息化、立体化，提升用户视听体验。

中国电子技术标准化研究院编撰的《虚拟现实产业白皮书》认为：[①] 虚拟现实工具与设备、内容制作、分发平台、行业应用和相关服务等共同构成虚拟现实产业链。其中，工具和设备类可细分为输入设备、输出设备、显示设备、拍摄设备及相关软件等；内容制作可细分为影视、游戏等内容；分发平台可细分为应用商店、社交影院、实体体验店、网店、播放器等内容；行业应用可细分为工业、军事、医疗、教育、房地产、旅游、会展、等内容；相关服务可细分为平台、媒体和孵化器等内容。由于虚拟现实产业涉及基础硬件生产、软件开发、核心部件制造、实体以及网络分发平台、营销与服务等众多军事、民用领域，故而需要在国家的统一协调和管理下，通过技术标准体系以及关键标准的制定、标准符合性检测和相应的质量验证系统的支撑，使产业健康可持续地发展。

VR 主要工具与设备构成及代表性产品，如表 6-1 所示。

表 6-1　VR 主要工具与设备构成及代表性产品

外接式 VR 头盔	以外接电脑、主机等设备为运行系统的 VR 显示头盔；平台内容的技术含量最高	Oculus，HTC VIVE 等
一体式 VR 头盔	将内容平台与显示设备融合制作在一起的 VR 独立平台；平台兼顾了便携性与功能性	小黑灵镜等
智能手机 VR 眼镜	以智能眼镜为运行系统的显示设备；平台的便携性相对更高但内容技术含量偏低	Gear VR 等
拍摄设备	多个摄像头组成可无缝衔接的 360 度全景 VR 摄像机	GoPro，Jaunt VR NEO 等
操作设备	游戏手柄、方向盘、模拟枪等平台操作输入设备	
行为监测设备	红外监测摄像头、万向跑步机、手势捕捉手套等用于监测用户行为动作的设备	
其他	耳机、话筒等配套设备	

资料来源：根据艾瑞咨询《2016 中国虚拟现实（VR）行业研究报告》及相关资料整理。

---

① 中国电子技术标准化研究院：《虚拟现实产业发展白皮书 5.0》，2016 年 4 月。

当前，VR技术的应用形式多种多样，主要有"VR游戏""VR影视""VR演艺""VR直播""VR旅游""VR教育""VR社交"等。VR产品具体应用场景及其特征，如表6-2所示。

表6-2 VR产品具体应用场景及其特征一览表

应用场景	应用形式	应用场景特征
游戏娱乐场景	VR游戏	VR主要的运用场景；有极强的游戏沉浸感；市场玩家基数大，潜在用户群大；目前已开发内容相对丰富，用户选择面广
	VR影视	VR最主要的运用场景；能提高观影整体沉浸感；全景观看技术实现对观影形式的创新；目前已开发内容相对丰富，用户选择面广
	VR演艺	通过VR技术提升演出直播展示效果；弥补无法去现场观看的遗憾；观看视角更多变，可以选择不同视角全景跟踪观看
	VR直播	通过VR技术带给观众更强的现场体验感；弥补无法去现场观看的遗憾；观看视角更多变，可以选择不同视角全景跟踪观看
生活服务场景	VR社交	VR社交内容产品尚未成型，但一直是人类对"虚拟现实"的最终幻想；用户可以虚拟的或是拟真的形象与身份在完全虚拟的世界中学习、逛街、交际；可以在平行世界中尝试改变自己的性格，更新自己的交际圈，挑战平时不太会做的事
	VR教育	VR教育在技术操作类教学案例中更受欢迎；在VR技术的支持下，实验操作摆脱了空间、材料、工具的束缚；用户能够随时随地进入教学环境参与教学
	VR旅游	VR旅游无法完全代替真实旅游的体验感受；VR旅游可以带用户体验南北极等极端地区；不受时间限制，可以作为日常生活放松身心的一种方式
商业服务场景	VR交易	目前主要运用于汽车销售、房屋展示；借助VR技术还原现实的能力，有效节约了销售方的人力物力以及消费者的时间与精力；VR交易的主要价值将体现为精简传统交易模式，而非完全替代传统交易方法
	VR训练	专业技能训练是VR技术最早被应用的领域；VR训练将主要用于军事训练、驾驶训练、手术训练等技术含量与操作风险较高的领域；VR训练在保证训练强度与训练效果的同时能够很好地规避训练风险

资料来源：艾瑞咨询《2016中国虚拟现实（VR）行业研究报告》。

二 国内外VR产业发展的基本状况

艾瑞咨询发布的《2016中国虚拟现实（VR）行业研究报告》中对VR

行业发展历程进行了回顾。① 第一，概念萌芽期（1935~1961年）。1935年，小说家 Stanley Weinbaum 在其小说中描述了一款 VR 眼镜，它以眼镜为基础，是包括视觉、嗅觉、触觉等全方位沉浸式体验的虚拟现实概念，这被认为是世界上率先提出虚拟现实概念的作品。第二，研发与军用阶段（1962~1993年）。1962年，名为 Sensorama 的虚拟现实原型机被 Morton Heilig 研发出来，后来被用于模拟飞行训练。这一阶段的 VR 技术仍仅限于研究阶段，并没有生产出能交付到使用者手上的产品。第三，产品迭代初期（1994—2015年）。从1994年起，日本游戏公司 Sega 和任天堂分别针对游戏产业陆续推出 Sega VR-1 和 Virtual Boy 等产品，当时在业内引起不小的轰动。但因为设备成本高，内容应用水平一般，最终普及率不高。第四，产品成型爆发期（2016年起）。随着 Oculus、HTC、索尼等一线大厂多年的付出和努力，VR 产品在2016年迎来了一次大爆发。这一阶段的产品拥有更亲民的定价，更强大的内容体验与交互手段，辅以强大的资本支持与市场推广。整个 VR 行业正式进入爆发成长期。

新一轮全球资本市场的"VR 投资热"始于2014年 Facebook 花费20亿美元买下 Oculus 这一标志性事件。以此为起点，VR 领域融资热潮在世界范围内兴起，国内的乐相科技、蚁视 ANTVR、小鸟看看等，也都融到了巨额资金。据不完全统计，目前国内涉及 VR 的上市公司已有60多家，有相当一部分上市公司在 VR 行业拥有举足轻重的地位，比如歌尔声学目前是 Oculus 独家 ODM 供应商，还有参投了诺亦腾、时光机、互动视界等虚拟现实公司的奥飞娱乐，都在全球 VR 产业链上占有一席之地。② 资本市场的跨界 VR 投资热潮，引发连锁反应，2016年5月11日，中国证监会叫停上市公司跨界定增，涉及互联网金融、游戏、影视、VR 四个行业。同时，这四个行业的并购重组和再融资也被叫停。中国"VR 概念"融资热潮的巨大影响由此可见一斑。

除资本市场融资热潮涌动外，中国 VR 产业的爆发式成长还体现为硬件设备市场的火爆。笔者于2016年11月20日登陆京东商城官网，以"VR"为关键词进行搜索，结果如下："VR 眼镜"约5719件，"VR 头盔"约

---

① 艾瑞咨询：《2016中国虚拟现实（VR）行业研究报告》，2016年3月。
② 谢若琳：《61家上市公司贴"虚拟现实"标签》，《证券日报》2016年2月25日，第 C01 版。

2923 件,"VR 游戏"约 5089 件,"VR 一体机"约 1288 件。其中,价格最高的 VR 眼镜售价 29998 元,最低的只有几十元。打开这些 VR 眼镜和头盔产品的商品介绍可以看到,其主要功能和应用为:"3D 影院随时看""巨幕荧幕痛快看""海量资源免费看""全景视频身临其境""360 度全景更刺激""沉浸式游戏体验"等。京东商城所经营的 VR 眼镜品牌多达数百个,由此可以管窥 VR 设备在中国消费市场的火爆程度。

放眼全球,Google、Facebook、微软、索尼、三星、HTC、腾讯、阿里巴巴等纷纷加入了 VR 产业市场角逐。有研究者根据各种公开报道资料,整理国内外 VR 产业相关情况,如表 6-3 所示。

表 6-3 国内外 VR 产业相关情况一览

国内			国外	
公司		产业情况	公司	产业情况
互联网公司	腾讯	宣布计划推出 VR 头盔、眼镜、一体机	华闻传媒	投资乐相科技、3Glasses、华庭数字、上海青颜,形成全产业链
	百度	公开 VR 计划,推广 VR 内容	歌尔声学	Facebook、Sony 的上游厂商
	阿里	成立 VR 实验室,推出 VR 购物	利达光电	与布局了 VR 产业的 Sony、Cannon、Nikon 等日本企业深度合作
	360	推出"360 奇酷魔镜",为 OS VR 打造平台	奥飞娱乐	以并购、入股等方式布局 VR 产业链上多家龙头公司
硬件公司	乐视	推出乐视 VR 平台和乐视 VR 头盔	Oculus	被 Facebook 以 20 亿美金收购,陆续发布 Oculus Rift 系列 VR 头盔
	小米	筹建 VR 实验室,投资乐相科技	HTC	发布 HTC Vive,包含 Vive、手柄和 light house 等 VR 设备
			Sony	发布 PlayStation VR 头盔
	华为	公布 VR 战略,为 VR 体验提高网速	三星	发布三星 Gear VR 系列,是 VR 硬件 OLED 屏幕主要提供方

资料来源:吴燕雨《中国 VR 产业扫描:硬件和内容的蛮荒时代》,《21 世纪经济报道》2016 年 4 月 14 日,第 3 版。

从表 6-3 可知,目前国内外 VR 产业的竞争日趋激烈,市场竞争的主体也较为多样化,有互联网公司、硬件公司的市场角逐,也有资本市场的融资助力。在 VR 产业这一崭新的领域内,中国与世界同步,全球企业共舞,共同迎接和拥抱新兴科技时代的到来。

三 中国 VR 产业面临的主要问题

目前，中国 VR 产业发展面临的主要问题有如下四点：VR 技术标准问题；VR 内容短板问题；VR 用户体验问题；VR 设备同质化问题。

关于技术标准问题。如前所述，《虚拟现实产业发展白皮书 5.0》认为：技术标准问题是 VR 产业快速健康发展的规范性引导，目前已经引起国际各方关注。国际标准化组织、英国数字媒体技术革新合作中心、中国 AVS 标准工作组等，都已启动虚拟现实技术标准的制定。同时，"虚拟现实内容稀缺、制作成本过高，内容呈现方式多样，虚拟现实内容没有统一标准，各类虚拟现实设备之间还无法实现互联互通，成为制约虚拟现实大规模产业应用的关键因素"。[①] 一方面，VR 产业价值链条的顺畅衔接，需要业内统一规范的技术标准；另一方面，VR 技术带来与影视内容生产迥异的"无边框、无剪辑、无景别"作业也极具创新挑战性，需要对 VR 影视作品创作规范进行研发和探索。前者解决的是 VR 产业统一的技术标准问题，后者解决的是 VR 内容生产创作规范和制作标准问题，这两个层面技术标准确定与否，直接关系到 VR 产业未来发展之路是否通畅。

关于内容短板问题。当前，VR 内容生产与创作，主要集中在"VR 游戏"和"VR 影视"两个方面，基本形成"前期制作—后期制作—发行放映"的 VR 内容产业链。从内容生产与创作的角度来看，在"VR 影视"产生之前，人类从绘画艺术创作，到摄影艺术创作，再到影视艺术创作，都受到"画幅"和"边框"的限制。"VR 影视"的 360 度沉浸式拍摄和呈现，打破了"画幅""边框"的限制，从视觉上更加接近人在社会生活中观察事物的本真，这为 VR 内容的生产与创作提供了广阔的空间，同时也为 VR 内容短板埋下了伏笔。2016 年，国内相关企业纷纷发布其 VR 发展计划。[②] 优酷发布 VR 平台战略，宣称要"从内容切入，力推产业前行"，将发布三大 VR 产品线，为 5.8 亿多屏用户提供触手可及的 VR 体验，与 80% 国内顶级 VR 内容制作团队签约，预计年产 1000 条优质海内外自制合制视频。微

---

① 中国电子技术标准化研究院：《虚拟现实产业发展白皮书 5.0》，2016 年 4 月。
② 高红波：《"VR 影视"：中国电视融媒体产业新的增长空间》，《声屏世界》2016 年第 7 期。

鲸科技将凭借自主研发的 VR 摄像机及 VR 头显，成立 10 亿元 VR 创新产业基金，创建千人极客创新团队，打造包含游戏、综艺、直播、全景短片、纪录片以及微电影的 1 万小时 VR 精品内容。"VR+广电"生态模式在国内启动。广电上市公司东方明珠发布 BesTV App 启航版，表示要做"VR 视频的领跑者"；佳创视讯与数字电视国家工程实验室等机构合作签订《"虚拟现实+广播电视"产业化发展战略合作框架协议》，探索我国 VR 产业的标准制定。

关于 VR 用户体验问题。笔者在 Wi-Fi 环境下，体验了多款手机 VR 眼镜，除了亲身体验到 360 度沉浸感带来的新奇之外，最大的体会是摘下眼罩设备后的一阵阵眩晕和不舒适感。2016 年 7 月，在中国高校影视学会与北京青联学院于兰州西北师范大学联合举办的首届"中国 VR 虚拟现实与高校影视教学实战研修及研讨会"上，行业一线制作专家从立体影像的成像原理和观赏情境入手，专门分析了 VR 用户体验中"为何会'晕'"的问题。他们认为，[1] 由于 VR 拍摄是多个镜头的无缝拼接拍摄，人和物、远和近、大小比例都要适合，否则会出现比例失调，在观赏时容易产生头晕现象；观赏 VR 视频的 360 度沉浸体验，给人的空间感受类似乘坐过山车看景物，使用者容易出现头晕的感觉；用手机观赏 VR 视频时，由于手机反应速度有快有慢，当时延超过 20 毫秒时，使用者就会有不舒适的感觉。简言之，VR 用户体验方面存在位置信息错误、头晕不适、立体视觉错误、声音不匹配等多种亟待解决的问题，目前市场上的 VR 产品和内容作品不同程度存在用户体验问题，VR 设备在技术改进和用户体验改良方面任重而道远。

关于 VR 设备同质化问题。据统计，目前国内 VR 创业公司有上百家，但大多数是中小企业，产业还处于启动期，这些企业多数生产头戴眼镜盒子、外接式头戴显示器等 VR 设备，并向消费级市场拓展，"同质化竞争，低水平重复"，需要龙头企业带头示范，早日形成"产业雁阵"。[2] 这种同质化竞争的状况，从目前国内消费市场 200 多种功能类似的 VR 头盔"混战"中可见一斑。中国 VR 技术研发和设备生产领域，呼唤出现 Facebook、微软、三星之类的技术攻关和内容研发的领军企业。

---

[1] 根据笔者 2016 年 7 月 24 日~27 日参加中国高校影视学会与北京青联学院在兰州西北师范大学举办的首届"中国 VR 虚拟现实与高校影视教学实战研修及研讨会"的课堂笔录整理。

[2] 陈燕楠：《爆发前夜，国内 VR 产业陷同质化竞争》，《人民邮电》2016 年 3 月 9 日，第 7 版。

四　VR 产业发展趋势

关于 VR 产业的未来发展，高盛集团发布研究报告，预测全球 VR 市场规模有望在 2025 年达到 1820 亿美元。众所周知，中国消费市场人口基数庞大，中国 VR 产业一旦进入消费级应用发展阶段，在全球范围内都将是一个重要的市场区域。受科技研发、内容生产、龙头企业、政府引导等各方面因素影响，未来的中国 VR 产业发展趋势也日益浮出水面。

趋势一：科技争先，以人为本。荷兰哲学人类学教授约斯·德·穆尔（Jos de Mul）认为，虚拟现实的体验主要有三个因素。[①] 其一，电脑生成的数据中的沉迷（immersion），即"沉浸感"。在虚拟现实系统里，最能引起这种沉迷体验的是头盔显示器。这种头盔显示器通过双眼视差显示孔、立体声耳机创造出一种三维的视觉效果和音响。"鉴于戴着这样的头盔漫步一点儿都不好玩，因此虚拟现实研究的一个重要内容，就是要想方设法使该设计摆脱物质形式的束缚，能够接受感官输入。"其二，在电脑计算的虚拟现实中的穿梭航行（navigation），即"在电脑生成环境中来来往往的能力"。在虚拟现实的情况下，"造访者"能够凭借（机械的、超声波的、磁力的或者视觉的）位置/方向跟踪器，相对自由地穿越虚拟环境而航行，并且从不同的视角观景。其三，用户与虚拟环境进行互动（interact）。这意味着，由于有了诸如数据手套或者数据服之类的输入设备，用户能够操纵虚拟环境中的对象，或者与虚拟人物互动，如 VR 游戏等。以上三种对于虚拟现实体验的描述，勾勒出虚拟现实技术应用的特性，这些特性的现实呈现和用户体验，离不开核心科学技术的研发创新和具体应用。结合前文所述的 VR 用户体验现存的种种问题，笔者认为，科技争先，以人为本，将成为未来中国 VR 产业发展的趋势之一。

趋势二：龙头带动，产业整合。目前 VR 产业的全球市场竞争主体中，Facebook、微软、三星等龙头企业具有明显的行业带动作用。业内人士认为，中国 VR 产业现存的"同质化竞争、低水平重复"问题，亟须"龙头企业"以雄厚的研发实力和产业资本进行资源整合，引导其他中小企业围

[①] 〔荷兰〕约斯·德·穆尔：《赛博空间的奥德赛：走向虚拟本体论与人类学》，麦永雄译，广西师范大学出版社，2007，第 140、141 页。

绕产业链中的薄弱环节进行研发攻关和内容制作，最终形成"产业雁阵"，促使VR产业进入良性发展的轨道。① 目前国内VR产业的龙头企业有暴风科技、奥飞数据等，但在全产业链条的建构中，仍需更多"龙头企业"出现。具体而言，在由VR硬件设备研发商、VR内容研发商、VR拍摄及动作捕捉技术商、VR平台门户企业等共同构成的国内VR产业价值链条上，相关"龙头企业"越多，VR产业生态发展越好。同时，VR产业的投资热潮也引起了地方政府的注意。2016年2月，江西省南昌市和福建省福州市相继提出要打造"国家级VR产业基地"。其中，江西南昌出台相关配套措施，计划"在未来3—5年内，培养1万名专业技术人才、发起10亿元人民币规模的虚拟现实天使创投基金、落实100亿元人民币规模的虚拟现实产业投资基金、聚集1000家以上的虚拟现实产业链上下游企业、实现超过1000亿元人民币产值"。② 此外，山东青岛、四川成都、广东深圳等地，也在加快VR产业发展布局。由此可见，在地方政府引导下，中国VR产业已有产业集聚发展的动向，但其未来发展的实际效果还需拭目以待。

  趋势三：丰富内容，跨界融合。中国VR产业未来的发展内在要求VR内容的丰富和多样，尤其是虚拟现实技术可以跨越行业限制，进行"VR+"。比如现在阿里巴巴已经开始实行的"BUY+"VR电商战略、乐视的VR平台生态战略等。北京真实觉影视制作公司总经理张承恩认为，VR节目的创新和领域拓展，应该以"美食、教育、科普、旅游、航天、房地产、体育、电影、电视、娱乐、主体乐园"等领域为横轴，以"画中画、过渡、跟踪、抠像、三维字幕、3D角色、拼接"等节目创新手段为纵轴，进行融合创新。③ 中国市场学会理事、经济学教授张锐撰文评论国内VR产业发展，他认为，目前国内VR企业在硬件产品技术构造和把控能力上与国外对手没有太大差距，决定中外VR企业与行业落差的最重要因素，是VR内容丰满度与内容体系的成熟度。④ 国内VR内容可以在直播、会议、体育以及演唱

---

① 陈燕楠：《爆发前夜，国内VR产业陷同质化竞争》，《人民邮电》2016年3月9日，第007版。
② 赵丹、吴思勇：《全球首个城市级VR产业基地落户南昌》，《南昌日报》2016年2月23日，第1版。
③ 根据笔者2016年7月24日~27日参加中国高校影视学会与北京青联学院在兰州西北师范大学举办的首届"中国VR虚拟现实与高校影视教学实战研修及研讨会"的课堂笔录整理。
④ 张锐：《优化我国VR产业链的市场与政策逻辑》，《上海证券报》2016年4月20日，第008版。

会等地带大胆试水，同时在家装、旅游、房地产等一些垂直应用领域聚力推造，待经验与技术成熟后再辐射到游戏与影视地带，最终构筑起我国 VR 产业的内容高地。

五　小结

世界著名科技杂志《连线》创始主编凯文·凯利（Kevin Kelly）在其新著的《必然》一书中预言："在人类短短几十年的寿命期限中就能'扰乱'社会发展的第一个技术平台是个人电脑。移动电话是第二个平台，它们都是在短短的几十年里引发了社会中一切事物的变革。下一代颠覆性的平台就是虚拟现实，而它已经到来了"。[①] 在凯文·凯利看来，虚拟现实技术快速发展的亮点是"现场感"和"互动效果"，以虚拟现实为代表的"互动"也必将成为"未来三十年中产品和服务的总趋势"之一。[②] 由此可见，VR 技术在这位互联网领域的"预言帝"心目中的重要地位。

2016 年，VR 产业裹挟着资本市场的投资热潮，伴随着百万级销量的各式 VR 头盔走向普罗大众，开启了虚拟现实技术最为广泛的应用场景。在人类信息传播的茫茫大海上，VR 产业未来的发展也许并不能就此一帆风顺，但其或将掀开人类传播史崭新的一页。

第二节　虚拟现实对视频媒介产业及其受众的影响[③]

在资本集聚、技术融合、消费升级、产业升级等多方因素助推下，VR 技术应用为视频媒介产业的内容生产、终端设备等带来变革。以"VR 影视"、"VR 游戏"和"VR 直播"等为代表的内容生产与视觉应用，以人工智能为发展方向的终端设备人性化趋势，给视频媒介产业带来新的变化。同时，VR 技术在影视、家装、旅游、房地产、电商等领域的跨界融合应用，有效实现了用户与虚拟场景之间的交互，帮助用户获得身临其境的沉浸体验，强化了视觉文化在社会生活中的中心地位。

[①] 〔美〕凯文·凯利：《必然》，周峰、董理、金阳译，电子工业出版社，2016，第 268 页。
[②] 〔美〕凯文·凯利：《必然》，周峰、董理、金阳译，电子工业出版社，2016，第 XI 页。
[③] 本节内容与河南大学广播电视专业硕士研究生陈成合作撰写。

一 虚拟现实对视频媒介产业的影响

我国虚拟现实产业受到科技研发、内容产业、龙头企业、政府引导等各方面因素影响，目前呈现出"科技争先，以人为本""龙头带动，产业整合""丰富内容，跨界融合"的发展趋势。① 据艾瑞咨询发布的虚拟现实行业研究报告，虚拟现实的主要硬件设备包括"外接式 VR 头盔"、"一体式 VR 头盔"、"智能手机 VR 眼镜"、"拍摄设备"、"操作设备"和"行为检测设备"等。② 从视频媒介产业角度观察，当前我国 VR 视频产业的主要应用表现在"VR 影视"内容生产及终端、"VR 游戏"器材设备等。

中国信息通信研究院、华为技术有限公司、虚拟现实内容制作中心联合发布的《中国虚拟现实应用状况白皮书（2018 年）》认为，我国虚拟现实产业正处于初期增长阶段，产业链主要由内容应用、终端器件、网络通信平台和内容生产系统等构成。内容应用方面，主要是"虚拟现实+"在文化娱乐、教育培训、工业生产、医疗健康、商贸创意方面的融合创新。终端器件方面，主要是头显整机、感知交互和关键器件，相关企业有歌尔股份、大朋、小米、爱奇艺、瑞立视等。网络通信平台方面，主要是 5G 商用和云控平台，相关企业有华为、兰亭数字、视博云等。内容生产系统方面，主要涉及操作系统、开发引擎、开发环境和全景相机、拼接缝合、三维重建等采集系统，相关企业有睿锐、微鲸、Insta360、川大智胜等。③

2019 年 3 月，虚拟现实产业相关上市公司年度报告发布，可以此管窥我国 VR 视频媒介产业的现实状况和发展趋势。

二 虚拟现实特质多维度引发视频革命

不同于现实的视觉成像原理，虚拟现实成像必须依靠专业的摄影设备捕捉现实环境图像，抑或通过计算机模拟塑造实际环境，然后经过技术处理，在屏幕投像。虚拟现实视频所反映的并非真实的客观现实，而是一种

---

① 高红波：《中国虚拟现实（VR）产业发展现状、问题与趋势》，《现代传播》（中国传媒大学学报）2017 年第 2 期。
② 艾瑞咨询：《2016 中国虚拟现实（VR）行业研究报告》，2016 年 3 月。
③ 中国信息通信研究院、华为技术有限公司、虚拟现实内容制作中心：《中国虚拟现实应用状况白皮书（2018 年）》，http://www.caict.ac.cn/kxyj/qwfb/bps/201809/t20180927_185939.htm。

经过加工的"特定现实",它凭借特殊的成像手段,割裂观众与现实时空的联系,让其沉浸在虚拟现实的特定时空中。所以,虚拟现实视频以高度的想象力、即时的交互性、强烈的沉迷度三大特性著称。从虚拟现实的特质出发,其引发的视觉革命在观众体验、终端形态、创作方式三个方面深刻地影响着视频产业的发展,并逐渐塑造着受众的习惯。

(一)沉浸式多感官体验,升级观众体验感

虚拟现实带给观众的体验可用多感官沉浸、强烈的包围感和高度的真实性来概括。文字媒体调动的是人类的视觉感官,视听媒体调动的是人类的视觉、听觉感官。而对于虚拟现实来说,观众必须配合使用相应眼镜、头盔或是手柄来实现体验,可以说虚拟现实是集视觉、听觉、触觉于一体的综合多感官媒体。

虚拟现实设备会给观众提供一种360度的全景视角,隔离观众与现实的联系,再通过空间叙事层次、叙事场景和感官肢体互动,形成具有强烈代入感的情境,让观众拥有沉浸式的体验。虚拟现实虽然阻隔了观众与现实的联系,但是通过"再造"的现实,让观众认为虚拟情境就像真实的客观存在一样。这种虚拟的真实性不仅在于视频内容,还在于综合调动了观众的多方面感官,让观众的外在感知系统和内在的神经系统真正融入视频当中,造成沉浸式视觉感受。

虚拟现实技术塑造出来的这种全新影像及视听语言,能够为受众带来更为真实而强烈的感官刺激,提升受众的消费体验,使得其在文化娱乐产业有着极佳的应用。VR游戏带给玩家的交互式体验,进一步提高了游戏的可玩性,使得VR游戏市场迅速成长。在美国,以VR+电竞为例,2015年电竞赛事观众达到3600万,高于NBA观众人群两倍。相关报告显示,2016年全球VR游戏市场规模预计在51亿美元左右,并且处于不断增长的态势。[①] 另外,VR影视人机交互这一核心特质,使得影视游戏化趋势显现。在叙事层面,虚拟现实视频整个剧情呈"树状"结构,从影片开始,观众就可自主选择剧情发展、人物走向甚至穿戴道具等,最后观众获得的是一

---

① 中国信息通信研究院、华为技术有限公司、虚拟现实内容制作中心《中国虚拟现实应用状况白皮书(2018年)》,http://www.caict.ac.cn/kxyj/qwfb/bps/201809/t20180927_185939.htm。

个动态的故事，而且每一次的尝试都会是全新的故事模式。这种互动叙事的原理，很像电子游戏一样会出现多个结局，它改变了传统影视中导演让观众"看"的传播关系，情节、节奏、叙事等是由观众来决定和选择的，故事的走向和观影的重点也有了个性化的差异。

（二）高新技术赋能终端设备，迈向人工智能化

普通用户接触的VR设备，一直都是近眼终端形态。有入门级的VR设备，无须内置屏幕，需要搭配智能手机使用。也有VR一体机，这类产品具备独立处理器，不依靠其他设备提供计算能力和操作系统，具有无限传输、可随身携带的优势。不可否认，不管哪一种VR设备，都因为切断了用户与现实的联系，又在封闭的环境下再造了"假现实"，所以不可避免地对用户造成"眩晕"感。

为了解决这种"晕"问题，VR设备不断突破关键技术。在近眼显示技术方面，当前技术以提升沉浸感与控制眩晕为主要发展方向，用高角分辨率与广视角显示来提升沉浸体验，发展符合人眼双目视觉特征的近眼显示来控制眩晕。另外，VR设备也在积极提升感知交互技术，如眼球追踪、浸入式声场、触觉反馈等，实现多通道交互，旨在提升VR用户各感官通道的一致性与沉浸体验。

在VR终端设备发展过程中，5G这一高新技术的赋能，值得特别关注。华为副董事长胡厚崑在"Post MWC19思享汇——智联万物"论坛上发言说："5G将是引爆VR需求的推手。"他指出，现今的VR终端设备在时延超过20毫秒时，眩晕感已经没法忍受了。5G网络会把时延降至15毫秒，这意味着可以把互动性应用的眩晕感完全消除掉。同时，5G网络全在线、低时延的特点，让计算可以在不同的地方处理，如此本地计算的要求就会降低，成本就能下降，VR终端设备就可以做得非常轻薄。华为计划在2019下半年发布一款颠覆性的VR终端。[①] 未来，5G提供的超大带宽、超低接入时延和广覆盖的接入服务，能从技术上更好满足VR业务沉浸式体验的更高需求。同时，5G优越的移动性和随时随地访问的优势，可为VR业务提供

---

① 《华为副董事长胡厚崑：智能世界的风向标》，https://mp.weixin.qq.com/s/O9b_XwXSPO30c8TkSn7n8Q。

更加灵活的接入方式，从而使其从固定场景、固定接入走向移动场景、无线接入，在技术实现上赋能 VR 更加多元化的业务场景。[1]

人是万物的尺度，以人为本的工具才有意义。可以预见，VR 设备的发展将会朝着更加人性化的方向发展，也许未来的 VR 设备会发展为全息影像与人工智能的高度结合，全息、智能化的终端设备将走进大众生活。

（三）交互性内容制作，助推媒体采编播创新

VR 技术在影视制作中，以其高度的想象力构建出一个可与影视场景交互的虚幻三维空间场景，再通过结合对观众的头、眼、手等部位动作的互动设计，让观众自行进入故事情境，继而形成人景互动的沉浸式体验。可以说，VR 技术的视觉沉浸感与用户交互性，为内容生产的"采、编、播"方面注入了创新元素。

内容采集环节，由于 VR 技术可采集 360 度、720 度的全景视频，无死角拍摄让编导与摄影师等工作人员站位、观众视觉兴趣点引导、多相机同步控制等成为实际业务层面面临的新问题。内容编辑环节，由于虚拟现实摄像机涉及多镜头同时拍摄，依照 VR 技术的观看习惯，顺畅的无缝式镜头衔接才会让观众更加沉浸，传统的分镜头剪辑不再适合 VR 技术在影视制作中的应用。VR 电影《活到最后》是中国影史上的首部 VR 电影。在拍摄过程中，由于 VR 拍摄模式下没有分镜，导演和主创们依靠在后台的显示器对拍摄过程予以监督和指导；为了让观众把注意力集中到剧情上，在叙事上，主创们首创了通过演员的走位和立体声音技术引导观众注意力的方式来解决该问题，获得良好效果。[2] 随着 VR 技术的发展，现已产生能够实现视频间精准拼接缝合全新内容编辑技术，并且还可根据实现方式的不同，达到实时、离线、自动、手动拼接等技术水平。内容播放环节，需要考虑如何将虚拟现实内容编制时的平面媒体格式转化为受众最终看到的全景球面视频，传统视频播放并没有涉及相关的投影技术，因此多面体投影技术成为

---

[1] 中国信息通信研究院、华为技术有限公司、京东方科技集团股份有限公司：《虚拟（增强）现实白皮书（2018 年）》，http：//www.caict.ac.cn/kxyj/qwfb/bps/201901/t20190123_193611.htm。

[2] 中国信息通信研究院、华为技术有限公司、虚拟现实内容制作中心：《中国虚拟现实应用状况白皮书（2018 年）》，http：//www.caict.ac.cn/kxyj/qwfb/bps/201809/t20180927_185939.htm。

VR 视频播放的发展方向。①

三　受众逐渐加深对视觉的感知依赖

传播史上有五次传播方式的革命：语言的形成与使用、文字的创制与运用、印刷术的发明、无线电技术的运用与传播、计算机技术的应用。② 科技进步带来的传播技术进步，让人们越来越愿意接受速度更快、形式更丰富、接收成本更低的信息。在此过程中，信息承载量大，接收门槛低的形象或影像占据了我们文化的主导，所谓的视觉文化时代到来。③ 由此，人们对可视性的要求与视觉快感欲望不断攀升，广泛视觉化媒体深刻地改变了许多文化活动的形态。④

虚拟现实是集视觉、听觉、触觉于一体的综合多感官媒体，展示给受众的内容附有更多细节，也更加直观生动。如以介绍某地的自然风光为例：文字媒体，要详细介绍某地的地理位置、气候环境、动植物种类等；传统视频媒体，会录制当地的画面，综合运用视听手段表现；而进入虚拟现实世界，受众戴上 VR 设备，就仿佛身临其境地进入某地，当地的地理位置、气候环境、动植物种类全景式地展现，这些都是可以看到、听到和触摸到的。

再以新闻报道为例。传统的新闻报道只能让受众以第三方的视角旁观新闻，很难以第一视角去见证新闻发生时的现场。而采用虚拟现实技术获得的新闻则可以使受众置身于新闻事件中，无死角地全方位感受新闻现场。网易推出的 VR 新闻《不要惊慌，没有辐射！》，让受众戴上 VR 眼镜追随视频中第一视角救援人员瓦西里回忆的脚步，触摸切尔诺贝利遗迹，感受灾难现场。通过虚拟现实技术，切尔诺贝利遗迹的医院、四号核电站、摩天轮等，一幕幕真实的画面，将新闻现场的信息还原，提供给受众 360 度场景的报道，引发同情和关注。

---

① 中国信息通信研究院、华为技术有限公司、京东方科技集团股份有限公司：《虚拟（增强）现实白皮书（2018 年）》，http：//www.caict.ac.cn/kxyj/qwfb/bps/201901/t20190123_193611.htm。
② 陆晔、赵民：《当代广播电视概论》，复旦大学出版社，2012，第 3 页。
③ 周宪：《视觉文化与消费社会》，《福建论坛》（人文社会科学版）2001 年第 2 期。
④ 周宪：《视觉文化的转向》，《学术研究》2004 年第 2 期。

所以虚拟现实炫酷的技术和沉浸的体验被大众热捧,其带来的极致视听享受很难让用户拒绝对它的沉迷。在虚拟现实视频中,用户的多种感官被充分调动起来,丰富多样、紧张刺激的空间叙事配合浸入式声场设计,使用户在有限时间内获得封闭的感官狂欢。可以说用户在体验虚拟现实视频时,感官是被多种刺激手段垄断的,他们沉浸在事先创设好的情境中,跟着情境的发展去感受,在感官沉浸的同时,大脑的理性思维让位于感官感受,收获极大的精神愉悦。

用户通过视觉接收渠道,越是沉浸在虚拟的世界中就越难自拔。因为在虚拟现实视频创设的虚拟情境中,人们可以尽情挥洒天性、释放情绪、享受快感,与虚拟环境互动,甚至在虚拟环境中短暂生活。这样,人们就会加深对虚拟现实带来的独特视觉感知的依赖。这种以沉浸式传播为主导的视觉文化,在某种程度上是视觉文化的升级,它可能会影响人们对经验世界的感觉并模糊虚拟与现实的认知界限。当用户沉浸于虚拟现实时,就会失去对真实世界的判断和思辨能力,造成知觉和幻觉合为一体,出现客观世界中知觉和幻觉感知并置的状态。[①]

四 小结

广泛开展的虚拟现实业务形态丰富,从早期的特殊行业应用,到现在与文化娱乐、医疗健康、工业生产、教育培训、商贸创意等领域的融合创新,虚拟现实正在加速向生产与生活领域渗透,给人们的生产方式和生活方式带来革命性变化,进一步强化视觉文化在社会生活中的中心地位。其实,虚拟现实影响的不只是我们的生活,更重要的是它提供了一个地方、一个环境让我们生活。至于虚拟现实在未来会如何影响我们呢,把这个问题交给时间,因为时间会在未来告诉我们将来的发展。

第三节 《唐宫夜宴》:技术赋能传统文化视听表达创新[②]

2021 河南卫视春晚《唐宫夜宴》系列节目,因视觉奇观,新人耳目,

[①] 方楠:《VR 视频"沉浸式传播"的视觉体验与文化隐喻》,《传媒》2016 年第 10 期。
[②] 本节主要内容发表于《现代视听》2021 年第 3 期,与河南大学广播电视专业硕士研究生张筱菡合作撰写。

引发全网热议，火爆"出圈"。这个节目由郑州歌舞剧院舞蹈编导创作，14名女舞蹈演员化身女陶俑，展示了"唐宫小姐姐"们从准备、整理妆容到夜宴演奏的过程。该节目将5G、VR等新技术与传统文化巧妙结合，打破以往传统歌舞节目的一贯模式，一动一静、虚实相生，将整个唐宫精彩尽收眼底，强烈的视觉冲击带来的沉浸式体验，给人以身临其境之感，传统画作在新技术赋能下"活"了起来。其后的衍生节目《元宵奇妙夜》，古今"穿越"互动，以"唐宫小姐姐"为线索实现多个实景地的巧妙转场，洛阳应天门的歌舞《芙蓉池》、登封观星台的武术《斗转星移》等，让传统文化与当下互动，在吸引眼球的同时实现传统文化浸润式的有效传播。清明时节，唐宫系列节目《清明时节奇妙游》悄然登场，二次元的"唐小妹"以增强现实（AR）的应用场景走进河南大学古朴校园开启了快闪MV版《少年》，并在嵩阳书院等多地重现古代画卷中的图景，载歌载舞，再次登上热搜。《唐宫夜宴》系列节目成为技术赋能下传统文化的创新性视听表达新典范。传统文化的电视创新表达，应创造性地坚持在"新技术赋能"、"新媒体传播"和"新互动理念"等三个方面不断创意创新，追求卓越。

一　新技术赋能

技术哲学认为，一切非自然的人工追求都属于技术的范畴。广播电视本身就是技术发展的产物，在媒体深度融合的改革中，以数字技术、互联网、物联网、人工智能、虚拟现实、5G技术等的应用创新为标志，传统文化电视创新表达得以获得更多的新技术赋能。比如河南卫视春晚火爆网络的《唐宫夜宴》，一群古代画作中的"唐宫小姐姐"，从平面的古画中"走出来"，画中的背景也在AR技术的赋能下，把舞台美术设计立体化，形成了"古画复活"的视觉奇观。其实，这种让古代画作中的人物"活过来"的技术赋能，不是现在才有，早在2010年上海世界博览会上，中国馆巨幅《清明上河图》中的人物就"活动起来"，这种技术赋能带来的视觉表达，惊艳了全世界。

河南春晚《唐宫夜宴》节目将传统文化与新技术相结合，对歌舞、文物、历史、传统文化进行重新塑造与融合，灵活运用5G、VR技术，充分调动观众的视觉和听觉体验，用虚实结合的方式，将博物馆呈现在观众眼前，以春秋时期的"莲鹤方壶"、商代的"妇好鸮尊"、新石器时代的"贾湖骨笛"、《簪花仕女图》、《捣练图》等为背景，14位舞蹈演员扮演的唐俑穿梭在其中，一动一静的搭配，让观众置身博物馆之中，形成"人在画中游"的视觉奇观和沉浸式体验。现代科技的提升，赋能电视艺术，颠覆传统电视艺术的制作思路，为传统文化的传播以及创新性表达提供更多的可能。

其一，"VR+电视"，塑造画面新场景。《唐宫夜宴》运用VR技术将博物馆文物的全景影像搬上荧屏，"妇好鸮尊"、"贾湖骨笛"、《捣练图》等众多国宝级文物带来的感官突围，让观众得到前所未有的视觉体验，大大提高了视听内容的感染力和艺术性。作为一种新型技术形态，VR技术颠覆和重新构建了电视媒体对于信息的传播模式，推动视听内容生产进入一个全新的虚拟化阶段，为电视媒体的信息传播带来互动性和自主性的提升、沉浸式体验感的增强，延伸并重塑了电视机构的场景应用。[①] 形象逼真地再现现场是电视媒体的追求和向往，VR技术"场景"的传送，视觉、听觉等多种感官的共同参与，使观众获得了"亲临现场"的全新体验。河南卫视春晚节目《唐宫夜宴》对VR技术的运用，成功地将观众从"观望者"变成了"参与者"，通过场景的虚拟营造、信息的有效还原、现场的全景式展现，运用特技效果，实现虚拟场景与现实舞台的完美融合，这是在新技术赋能中对传统文化创新性的视听呈现。

其二，5G赋能，顺畅"全景影像"。从技术赋能的视角观察，5G技术现在已经融入电视行业的采、编、播各个流程，对电视的内容生产、传播渠道以及受众体验都产生了深远的影响。5G时代的电视媒体具有高新视频传输、云端制作、双屏联动等传播方式，兼具智能生产、沉浸式体验、互动连线等创新特色。[②]《唐宫夜宴》节目，运用5G的高速率传输全景立体影像，实现了梦幻与现实、真实与虚拟、艺术性与技术性的融合。融入5G、VR技术的电视媒体有效提升了受众观影感受。

二 新媒体传播

《唐宫夜宴》在电视平台播出后，河南广播电视台在大象新闻客户端、大象网等融媒体平台和微博、抖音、今日头条官方账号适时推出《唐朝胖

[①] 惠东坡：《电视媒体VR技术应用的创新价值》，《中国电视》2020年第3期。
[②] 李亘：《5G时代电视的进路：载体重构、文本创新与融合传播》，《传媒》2020年第23期。

妞出"炉"记——〈唐宫夜宴〉是这样"炼"成的》等周边花絮短视频，这种新媒体传播的方式，有效提升和推动了"唐宫"话题热度，助力"唐宫"火爆出圈。

客观地讲，《唐宫夜宴》系列节目如果只是在电视平台播出，没有新媒体传播的助力，很难达到街谈巷议的程度。这也从侧面证明，传统电视"第一媒介"的地位已经被手机取代。综合网络资料数据，《唐宫夜宴》登上河南卫视春晚舞台后，短短三天时间，在抖音上的播放量已有4亿多次，并且很快冲上微博热搜榜第二位。截至2021年2月17日晚，河南春晚的相关话题阅读、视频观看量超27亿次。

约书亚·梅罗维茨在《消失的地域》中提到"媒介矩阵"的理念，他认为不同类型的媒介常常是高度内部相关的，在媒介内容圈的分析上更是加入了"情景"这一中间变量，论证在新媒介系统结构的影响行为变化的同时也会引起媒介自身内容的变化①。因此，新与旧的传播形式嫁接、有机融合，让新媒体的数字化、融合性、互动性、网络化特性与传统媒体的权威性有效结合，让受众有了新潮的观看内容，促使新技术在这种混合情境下赋能传统文化，使其有了新传递、新表达。

基于数字化的传媒技术打破以往的以传播者为中心的传播模式，取而代之的是以受众为中心的传播模式，变成"所有人对所有人"的传播。正如马克·波斯特曾指出的那样，当前以互联网"双向互动、去中心化"为标志的"第二媒介时代"取代了以电视"单向的大众传播"为代表的"第一媒介时代"。

紧跟"唐宫"热度推出的《元宵奇妙夜》，以"唐宫小姐姐"所见所闻为主线，让她们与博物馆里的珍贵文物进行精彩互动，多地实景转场，加上具有传统文化的节目颇具艺术魅力的展现，让节目继续维持"火爆热度"。与此同时，《元宵奇妙夜》选择在Bilibili网站上进行直播，对比传统媒体，网络媒体最大的特色就是"去中心化"，可以自由分享传播内容。河南卫视在受众接收取向大幅度改变的当下，精准选择投放平台，Bilibili网站作为年轻人的文化社区，其目标用户的定位为"Z世代"，这是一个数量巨

---

① 何梦祎：《媒介情境论：梅罗维茨传播思想再研究》，《现代传播》（中国传媒大学学报）2015年第10期。

大的二次元年轻用户群体，是推动中国在线娱乐市场的核心力量，强大的视频流量以及大量 UGC 用户，使制作内容更接近群众的生活，观看者可以自由发表言论，加之 Bilibili 网站所具有的弹幕功能，使节目的观看界面上有了更多的实时讨论和互动，弹幕功能的强大互动性和实时性能够引起广大受众的关注和共鸣。网络带来的评论和互动形式更加符合年轻受众的信息接收习惯，他们通过评论了解和捕捉节目背后的文化、背后的故事。借助网络传播的翅膀，一时之间，"河南博物院""贾湖骨笛"等节目运用的文化元素以及《元宵奇妙夜》节目中所展示的中国历史文化名城洛阳、开封等成为搜索关键词，助力实现传统文化视听创新表达的热度。

中国媒体融合改革，从"你是你，我是我"到"你中有我，我中有你"，再到"你就是我，我就是你"，这种全媒体传播格局的形成，在客观上越来越将报纸、广播、电视、网络、手机等各种媒介形态融为一体。《唐宫夜宴》火爆"出圈"的关键在于运用了手机社交媒体，如微博、微信、抖音等新媒体传播。从这个意义上讲，中华传统文化的创意创新表达，也要插上新媒体传播的翅膀才行。

三 新互动理念

互动是新媒体传播与大众传播的重要区别。笔者曾在《新媒体节目形态》一书中，将"视听新媒体节目"与"传统广播电视节目"的判断标准归纳为"四个新"，即"新的播出平台、新的技术支持、新的互动参与、新的表现形式"。传统文化的电视创新表达，尤其要讲求"新互动理念"。[1] 这是传统文化的内容和形式所决定的，"旧的""过去的"鲜明特征和属性，让传统文化与新时代受众的互动，存在先天不足的困难。《元宵奇妙夜》让"唐宫小姐姐"们在河南博物院、清明上河园等地穿越式活动，起到了古今互动的良好效果。无论话题选择力求实现的心理互动传播效果，还是新技术赋能后各种形态"互动视频"内容的"人机互动"，都是新互动理念的明显表现。

在《元宵奇妙夜》节目中，"唐宫小姐姐"游历在《清明上河图》中，与船夫打招呼、看豫剧和黄梅戏，体验大宋繁华；跳到洛阳应天门观看"芙蓉"盛宴；到登封少林看武术的"斗转星移"。这种古今穿越的设计，

---

[1] 高红波：《新媒体节目形态》，河南大学出版社，2013，第 10 页。

便于与观众产生良好的心理互动。《清明时节奇妙游》则采用 AR 技术，手绘二次元"唐小妹"卡通形象，通过类似人物动作捕捉，植入真实场景之中，比如取百年老校河南大学大礼堂外景，实现现实场景中的校园师生与增强现实版的虚拟卡通人物形象"唐小妹"打招呼互动等环节，增强了节目的新奇感和趣味性。

传播的本质是寓于传播关系的建构和传播主体的互动之中的，传播是社会关系的整合，并且关系总是按照自身的意志来裁剪传播的内容，传播是通过一种被传播的内容来反映或说明一种关系的，关系高于内容，关系影响内容，关系决定内容。传播学中的巴罗阿多学派将传播中的关系发展称为"关系传播理论"，并创新性地提出了传播学理论的本体论，其中便指出，互动总是被加上"标点符号"，被传播者转化为意识方式，以及互动中的信息必须匹配和融合的理念。① 河南卫视《唐宫夜宴》系列节目运用新媒体的社交传播互动方式和理念，将新媒体和新技术作为"关系的中间者"，为各种文化融合机制制造了平台。

《元宵奇妙夜》节目选择在 Bilibili 网站上进行播放，观众在观看节目时可以做出实时评论，观众的弹幕评论也很好地体现出节目主创人员新的互动理念。例如，节目《芙蓉池》《斗转星移》等，弹幕评论在画面中滚动出现，评论写出节目所代表的城市以及节目蕴含的文化传统，观众在观看时可以通过弹幕来获取信息，吸收知识，这种评论互动的形式，有效增加了观众对传统文化的认知和兴趣。

从戈夫曼的"面对面的场景"到梅罗维茨的"有中介的场景"，移动互联网的不断发展不仅带来了社会角色的转变，同时加强了人与人之间的联系，在这种"强联系"下互动的规模和影响也越来越大。《唐宫夜宴》系列节目成功实现了古与今的良好互动效果，这种互动效果不仅是技术加持下的"人机互动"，更是一种古今文化的"穿越"互动，这种新互动理念，为传统文化的创新表达增添助力。

四 小结

中华优秀传统文化是中华民族的根和魂。习近平总书记指出，"推动中

---

① 陈先红：《论新媒介即关系》，《现代传播》（中国传媒大学学报）2006 年第 3 期。

华优秀传统文化创造性转化、创新性发展"。河南卫视春晚《唐宫夜宴》及其衍生节目《元宵奇妙夜》《清明时节奇妙游》，成为技术赋能下传统文化的创新性视听表达的新典范。这一系列节目带给我们的启发是传统文化的电视创新表达，应该创造性地坚持三个方面的创新追求，即要在"新技术赋能"、"新媒体传播"和"新互动理念"等方面不断创意创新，追求卓越，永无止境。

第七章 人工智能对电视媒介的影响

人工智能是在机器深度学习基础上，人机交互的一场革命。目前，科研机构已经开始进行演播室机器人智能拍摄的技术实验，机器人可能将会在语音识别、图像识别、大数据运算的基础上，代替视频媒介工作者的部分简单重复性质的劳动，在摄录环境危险的情况下，还可以实现无人机智能拍摄等。人工智能对视频媒介未来工作流程及智能电视机等硬件终端的影响值得深入研究探讨。

第一节 人工智能对视频媒介工作流程及硬件终端的影响[①]

人工智能（Artificial Intelligence，AI）的概念最早出现于1956年。美国达特茅斯大学举办的夏季学术研讨会首次正式使用了人工智能这一术语，并将其定义为"使一部机器的反应方式像一个人在行动时所依据的智能"，[②]美国麻省理工学院温斯顿教授从功能角度将人工智能定义为："人工智能就是研究如何使计算机去做过去只有人才能做的智能的工作。"本节从人工智能概念出发，尝试梳理人工智能参与的视频媒介工作流程及人工智能在视频媒介硬件终端的应用场景，探讨人工智能所引发的视频媒介变革，展望"泛媒体"未来的视频媒介图景。

一 人工智能涉及的几种技术

从严格意义上讲，人工智能技术是计算机领域的一个分支。但实际上，人工智能从来就不是一门单独的学科，它在计算机科学的基础上，融合了

---

① 本节内容与河南大学广播电视专业硕士研究生李秋声合作撰写。
② 阮晓钢：《人工智能专题序言》，《北京工业大学学报》2017年第1期。

数学、哲学、伦理学、认知科学及神经生理学等多门学科。它的主旨是研究和开发智能软件及硬件来便捷人类的生活。随着技术的发展，人工智能涉及的领域也在不断扩展。目前，应用最广泛的几种人工智能技术有语音识别、图像识别、深度学习等。

（一）语音识别

语音识别（Speech Recognition）技术，也被称作自动语音识别、计算机语音识别等，它通过将人类语音中的词汇转换为计算机可读取的语言，比如二进制编码或字符序列，实现对人类语音指令的执行。最早出现的语音识别技术是20世纪20年代生产的一款名为"Radio Rex"的玩具狗，当这只狗的名字被呼唤的时候，它能够从底座上弹出来。在随后的一个世纪里，语音识别技术不断发展。现在，这项技术已广泛应用在人类生活的方方面面，近到手机电视，远到航空航天，语音识别技术作为人工智能技术最基础的组成部分，已逐渐成为日常生活中不可或缺的便捷功能之一。

（二）图像识别

图像识别（Image Recognition）技术，是指利用计算机对图像进行处理、分析和理解，以识别各种不同模式的目标和对象的技术。图像识别作为人工智能技术的一个重要领域，最早开始于1950年，当时主要是识别字母、数字和符号。到1965年，计算机学者开始进行数字图像处理和识别的研究工作。发展至今，图像识别已经具备多种不同的模型和样板，识别效率显著提升，遍布人类日常生活中的手机人脸识别和相册自动分类就是图像识别最广泛的应用范例。

（三）深度学习

深度学习（Deep Learning）是一种机器学习框架，即通过模仿人类的神经元系统为计算机提供自主学习能力。深度学习以机器学习为基础，以高性能图形处理器为支撑，以海量数据库为素材，使计算机具备超越人类的学习能力。2016年以来，由谷歌旗下DeepMind公司研发的阿尔法围棋（AlphaGo）数次击败人类围棋世界冠军，这一系列事件验证了作为人工智能技术核心支撑的深度学习所具备的前所未有的发展潜力，由此，以深度学习为核心的人工智能技术首次进入全人类的视野之中。

二 人工智能参与的视频媒介工作流程

人工智能参与视频媒介工作流程，不仅革新了传统视频媒介生态系统，极大地提升了视频媒介的工作效率，而且大幅度解放了人类劳动力，使数据可视化、生活一体化、服务人性化、机械智能化的核心诉求成为现实。目前，人工智能参与视频媒介工作流程的应用场景主要体现在语音点播、智能推荐、智能驾驶、智能监控、广告植入、虚拟主播等六个方面。

（一）语音点播

随着传统电视不断向智能电视转变，越来越多的智能电视终端具备了语音输入功能。不同于传统的观看模式，观众只需坐在沙发上，呼叫电视的名字，语音输入功能便会被唤醒。此时观众可以讲出想要观看的电视频道或电视节目的名称，智能电视终端便会对观众的语音进行识别，当语音识别完成后，便会自动跳转到相应的节目页面进行播放。

长虹CHIQ电视是长虹公司与腾讯公司进行深度合作所推出的一款智能电视，这款电视应用了腾讯公司自主研发的语音识别技术"腾讯叮当"，该系统完全整合了语音唤醒、语音识别、语义理解、知识图谱、图像识别、音乐识别等技术，它可以满足观众不同的播放需求，从电视节目到电影资讯，从音乐视频到抖音短视频，观众只需张张嘴，便能实现所有的观看需求。

（二）智能推荐

短视频时代不仅开启新一轮移动视频媒介终端的使用狂潮，更带来基于人工智能算法的信息智能推荐的广泛应用。以抖音短视频为例，抖音短视频对用户采取去中心化算法推荐，用户发布的每一条短视频都会被单独分配一个最低限度的流量池，这个流量池的推荐依据可能是地理位置或话题标签，如果短视频在流量池中达到更高的推荐标准，例如，完成30次转发或点赞评论数超过30条，这条短视频就会被算法识别为高热度视频而扩大推荐范围。用户浏览时所刷到的短视频也是基于人工智能算法推荐的，系统对用户浏览的视频类型、转评赞的数量等信息进行标记和分类，绘制出用户的喜好画像，以此为用户推送更符合其观感的短视频。

（三）智能驾驶

以特斯拉为代表的智能汽车在日常生活中得到越来越广泛的应用。特斯拉汽车的中控系统十分简洁，只有两块巨大的屏幕，驾驶员与汽车的所有连接均通过这两块屏幕实现。特斯拉汽车在行驶过程中，位于驾驶员正前方的仪表盘会以三维图案搭配数字信息实时显示车辆运行数据，位于驾驶员右手边的屏幕会实时显示车辆之外的路况信息，周围车辆被以视频形式实时呈现在屏幕上，除此之外，特斯拉汽车还会对周围车辆的运行路线进行分析和预判，这些信息都会以视频形式呈现在屏幕上，这些屏幕成为人工智能技术参与汽车自动驾驶的应用媒介。

（四）智能监控

智能监控是在传统监视系统中集成了智能行为识别算法，能够对画面场景中的行人或车辆的行为进行识别和判断，并在紧急条件下主动联网报警的监控系统。相对于传统监控，智能监控加入了图像识别功能，该功能不仅极大拓宽了监控系统的应用场景，而且显著提高了监控系统的工作效率。以交通系统为例，装备了智能监控系统的交通枢纽，能够对车辆信息进行快速而精准的识别，任何违法违规的车辆都难逃法网。除此之外，智能监控还能对驾驶员信息进行识别，当其有违规驾驶行为时，智能监控系统可迅速对驾驶员身份进行确认，警方可根据信息对驾驶员进行传唤教育，以此降低交通灾害。

（五）广告植入

北京影谱科技是一家致力于智能影像生产技术落地应用的视觉技术企业，凭借在计算机视觉、视频结构化、深度学习、大数据、视频广告投放、网络视频互动技术等领域的独特优势，该公司已协助多档栏目实现广告的精准投放。该公司报告显示，该公司研发的视频内容自动化生产引擎——MAPE（Moviebook Auto-Production Engine）可以在已有视频中，用智能技术提取视频中的商业化场景，匹配合理的品牌元素进行无须更改片源的内容增加与替换。除此之外，还可以通过视频神经网络进行视频扫描分析，根据视频码流、帧率、镜头的景深、光照、色调、场景、转场关键帧等要素对视频做规格化数据处理和标记，批量发掘视频广告增量市场。

（六）虚拟主播

2018年11月7日，第五届世界互联网大会在浙江乌镇拉开帷幕。当天下午，由搜狗与新华社合作开发的全球第一个全仿真智能合成主持人——"AI合成主播"正式亮相。在发布会现场的体验中，观众只要输入一句既有的新闻文本，屏幕上就会出现一位合成的新华社新闻主播。他不仅会用和真人一样的声音进行播报，连唇形、面部表情也能完全吻合。这样的视频效果，无论看上去还是听起来，都与现实中的新华社主播本人的播报没有太大差别。在本次虚拟主播的开发过程中，搜狗公司的相关技术人员同新华社的新闻主播一同进行了各种探索尝试，在"搜狗分身"技术的支持下，通过人脸关键点检测、人脸特征提取、人脸重构、唇语识别、情感迁移等多项前沿技术，结合语音、图像等多模态信息进行联合建模训练，"AI合成主播"正式诞生。

三 人工智能带来的硬件终端进化

技术进步为人类生活带来的不只是软件上的便捷，更有硬件层面的革新。人工智能作为迄今为止智能程度最高的科技，为视频媒介硬件终端带来的是前所未有的人性化变革。由于人工智能的介入，硬件终端不再是冰冷的机器，它们懂得了思考，变得越来越符合人类的心意。人工智能技术带来的视频媒介硬件变革主要体现在以下三个方面。

（一）智能电视

电视机将近一百年的发展历程大概可以分为三个阶段：有线电视、网络电视和智能电视。互联网技术使传统有线电视脱离时间束缚，以随时随地的点播取代线性的单向传播；人工智能技术则赋予网络电视以生命，使其变得人性化、会思考、能交流。

语音识别是人工智能技术赋予电视机的第一项功能。相较于传统电视，智能电视内部安装了语音识别模块，它能够搭配电视传声系统进行外部语音信息接收，然后再通过中央处理器将语音信息转换为计算机语言。对于处理器无法识别的复杂命令，电视机会将命令具象化，并以文字形式显示在屏幕上，用户可以根据电视机屏幕上的文字进行下一步语音输入。由此，电视机就具备了与人类进行交流的能力。

（二）摄影机器人

2018年8月8日，艺卡智能移动拍摄系统在沈阳正式亮相。不同于传统摄影机，艺卡智能拍摄系统打造的摄影机器人由"摄影机+机械臂+智能操控系统"三个部分组成。该拍摄系统的机械臂拥有六轴防抖稳定功能，通过多轴机械臂的复合运动，艺卡拍摄系统不仅可以实现多种高难度的镜头拍摄，而且还能保证拍摄画面的稳定性。除此之外，机械臂内部还安装了高性能处理器和传感器，通过这些硬件设施，艺卡拍摄系统可以实现诸如人体跟踪、无轨移动、微距移动拍摄及高速翻转拍摄等功能。艺卡智能拍摄系统真正实现了零人工参与的高效智能拍摄，是对国家"智慧广电"发展目标的强有力的回应。

（三）智能投影仪

智能投影仪是指内置了无线上网功能且搭载了智能操作系统的投影仪。用户不仅可以直接通过智能投影仪进行网络视频播放，而且可以通过投影仪浏览网页、听音乐、玩游戏等。可以说，智能投影仪就是一个新型的便携式计算机。拥抱人工智能技术之后，智能投影仪摆脱了必须与外接设备相绑定的"附件"命运，摇身一变成为具备与电脑相同功能的新型综合媒介，其出色的放映功能及无可比拟的便携性使其发展越来越快，不仅在商务公演层面大范围代替了传统大型投影机，甚至在大部分家庭中，直接代替家庭电视及部分轻薄型上网本，成为家庭放映设备的首选。

四 小结

人工智能创造了一个充满智慧及人性化的传播盛景，在人工智能技术的拥抱下，传播媒介实现了再一次进化，传播环境也得到进一步改善，人工智能技术对人类生活的影响值得我们去探讨、去研究。

展望未来，我们总会限制住我们的空间。蒸汽机、电动机带给我们的便利让我们惊喜，对于人工智能技术，我们不妨以当下回望从前进行逆推，大胆畅想人工智能带给我们的究竟是一个怎样的时代。

第二节 人工智能技术在智慧广电建设中的应用探讨

2018年11月,国家广播电视总局发布了《关于促进智慧广电发展的指导意见》(党组会审议修改稿),提出"以深化广播电视与新一代信息技术融合创新为重点,推动广播电视从数字化网络化向智慧化发展,推动广播电视又一轮重大技术革新与转型升级,从功能业务型向创新服务型转变,开发新业态、提供新服务、激发新动能"[①]。这是一篇纲领性的文件,标志着我国电视媒介的进化,从数字化、网络化,正式向智能化方向发展。其总体目标是"力争用3~5年时间,广播电视在内容制作、分发传播、用户服务、技术支撑、生态建设以及运行管理等方面的智慧化发展协同推进,智慧广电发展的广度、深度显著增强,智慧广电发展取得突破性进展"。重点任务如下:一是深化智慧广电发展理念,二是加快智慧广电内容生产体系建设,三是加快智慧广电节目制播体系建设,四是加快智慧广电传播体系建设,五是加快智慧广电安防与监管体系建设,六是加快智慧广电科技创新体系建设,七是加快智慧广电生态体系建设。

一 人工智能技术在智慧广电建设中的应用体现

2020年,一场突如其来的新冠肺炎疫情肆虐全球,尤其在春节期间,中国武汉"封城",以防止疫情蔓延。2020年3月,国家广播电视总局科技司指导、广播电视人工智能应用国家广播电视总局重点实验室编制发布《广播电视人工智能在新冠肺炎疫情防控期间的应用调研报告》。这份报告集中展示了广播电视在疫情防控中应用的成功案例,主要包括智能制播、智能服务和智能分发三大类。其中,"智能制播"的应用案例有上海东方传媒"云制作"解决方案、湖南有线5G智慧内容生产平台,其基于人工智能技术的视频剪辑、人脸识别、关键帧提取等,对回传内容实现快速剪辑、

---

① 国家广播电视总局:《关于促进智慧广电发展的指导意见》,2018年11月。

编辑和拼接，加速了节目的制作。① "智能服务"主要包括智能远程教育、智能安防服务、智慧酒店服务、智能测温服务、智能客户服务、智能分析服务等。"智能分发"主要包括快手"肺炎防治"栏目的智能推荐，今日头条利用智能识别模型收集和汇总媒体公开报道推出的"寻找新冠肺炎确诊者密切接触者"的新闻，截至 2020 年 2 月 24 日，累计推送 1500 多条相关新闻。密切接触者包括和新冠肺炎确诊患者在同高铁车次、航班，或某个场所等共处的人群。② 总之，新冠肺炎疫情防控期间，人工智能、大数据、云计算等新一代信息技术的作用不断凸显。广播电视人工智能应用在疫情期间节目不间断直播、疫情动态及时传递、正能量传播、精准辟谣、中小学远程教育、社区疫情防控等方面发挥了重要作用。

国家广播电视总局《关于促进智慧广电发展的指导意见》中，对于智慧广电建设的重点任务做出细致的描述，从中可以看到主管部门对人工智能技术应用的期许。摘录如下。③

其一，在深化智慧广电发展理念方面，具体提出以下内容。第一，"树立新发展理念。深刻认识新技术条件下媒体格局的深刻变化和广播电视面临的机遇挑战，牢牢把握数字中国、数字经济、乡村振兴、媒体融合等发展大势，进一步强化广播电视智慧化发展的高度自觉，努力将广电自身发展融入国家经济社会发展大局"。第二，"强化互联网思维。不断提高对互联网规律的把握能力，把加快广播电视与互联网深度融合作为推动智慧广电发展的重要手段，主动求变应变，加快体系重构、流程再造，推动广播电视'云、网、端'资源要素有效整合、融通共享、智能协同"。第三，"推动协同性发展。进一步加快广播电视媒体与新兴媒体融合发展，推动广播电视制播、传输、服务一体化，加强台网联动和统筹协调，着力打造融媒化制作、智慧化传播、精准化服务的广播电视智慧融媒体"。第四，"突出移动优先策略。主动适应新技术条件下媒体服务泛在化、移动化、交互化、个性化的潮流趋势，贴近受众需求、提升受众体验，把资源、技术、力量向移

---

① 国家广播电视总局科技司、广播电视人工智能应用国家广播电视总局重点实验室：《广播电视人工智能在新冠疫情防控期间的应用调研报告》，2020 年 3 月。
② 国家广播电视总局科技司、广播电视人工智能应用国家广播电视总局重点实验室：《广播电视人工智能在新冠疫情防控期间的应用调研报告》，2020 年 3 月。
③ 国家广播电视总局：《关于促进智慧广电发展的指导意见》，2018 年 11 月。

动端倾斜,补齐广播电视移动短板,把握移动机遇,服务移动受众"。

其二,在加快智慧广电内容生产体系建设方面,具体提出以下内容。第一,"以技术创新推动内容创新。充分发挥广播电视内容优势,加快大数据、云计算和人工智能等新技术在广播电视内容生产中的创新应用,进一步增强广播电视内容核心竞争力,形成智慧广电内容新优势,培育发展新动能"。第二,"转变内容生产方式。改变简单粗放的传统内容生产模式,开展基于大数据、全样本、多方位的用户收视行为深度分析,通过软件定义、数据驱动、算法重构等多种手段,实现内容选题、素材集成、需求组合、分析预测、创作生产的全流程智能化"。第三,"创新节目内容形态。积极利用人工智能(AI)、虚拟现实(VR)、混合增强等新技术创新影视节目与新闻节目形态,发掘创意空间,深耕内容制作,提供精准服务,不断满足受众需求,提升受众体验"。第四,"加大高质量节目供给。推动高清电视节目内容成为广播电视主流模式,引入标清电视节目逐步退出机制,加快4K超高清节目内容拍摄、制作、交易与版权保护等全链条技术体系与生态体系建设,探索8K超高清节目内容生产。加快推进声音广播高质量发展,推动声音广播从单声道、立体声向环绕声、沉浸声演进"。

其三,在加快智慧广电节目制播体系建设方面,具体提出以下内容。第一,"以推动广播电视制播平台云化、互联网协议(IP)化为重点,加快推动制播体系从数字化、网络化向融合化、智慧化转变,推动建立'一体化资源配置、多媒体内容汇聚、共平台内容生产、多渠道内容分发、多终端精准服务、全流程智能协同'的智慧广电节目制播体系"。第二,"加强广播电视制播云平台建设。统筹各级广电制播云平台规划与部署,加快构建布局合理、功能多样、上下联动的广播电视制播云平台体系,推动微服务架构在制播云平台中的创新应用,不断提升云平台的使用效率和功能弹性"。第三,"加快推进IP化融合演进。推动广播电视制播从基于数字串行接口(SDI)的技术架构向IP架构的融合演进,着力提高IP化制播体系的可靠性、稳定性、兼容性。推动中央和有条件的省级广播电视台,加快超高清电视节目制播体系建设,逐步建立超高清化、融合化、智慧化的新型广播电视节目制播体系"。第四,"推动县级融媒体中心建设。充分发挥和利用广播电视的行业优势、整体力量和层级特征,加强对县级融媒体中心建设的统筹规划和标准支撑,推动媒体融合向县域基层延伸,加快整合资源、优化结构、再造流程，促进多渠道资源共享、多业务数据互通，着力解决基层媒体资源重复分散问题，推动广播电视智慧融媒体建设向纵深发展"。

其四，在加快智慧广电传播体系建设方面，具体提出以下内容。第一，"以服务用户为中心，加快广播电视网络传播体系整体性转型升级，加快大数据、云计算、互联网协议第六版（IPv6）、第五代移动通信（5G）等新一代信息技术在广播电视网络中的部署和应用，推动'云、网、端'资源要素相互融合和智能配置，构建高速、泛在、智慧、安全的新型综合广播电视传播覆盖体系和用户服务体系"。第二，"加快全国有线电视网络整合和互联互通平台建设。推动有线电视网络数字化转型和光纤化、IP化改造，同步推进云平台建设、千兆光纤宽带接入部署和智能终端配置，加强有线电视智慧化管理与服务能力建设，不断提升有线电视网络对宽带业务、数据业务、交互业务、超高清业务的技术承载能力和用户服务水平"。第三，"加快建立面向5G的移动交互广播电视技术体系。统筹无线广播电视数字化与下一代无线通信技术发展，推动融合演进、协同创新、重点突破，加快构建面向移动人群的新型无线广播电视网络，加强技术研发、标准制定，推进技术试验和应用试点"。第四，"加快建立新一代卫星直播技术体系。推动北斗定位、智能电视操作系统（TVOS）在新一代卫星直播技术系统中的应用，加快技术验证和安全运行试验，完善技术支撑体系和运行保障体系建设，推广高清电视业务，推动超高清电视、增值业务、双向互动业务的试验试点，促进直播卫星服务提质增效"。第五，"加快广播数字化进程。密切跟踪国际数字广播发展趋势、特点，推动数字广播规划与标准研发，积极探索新技术条件下广播数字化、智慧化发展的新路径"。

其五，在加快智慧广电安全与监管体系建设方面，具体提出以下内容。第一，"牢固树立正确的安全观。落实网络安全责任制，坚持安全与发展并重并举，主动适应、积极应对新技术、新应用、新业态、新服务可能带来的安全风险和隐患，推动建立智慧广电安全体系和监管体系"。第二，"加强智慧广电安全规划与体系建设。面向全新的广播电视生产、传播和服务方式与业务流程，完善广播电视安全管理体制机制，持续推动网络安全等级保护、风险评估、商用密码应用等安全保障工作，完善广播电视网络安全系列标准，构建适应新技术发展的立体化、系统化网络安全保障体系，不断提升智慧广电安全保障水平"。第三，"加快智慧广电监管体系建设。创新监管体制和运行机制，推进基于统一云平台架构的全国监测监管系统建设。积极采用大数据、云计算、可信计算、人工智能等新技术实现智能化安全态势感知、研判分析、风险预警、处置调度，推动从海量信息监管向精准式、靶向性监管的过渡。推进监测监管系统的网络化、智能化、协同化，实现跨业务、跨网络、跨平台、跨终端的全方位、全过程、全覆盖、全天候智慧化监管"。第四，"加强智慧广电新业务、新服务、新业态的安全管理，健全安全保障体系，完善内容审核管理机制，优化监测监管流程，建立风险预评估机制，努力做到管得到、管得住、管得好"。

其六，在加快智慧广电科技创新体系建设方面，具体提出以下内容。第一，"夯实智慧广电技术基础。引导多元主体参与智慧广电科技创新体系建设，倡导知学合一、学以致用，鼓励产学研用相结合，推动软件定义、虚拟架构、智能协同等新技术、新理念在广播电视技术体系中的部署和应用，加快战略性技术超前布局，统筹推进广电大数据中心、云服务中心、IP化制播与传输网络建设，推动建立开放、融合、智慧的新型广播电视技术体系"。第二，"突破智慧广电关键技术节点。围绕云计算与大数据、新一代智能传播网络、智能终端与硬件三大领域，加强全局性、基础性、关键性技术研究，聚焦广播系统与互联网系统的融合贯通、协同演进，推进混合广播宽带系统、智能网络、可信安全、微服务、数字版权保护、物联网、人工智能、区块链等一系列新技术的研究开发与创新应用"。第三，"加强科技规划与标准建设。统筹利用国家科技计划和专项规划，强化智慧广电共性关键技术研发供给，完善技术政策，加强规划引导。加快建立系统、完善、开放的智慧广电技术标准体系，以标准规范促进健康发展，持续推进基础性标准以及融合服务、互联互通等关键环节标准的研发进度，不断提升智慧广电标准体系的有效性、先进性和适用性"。

其七，在加快智慧广电生态体系建设方面，具体提出以下内容。第一，"推动广电治理能力现代化。以智慧化发展赋能广播电视治理能力现代化建设，强化大数据采集、统计监测、决策分析能力，不断提升广播电视管理的科学性、精准性和有效性"。第二，"推动共建共享与多元共治。加强智慧广电与智慧社会、宽带中国、数字经济、信息消费、乡村振兴等国家战略的统筹规划、有效衔接，积极推动广播电视与政务、商务、教育、医疗、旅游、金融、农业、环保等相关行业的业务合作、业态创新和服务升级，加快广播电视与物联网、车联网、移动互联网等新兴网络业态的集成创新、协同服务"。第三,"推动开放合作与共同发展。充分发挥市场在资源配置中的决定性作用,探索跨区域、跨行业、跨平台资源整合的运行方式,鼓励借助社会力量加强智慧广电的技术研发和市场开拓能力,探索广播电视机构与有实力的互联网企业、科技企业在技术、平台、服务等方面多方位开展合作的新模式,实现优势互补、共同发展"。

综上所述,国家广播电视总局对"智慧广电"建设的"顶层设计",已经超越了人工智能技术在广播电视行业的单一应用,而充分考虑到新媒体技术的系统性和复杂性,在新媒体技术环境下,综合运用数字技术、互联网技术、云计算、大数据、虚拟现实、人工智能技术等,对广播电视行业进行全方位、智能化升级,力争实现技术创新驱动下的广播电视媒介系统进化,全面实现中国广播电视媒介的数字化、网络化和智能化。

二 电视媒介进化与人工智能技术创新应用关系的理论思考

日本学者吉川弘之、内藤耕在其著作《产业科学技术哲学》一书中认为,在人们的周围实际上存在大量"进化的循环链",单向循环链是行不通的,如果循环链不是双向的,大多数情况下会变成一个难以进化的系统,电视节目制作就是其中的一个例子。[①] 作者认为,电视节目制作的循环链构造是否可以得到进化,取决于编制电视媒介的人们将制作出来的节目当作产品推向社会后,是否拥有将观众收看电视节目的结果反馈给节目制作单位的机构。如果能很好地将观众满意度传达给制作单位,节目制作本身就可以得到进化。但是,"事实上,电视节目制作并不具备一个能很好地将观众的满意情况传达给电视制作公司的体制。电视节目只被当作一台节目,制作方并没有营造一个可进化的环境。实际上,节目制作者传达的只是收视率而已。这只能说是极贫乏的一知半解的信息传递"。[②] 作者认为,生物为适应环境变化而接受自然选择,并影响进化。循环链就存在于进化与适应之间,生物通过进化以适应外界的变化,使自身变得更强。相比生物进

[①] 〔日〕吉川弘之、内藤耕:《产业科学技术哲学》,王秋菊、陈凡译,辽宁人民出版社,2015,第16页。

[②] 〔日〕吉川弘之、内藤耕:《产业科学技术哲学》,王秋菊、陈凡译,辽宁人民出版社,2015,第18页。

化的物质循环与基因信息循环的双重循环系统,由于满意度和真实效果的反馈失效,电视节目制作方仅仅依赖并不可靠的收视率,无法真正完成节目内容产品进化的有效循环。那么,究竟怎样才能更好地帮助电视节目制作方建构完成有效的循环链呢?这项研究的作者并没有给出答案。笔者认为,大数据、云计算、人工智能的深度学习等新媒体技术的创新应用,能够为电视媒介的进化提供智慧,帮助其完成媒介进化的"循环链"。

显然,所谓"电视媒介进化论"的提法,借用了达尔文"进化论"的概念。在《物种起源》一书中,达尔文历数其前关于物种起源的见解和发展的历史概述,尤其提到较早的进化论者之一的法国生物学家拉马克。按照拉马克的观点,生物的进化依照两个法则进行:一是用进废退,二是获得性遗传。根据拉马克的"用进废退"法则,长颈鹿因为需要伸长脖颈取食树木顶端的树叶而使脖颈变长。[①] 达尔文的研究则从家养状态下的物种变异开始,继而是对自然状态下的变异的关注,他通过对生存斗争、自然选择、变异法则、地理分布等大量案例的观察与思考,最终提出"物竞天择,适者生存"的生物进化论思想。值得注意的是,达尔文进化论所指涉的是动物、植物等生物进化和物种变异的理论,这一理论思想的简单类比,对于作为"技术产物"的电视媒介是否适用,有待商榷。换言之,电视媒介本来就是"人类劳动成果"或者"技术产物",并不属于"自然万物",其所处的媒介环境生态也是"人工自然"的"技术环境",并非生物学意义上的自然生态环境,从这一点来讲,"电视媒介进化论"的提法本身就是一种生物化的比拟,只是借用了达尔文进化论的概念而已。

德国媒介学的奠基者弗里德里希·基特勒曾敏锐地提出"媒介不是人体的延伸",矛头直指"多伦多学派"代表人物马歇尔·麦克卢汉,他在1996年的一次访谈中直言,"我并不相信这种古老的命题,即媒介是身体的假肢","我认为可以提出一个合理的假设:媒介的发展是独立于身体的"。[②] 在对媒介技术的历史性考察中,基特勒发现每一种媒介的发展其实只是在回应其他媒介的发展,而不是回应人类的身体感官的需求。与麦克卢汉的论断恰恰相反,在基特勒的理论框架中,人类的身体不再是"决定"媒介

---

① 〔英〕达尔文:《物种起源》,谢蕴贞译,伍献文、陈世骧校,中华书局,2012,第2页。
② 车致新:《媒介技术话语的谱系——基特勒思想研究》,北京大学出版社,2019,第24页。

技术的起因，而只是与媒介技术的独立发展过程相适应的一种结果。① 北京大学车致新博士在其《媒介技术话语的谱系——基特勒思想研究》一书中，认为有关人工智能的"话语"可归为四种基本类型。一是对于"人机大战"的想象，即"人工智能威胁论"。二是"身份政治"话语的技术变体，试图理解和同情机器人的"悲惨"处境。三是传统"人文主义"话语的延续，以"他者"的新媒介技术的创伤性"遭遇"为契机，重新提出种种自反性的古老命题。四是所谓"赛博格"或"后人类主义"话语，在其中人与机器共生共存，共同组成一个"分布式认知"的系统，超越了传统西方思想中的"人类中心主义"。基特勒的媒介技术思想，瞄准了上述四类话语中盲视的"历史性"维度，将人工智能的关注和研究从1956年的"达特茅斯会议"，提前到了"所使用的计算机技术已经'符合了智能的形式条件'的第二次世界大战"。② 由此可见，基特勒对于"媒介是人体的延伸"并不认同，对于人工智能也保持着将人类逐出人文科学的思想倾向。

《奇点临近》（The Singularity is Near）的作者、发明家雷·库兹韦尔，曾预测我们将于2040年甚至更早的时候到达奇点。③ 雷·库兹韦尔在与迈克尔·德图佐斯合著的《只有理性是不够的》一文中写道："考查未来技术影响时人们通常要经历三个不同阶段：首先是惊奇和敬畏，认识到技术解决人类社会多年痼疾的能力；随后是恐惧，因为这些技术将会带来全新的威胁；此后，我们希望随之而来的是找到一个唯一可行的、负责任的路线，设定一个审慎的方针，既可以实现技术的潜能，又能使威胁可控。"④ 对此，德图佐斯的回应是："要让技术为人类所用，就必须让它具备人性的特质。只有在强大的科技之外，我们还能唤醒人性，让理性的力量与我们的感情、行动和信仰合而为一，才能取得最佳结果。"⑤ 众所周知，库兹韦尔因阐述人工智能超越人类大脑的"奇点"这一概念而名声大噪，他与前麻省理工学院计算机科学实验室主任德图佐斯合著的这篇文章，主要观点更是对于新技术创新应用的人类主体性强调有加。正如乔治·戴森在《机器进化论》

---

① 车致新：《媒介技术话语的谱系——基特勒思想研究》，北京大学出版社，2019，第25页。
② 车致新：《媒介技术话语的谱系——基特勒思想研究》，北京大学出版社，2019，第198页。
③ 李婷：《人与机器共同进化》，电子工业出版社，2014，第16页。
④ 李婷：《人与机器共同进化》，电子工业出版社，2014，第141页。
⑤ 李婷：《人与机器共同进化》，电子工业出版社，2014，第145页。

(*Darwin Among the Machines*)中提出的:"生命和进化的游戏中有三个玩家:人类、自然和机器。我坚决站在自然一边。但是我怀疑,自然却站在机器一边。"[1] 综上所述,无论人类为媒介进化提供反馈的"循环链",还是自然生物的"进化论",抑或基特勒对"人类中心主义"的超越,甚至是库兹韦尔和德图佐斯强调有加的"人类的主体性",角度不同,视点不同,也都不能对人工智能与智慧广电建设完美适用,只能作为可资借鉴的理论和观点,留待更加深入的研究和思考。

三 人工智能将为智慧广电带来一场"智能革命"

百度公司创始人李彦宏认为,人工智能将会带来一场社会、经济与文化变革。百度大脑可以看作人工智能综合实力的一个典型,是云计算、大数据和人工智能的"三位一体",其中,"云计算是基础设施、大数据是燃料、人工智能是发动机"。[2] 李彦宏等在《智能革命——迎接人工智能时代的社会、经济与文化变革》一书中写道:"以前的电视机不会回应我们的喜怒哀乐,单线程成熟的视频网站正在耐心仔细地收集着我们的每一种反馈,不管是收藏还是下载,是关闭还是快进,都一一记录,然后利用大数据计算出我们的喜好、消费能力等各种指标。"[3] 作者还以美剧《纸牌屋》为例,说明大数据分析给影视带来的新变化。2016年,百度大脑通过大数据对用户进行精准画像,与电影《魔兽》出品方传奇影业合作,根据对海量用户的分析,将电影广告精准推荐给潜在观众,在中国票房大卖2.21亿美元。这些案例也形象地说明,人工智能、云计算、大数据等技术融合应用可以为视频行业发展带来巨大的技术驱动力。

中国广播电影电视社会组织联合会信息资源产业发展工作委员会副会长、湖南广播电视台经营与产业管理委员会副主任谢方认为,人工智能技术在智慧广电建设方面的应用主要体现在节目制作、内容分发、内部管理

---

[1] 见李婷《人与机器共同进化》,电子工业出版社,2014,第117页。
[2] 李彦宏等:《智能革命——迎接人工智能时代的社会、经济与文化变革》,中信出版集团,2017,第48页。
[3] 李彦宏等:《智能革命——迎接人工智能时代的社会、经济与文化变革》,中信出版集团,2017,第80页。

和广告经营方面，具体如下。① 其一，在节目制作上，智慧摄像、智慧编辑、智慧特技、智慧查询节目素材（通过语音识别、图像识别、环境识别查询节目素材），可以极大地提高节目生产效率，降低节目生产成本。其二，在内容分发上，通过大数据智能处理，根据受众喜好自动选择节目购买，智慧投放节目内容，智慧推送商品信息，节约受众搜索节目的时间，提高信息的传播效率。其三，在内部管理上，智慧管理干部人事，智慧选拔合适的人到合适的岗位任职，智慧评价人才等级，智慧核算生产成本，智慧优化资金使用，智慧优化设备调度，提高整个媒体网络的运营效益。其四，在广告经营上，运用人工智能把大数据玩好，将新媒体广告和卫视广告采用人工智能统筹管理，竭力发展亿万网民和数十万广告投放企业，取得媒体融合发展的决定性胜利。

在 2020 年 7 月举办的中国首届西京智媒体论坛上，中国人工智能学会智能传媒专业委员会主任曹鹏专门谈到了"视频智能"，指的是"AI+5G+区块链+……"等新媒体技术赋能的视频。具体表现如下。② 其一，内容形态：多模态、全媒体。其二，内容交互：3D 视频、游戏化、互动。其三，内容再现：超高清、实景。其四，内容生产：AI 全自动、AI 人机混合。其五，内容传播：舆情、版权、推荐。视频智能，可以实现基础素材自动化生产与检索，以及素材与内容的个性化分发，通过感知算法和特效系统，还可以实现 AR 特效广告植入、封面图自动生产、视频内容解构、交互功能等。这些也从视频的外延角度，反映出人工智能技术对视频智能发展的作用与影响。

回望人工智能与智慧广电建设的最新进展，2020 年各地广播电视网络公司加速"全国一网"进程，并将"智慧广电+5G"作为科技应用创新和未来发展方向。总之，人工智能在智慧广电建设的电视媒介进化过程中，必将与云计算、大数据、物联网、5G 等新媒体技术融合应用，促进电视媒介的数字化、移动化、智能化演进发展，真正实现电视媒介"物竞天择，适者生存"的进化。

---

① 谢方：《媒体多维产业与 AI 聚变》，中国广播影视出版社，2018，第 190 页。
② 根据笔者 2020 年 7 月 12 日在云端参加中国首届西京智媒体论坛时对曹鹏先生讲座 PPT 所做的整理。

第三节　协同和延伸：人工智能赋能媒体信息
传播的逻辑与趋向[①]

人工智能是计算机方向的一个重要分支学科，1956年美国达特茅斯会议上首次明确了人工智能这一概念的具体内涵，即研究、开发、创造出类似于人类大脑的"机器脑"，促使机器能够如人般思考、学习。[②] 随着时代的发展与技术的进步，当下的人工智能技术充分应用大数据、云计算等新一代信息技术，致力于在此基础上开发相应程序或电子设备来模拟、延伸、扩展人的智能。[③]

在传媒行业的发展进程中，技术作为一种结构性力量，始终扮演着驱动媒体业态、生态变革发展的重要角色。近年来，占据第四次科技革命核心位置的人工智能技术一再被列入我国发展的各项规划性文件中，作为"新基建"之一的人工智能，已然成为我国备受关注的重点发展领域。传媒行业内有关人工智能技术的研发与应用愈加常见，为传媒业信息传播的各个环节注入了更多鲜活的力量，不仅重构了媒体信息传播的主要流程，也在宏观上引发了传播生态的变革。本节立足于技术赋能媒体信息传播的视野，尝试结合当下颇具代表性的人工智能技术研发动态与媒体应用实践案例，从逻辑到理念全方位解读人工智能技术驱动下媒体信息传播的流程进化特征、生态变革逻辑，并在此基础上探索未来媒体智能传播的发展趋向。

一　智能协同，驱动媒体信息传播流程进化

信源、信道与信宿是信息传播链条上的三个重要节点。以自动化技术的介入，影响、提升信息传播效率始终是媒体广泛传播信息的重要手段。从当下诸多媒体的具体实践案例来看，人工智能技术已然渗透至媒体信息传播的各个环节，包括了数据采集、数据分析、内容创作、作品分发、终

[①] 本节主要内容发表在《新闻爱好者》2021年第9期，与河南大学广播电视专业硕士研究生郭京合作撰写。
[②] 尼克：《人工智能简史》，人民邮电出版社，2017，第6页。
[③] 张洪忠、石韦颖、刘力铭：《如何从技术逻辑认识人工智能对传媒业的影响》，《新闻界》2018年第2期。

端呈现等多个方面,分别在信源、信道、信宿三个节点处为媒体提供了契合应用场景的软硬件设备,驱动着信息传播全流程的智能化发展。

(一)信源:多维度采集与分析数据

在信息传播链中,信源端所涉及的对相关信息的采集、抓取与有效分析是推动链条运转的第一个节点,也是媒体传播内容得以产生的基础性原料。传统的信息采集主要依靠人自身的观察与感受,信息采集的维度不仅受人感知能力的限制,也被有限的观察领域束缚。5G、物联网等技术的飞速发展,带来了一个"万物皆媒,人媒共生"的泛媒化时代。[①] 由物联网、传感器带来的多终端数据,为媒体提供了丰富的数据资源。人工智能技术的介入与加持,能够帮助媒体在信源处开拓其资源环境,不仅使媒体得以抓取到大量仅凭人类感官难以识别的数据,同时也能协助媒体快速有效地分析、处理这些超越传统信息采集维度的海量资源。

具体而言,在信息采集环节,一方面,媒体可以利用传感器技术观察和提取人类感官无法"看"到、"听"到的声音和图像,进而丰富媒体信息采集的深度与广度;另一方面,图像识别、语音转换等智能硬件设备的研发也逐渐成为媒体从业人员现场采集信息的重要"帮手",例如,2021年两会期间亮相的科大讯飞公司的新产品"讯飞智能办公本X2",协同新华社记者在采编环节记录采访内容,并根据声纹智能区分记者提问与代表回答,在语音转文字功能的基础上拓展了分角色转写功能,帮助记者们抓取重要信息、快速输出新闻稿件。人民日报社推出的"智能眼镜",集5G智能采访、AI辅助创作等功能于一身,不仅可以同步拍摄、传送采访内容,还可以自动整理现场采集到的文字及视音频资料,解放了媒体记者的双手。在数据分析方面,不同渠道和终端获取的海量信息为人工处理带来很大难度,将媒体的部分职能让渡给具备强大运演功能的智能化技术,能够帮助媒体在规模庞大的数据库中快速分析、提炼重要内容与核心观点,持续追踪、监测相关新闻线索。例如,《人民日报》作为主流媒体之一,依托2019年末成立的传播内容认知国家重点实验室,致力于打造全新的采编机制,在内容传播与审核等方面精准发力,为媒体提供技术支持与发展指引。

---

① 高红波、陈成:《物联网对视频媒介进化的影响研究》,《新闻爱好者》2019年第4期。

（二）信道：便捷化制作与分发内容

媒体在信道环节对内容的编辑制作与有效分发是信息传播链上的关键之处。当下，人工智能技术参与媒体传播内容的编辑制作已成常态。智能程序或设备能够在深度学习的基础上，完成特定领域的文字、视频或音频内容的聚合、处理与生成，并通过对用户身份、个性、喜好及具体场景信息的收集，建立并把握立体化的用户画像，恰当地向用户推荐其感兴趣的内容，实现传播指向与用户需求的无缝对接。智能化技术在信道环节的深度参与，在很大程度上减轻了媒体从业人员的工作负担，媒体内容传播的有效性也得到了提升。

在内容制作方面，人工智能技术的研发与应用，实现了从微观工具、产品的设计至集多种功能于一身的智能创作平台的全面发展，为媒体编辑制作的各个环节提供了智能化程序和可行性方案。新华社推出的"快笔小新"、腾讯推出的"Dreamwriter"、微软推出的"小冰"等都是各大媒体根据特定领域需要研发的写稿机器人，AI写稿机器人能够用极短的时间产出多条高质量的报道文本。2019年国庆阅兵期间央视新闻所使用的AI智能剪辑技术，则是在视频制作中简化了编辑的工作。《人民日报》于2020年末推出的"创作大脑"，依托百度提供的"云+AI"技术支持，为媒体打造了一站式的智能创作平台，在信息策划、采集、编辑、审核及发布各个环节赋能媒体创作。而在作品分发方面的智能化主要体现在算法程序的设计上，算法能够根据现有数据，分析用户的个性与爱好，在匹配用户需求的基础上对海量信息进行个性化分发。较为典型的案例有具备上亿日活用户的App今日头条，今日头条的算法推荐系统发展至今，已经过四次迭代升级，今日头条算法系统的本质是通过用户、环境与资讯信息的有效匹配，提高用户对内容的满意度，系统会综合考虑内容与用户的相关度、时间地点等环境特征、内容的热度以及用户的协同特征等重要方面，为用户推荐相关内容。[①]

（三）信宿：沉浸式体验与感知信息

信宿是信息传播流程的最后一个环节。信息在不同技术的影响下完成

[①] 今日头条：《今日头条算法原理》，https://www.toutiao.com/a6511211182064402951/?channel=&source=search_tab。

生成、存储等步骤后，要真正存在于现实中，还需要经历对人"显现"的重要环节，唯有对人显现、被人读取的信息，才是在"信源—信道—信宿"的系统中，完整地实现了相应功能的信息。[1] 人工智能技术在信宿端的融入，主要体现在借助相关技术手段从信息呈现样态、话语交互设计方面入手加以创新，引起用户的兴趣，进而提升用户对所传播内容的感知程度。处于信息接收终端（信宿）的用户，对内容的感知、接受程度是判断媒体信息传播影响力的重要因素。

在信息呈现样态方面，智能化技术于后台提升媒体信息生产能力的同时，也颇为重视前台信息呈现样态的创新，数据可视化新闻、VR 新闻、AI 虚拟主播等全新的信息传播样态频频出现，驱动用户在智能技术构建的拟态环境中实现对媒体传播内容的沉浸式体验、感知。新华社自 2018 年与搜狗联合发布了全球首个 2D 的 AI 虚拟主播"新小浩"后，便持续对虚拟主播进行研发创新，分别在 2019 年、2020 年实现了虚拟主播从坐到站、从 2D 转 3D 的技术升级，更是在 2021 年全国两会期间结合新华社"新立方"智能演播室，实现了虚拟主播的多场景自由"穿越"。除新华社以外，央视网、光明网、长城新媒体集团、郑州晚报社等多家媒体也纷纷在 2021 年两会报道中应用了 AI 虚拟主播，虚拟主播们凭借能够与真人主播相媲美的业务能力，保证了信息生产的质量与信息传播的效率，为人们的观看体验注入了更多的新鲜感。与此同时，媒体在信息传播过程中开始更为注重话语表达、内容形态的贴近性，数据可视化新闻将枯燥的数据转化为动态可视的图表，VR 新闻将受众从传统的观看环境带入内容发生的第一现场，包括 AI 虚拟主播也在动作、情感等与表现力有关的方面不断升级，智能技术的深度赋能，旨在为信宿端的用户提供一个更加人性化、更具贴近性的虚拟体验空间。

二 层次延伸，引发媒体信息传播生态变革

媒体传播场域空间中的传播生态主要包含了信息技术、传播范式以及社会行为三个维度[2]，揭示三者的发展变化、相互之间的影响，是探索媒体

---

[1] 肖峰：《信息技术哲学》，华南理工大学出版社，2016，第 93 页。
[2] 〔美〕大卫·阿什德：《传播生态学：文化的控制范式》，邵志择译，华夏出版社，2003，第 8 页。

传播生态变革的重要思路。伴随着人工智能技术在媒体信息传播各环节的多元化应用，信息传播运行的系统结构与传播生态逐渐发生了不可低估的变化。以智能技术作为底层逻辑，媒体信息传播生态在延伸技术使用层次与拓展媒体传播思路的互动、碰撞中走向革新。

（一）技术层：从器官投影延伸至思维映射

技术哲学创始人卡普认为，各种技术工具就是人体器官的投影。[①] 以此为视角对技术进行划分，生产器具是人肢体器官的投影，而信息技术则是人感觉器官、思维器官的投影。人在进化的过程中，往往为了突破自身能力的局限性，不断地创新劳动工具。在信息传播领域，传播媒介在不同技术的支撑下，所经历的从报纸、广播、电视到互联网的进化，均是在不同侧面延伸了人感知信息的各项身体器官。发展到人工智能时代，媒介对人体器官的投影逐渐从身体器官延伸到思维器官，换言之，人工智能技术的研发是对人脑信息处理能力的模仿。

人工智能研发的内在机理便是模仿人的思维，相较于机械化的生产流水线，人工智能技术能够通过深度学习和训练进行自动化的内容生产与传播。智能技术应用的核心目标在于模仿人的智慧，从当下的写稿机器人、智能剪辑系统、算法分发系统等相关产品及解决方案的研发与应用中能够看出，目前人工智能技术的应用相对局限于特定的内容领域，且较多停留在内容创作的各个局部环节。例如，写稿机器人的创作范围主要集中在财经、体育等领域，面对其他报道对思想深度、情感温度的要求，暂时还难以满足，而现阶段的智能采编设备也往往是对信息传播流程中某个环节的专项替代。整体而言，弱人工智能时代，智能技术对人脑思维的模仿程度还停留在学习和计算的阶段，思考、判断能力有限，但已经能够窥见人工智能正在从感知智能向认知智能发展的具体形态。随着人工智能技术逐渐从感知智能走向认知智能，即将出现的"人工心智"新闻会在信息采集、生产、传播方面体现出比人工智能更为客观、真实、人性化的特点，是人工智能技术愈加心智化发展的高级阶段。[②] 与其他媒介技术相比，人工智能

[①] 〔美〕卡尔·米切姆：《技术哲学概论》，殷登祥等译，天津科学技术出版社，1999，第4页。
[②] 唐铮、湛超越：《人工心智新闻的概念、原理及应用价值》，《新闻爱好者》2021年第2期。

技术对人认识能力、计算能力的深层拓展，已经在技术层面奏响了媒体信息传播生态变革的序曲，发展到人工心智阶段，技术对人思维的高度模仿将会进一步推动传媒业业态、生态的变革。

(二) 范式层：从工业生产延伸至特色传播

传统媒体时代，受制于媒体传播技术的有限性与传播理念的公共性，受众的喜好、个性需求往往被忽视，传统媒体与受众之间呈现了从传者到受者单向传递信息流的状态，媒体在接收环节所能赋予受众的能动性非常有限。在"双向的、去中心化的交流"的第二媒介时代，受众能够及时地参与信息的反馈，个体的能动性开始随之增强，受众的个性化需求日益被激活，使其不再满足于传统的信息传播模式。

人工智能技术驱动、引导下的算法推荐系统，在一定程度上实现了受众"私人订制"的个性化信息流的传递。人工智能时代媒体更为重视受众的需求与反馈，价值取向的改变，推动着媒体传播范式逐渐从传统的大众化传播转向面对个人的特色化传播，算法推荐系统的支持，推动着受众的个性化需求不断迈向信息传播的价值中心。人工智能算法程序并非一成不变，而是根据受众不同维度的需求与习惯，在多重数据不断地反馈循环中有规律地进行调试，算法的精确程度与用户的使用次数成正比。算法带来的个性化、特色化传播为海量公共资源的有效分发提供了良好的解决方案，但从本质上看，公共传播领域的信息内容并未发生大的变化，算法推荐在满足受众个性化需求的同时，也可能会带来媒体传播公共性降低的风险。在受众群体细分的情况下，对相同内容进行语言风格上的差异化创作，为平衡受众个性与媒体传播公共性提供了思路。美联社已经开始尝试使用人工智能技术，深度学习不同语料库的语言风格。语言风格上的差异化处理，能够使同样的信息内容适应不同层次的人群，提高了受众对信息内容的接受程度。[①] 对同一信息内容的差异化处理，延伸了媒体传播从工业化生产转向特色化传播的内涵和外延。

---

① 喻国明等：《人工智能驱动下的智能传媒运作范式的考察——兼介美联社的智媒实践》，《江淮论坛》2017 年第 3 期。

（三）行为层：从获取信息延伸至虚拟社交

在传统的信息传播环境中，受众获取信息的方式以观察、学习为主。人工智能技术带来的智能化采集设备与社交化交流方式，使媒体在信息传递的过程中，为受众构建了一个开放的虚拟空间，受众获取信息的方式也从旁观转向参与，在感官与认知的双重刺激中与传者建立一种全新的虚拟社交关系。智能化技术的应用，引发了人与媒介之间交往手段、认知方式的变革。

媒体在采集信息内容时，将应用智能化设备采集到的"一手"信息资源直观呈现给受众，能够让受众在未经人为设计的、主观的观察角度中，将自己代入信息采集人员，把身体融入信息传播的初始环境当中。在2021年全国两会的相关报道中，广西日报社推出的以第一视角感受两会的相关内容在一众新闻报道中脱颖而出。广西日报社记者佩戴5G+AI双目眼镜进行采访，同时也邀请代表佩戴眼镜，让观众在第一视角中增强代入感，在虚拟空间中直接观察、参与两会。媒体在信息传播的过程中加入恰当的互动元素，能够使受众在对话中，与交流对象建立起虚拟的社交关系。社交机器人、对话新闻作为信息传播领域中全新的话语媒介，虽然目前智能化的程度有限，但已经能够使受众在虚拟社交所搭建的互动仪式中收获一定情感能量了。央视网在2021年全国两会期间推出的轻交互作品《AI助手带你走进部长通道》便是在信息传播环节加入了社交元素，构建了"我"与部长"直接对话"的虚拟社交空间，"部长回消息"的界面设计，提升了受众的参与感。当下人与人、人与媒介之间的虚拟交流程度日益深化，关系的建立便显得更加重要，社交元素的添加使信息内容具备了"未完成"感所带来的魅力，受众能够在虚拟的社交互动中获得强烈的参与感。

三 多重赋能，探索媒体智能传播发展趋向

人工智能技术的发展与嵌入媒体信息传播各环节的程度，几乎保持着同步的状态。以人工智能技术为引导，覆盖信息收集、生产、分发及接收全流程的媒体智能传播，正在逐渐发展为现阶段一种重要的信息传播形态，冲击、影响着当下媒体传播的格局。技术的发展与传播观念的更新，都推动着智能传播在传播伦理、边界、受众体验方面的协调与平衡中不断向前

发展，逐渐呈现出多主体、多层次融合赋能媒体传播的发展趋向。

（一）人机互补 伦理协调

人工智能技术在协同媒体传播信息的过程中，发挥了不可忽视的重要作用，不仅提升了媒体内容生产的质量与效率，还在很大程度上降低了制作过程中的人力成本，将大量的媒体从业者从机械、重复的工作中解放出来。但是人工智能技术在推动媒体传播系统变革的同时，也存在一定缺陷与局限性，人工智能技术时常会因算法程序缺陷、数据隐私泄露等问题，受到来自各方的质疑与问责。与此同时，人工智能在内容创作、创意生产等方面的局限性也愈加明显。

面对人工智能技术应用带来的伦理缺陷与创作局限，人的价值逐渐在相应问题的解决方案中得以凸显。人工介入、协同 AI 进行内容审核的双重保障形式，为算法程序的导向问题、虚假信息的传播问题、数据隐私的泄露问题等技术带来的伦理缺陷，提供了有效的解决方案。人工智能技术在信息创作中涉及情感维度、意义维度的创作局限性，也彰显了人在媒体信息传播中不可替代的价值。智能传播时代，人与技术在磨合中逐渐呈现出共融、共生的"人机协同"发展趋势。保罗·莱文森认为，"信息及其技术体现总体上是解放人、增加人的选择，而不是减少人的选择"。[1] 面对新技术带来的变革，人应该在积极拥抱变化的同时，始终保持冷静的思考，找到人与技术的新平衡点，以保证传播伦理的协调性。

（二）内外联动 边界消融

智能技术将传媒业打造成一个开放的系统，系统的开放与重构带来的是信息生产传受双方的内外联动、传媒行业与其他行业的内外联动、多元主体的复杂互动，它们推动着媒体传播的边界逐渐趋向消融。在信息生产方面，人工智能作为新技术进入信息生产环节，将会驱动生成全新的生产关系，传者、受者、信息被一同织进了互联互通的智能传播网络中，传统的传受关系被改写，信息生产系统的边界在消融。新的生产结构使每一个具有创新能力与专业性的受众，都能够凭借原创的内容进入媒体内容生产

---

[1] 〔美〕保罗·莱文森：《思想无羁》，何道宽译，南京大学出版社，2003，第 13 页。

领域，成为一位"信息传播者"，受众的参与度得到了有效地提升。同时，智能技术对受众信息反馈的重视，也使受众的个性化需求被传播主体接收并纳入新一轮的信息内容生产中。

在行业融合方面，传媒业智能化发展的背后是多个学科领域相关技术的研发与支持，而传媒业智能化发展的重要目的除更好地进行媒体信息内容的传播外，也在于通过自身发展，将智能传播手段应用到不同领域的社会实践场景中，在行业内外的联动中提高智能媒体的社会服务能力，实现传媒业的价值增值。例如，2020年3月国家广电总局发布的《新冠肺炎疫情防控 广播电视人工智能在行动》全面总结了广电媒体应用人工智能技术，于疫情防控期间在各个实践环节所做的重要贡献。由此可见，技术的发展并非媒体智能传播的最终目的，凭借智能化技术与不同行业联动，不断发展媒体的社会服务能力才是智能传播的重要诉求。

（三）虚实交织 感知平衡

智能化技术的应用，正在改变着媒体信息传播的具体形态，信息内容的情境化传播越来越常见，虚实交织的情境能够充分调动人的各项身体器官去感知信息。媒介是虚拟世界与现实环境的联结点，现实环境中的信息为虚拟世界的内容创作提供了原始性材料，而传播手段的升级则在更大程度上赋予了媒介还原现实信息的能力。人的意识能否深深嵌入媒介所塑造的虚拟信息情境中，往往与媒介提供的感知符号的丰富程度有关。

哈罗德·伊尼斯在《传播的偏向》中指出，传播往往具有一定偏向性，或偏重时间，或偏重空间。[1] 时空的偏向从本质上看，其实是人身体感觉与认知的不平衡，跨越时间的认知往往带来的是身体感官体验的缺失，而穿越空间的感官体验又将带来认知的无序感。当下媒体的智能传播，能够通过融合AI、VR等多种技术手段，在虚拟世界中完成对时间、空间的连接与重构。不同的时间可以重叠、虚拟与现实的空间可以交织，这种具备高度沉浸感的传播方式平衡了传播的偏向性。高度智能化的信息传播方式同时满足了人的多个感官体验，使受众在多重感官同时作用的基础上，回到真实事件发生的第一现场，"亲身经历"媒体传达的信息内容。未来媒体的智

---

[1] 〔加〕哈罗德·伊尼斯：《传播的偏向》，何道宽译，中国人民大学出版社，2003，第27页。

能传播，将更为重视虚实交织的沉浸式传播方式，致力于使受众在身体感觉器官的充分卷入中，更为有效地认知、把握媒体传播的主要内容。

四 小结

人工智能技术的发展日新月异，技术的有效赋能为媒体信息传播的各个环节注入了更加鲜活的"生命力"。尽管人工智能技术研究领域存在"奇点论"的争议，但是就当下的发展而言，我们所看到的人工智能技术对媒体传播带来的影响主要还是"成长""发展"的一面，在其"成长"的过程中，可能会出现各种各样的问题，而传媒业的发展进步与人类社会一样，都是在问题的不断发现与解决中向前行进的。未来的传媒业将在智能化技术的深度应用中重构传播流程、变革传播生态，虽然会有更多因素在不同程度上影响着媒体传播的公共性、专业性，但是人工智能赋能媒体传播的核心诉求始终是促进传媒业向好的方向发展。在这个过程中，媒体传播也在技术应用层次的深化中，不断突破原有的传播格局，逐渐发生着智能传播时代的全新转向，等待着人们用更积极的眼光和更审慎的思维去观察、把握。

第八章　5G 技术对电视媒介进化的影响

5G 技术为广播电视创新发展带来时空变幻。解构传播时间，改变用户行为；重构交互空间，搭建拟真场景。5G 将推动 4K、AI 等各项技术应用在广播电视节目的制作形式与制作内容方面深度融合。同时，广播电视传播渠道和终端也将迎来新一轮变革。未来，5G 技术终将助力广电媒体深度融合创新，全面提升用户交互式全息体验。

第一节　5G 赋能广电创新发展的理论思考与实现路径[①]

2019 年 3 月 6 日，国家广播电视总局副局长张宏森在出席广播电视科技工作高质量创新性发展座谈会时指出，推动广播电视高质量创新性发展是总局确定的 2019 年重点工作方向，当前广播电视科技工作面临全国有线电视网络整合和升级改造、广电特色 5G 网的组网运营、IPTV 的监测监管、推动媒体融合与县级融媒体中心建设、公共服务提质增效、建好用好管好广电大数据系统、提升现有广电资源效能和利用率、标准规范建设、科技工作的重心与科研选题定位、技术创新带动产业升级等十方面重大课题和关键任务，要聚焦科技工作的主题主线，把广电事业不断推向前进。[②] 在政策引导、市场需求以及技术的快速发展下，5G 大规模商用已近在眼前。未来，5G 技术的商用及市场化推广必将促进新媒体的改革发展，对于广播电视行业来说，新机遇与新挑战并存。

[①] 本节主要内容发表在《声屏世界》2019 年第 4 期。与河南大学广播电视专业硕士研究生杨娜娜合作撰写。

[②] 新浪新闻：《张宏森出席广播电视科技工作高质量创新性发展座谈会》，http://news.sina.com.cn/o/2019-03-12/doc-ihsxncvh1955703.shtml。

一　5G 技术为广播电视创新发展带来时空变幻

相对于 4G 技术，5G 技术将为人类带来前所未有的速度体验与时空感知。4G 的下载速度为 100Mbps，足够支持我们一般性的网络社交互动行为以及普遍需求。然而对于具有高速需求的 4K/8K 直播、VR 直播、VR 交互等内容而言，4G 的速度依然欠佳。美国著名媒介理论家保罗·莱文森在其著作《数字麦克卢汉：信息化新千纪指南》中提出了"补救性媒介"（remedial media）理论，认为新媒介是对过去媒介不足的补充与补救。[1] 5G 手机的问世在很大程度上便是对于 4G 手机在高速网络支持方面的补救。

5G 究竟能够为广播电视带来哪些变化？对广播电视媒体纵深融合起到什么作用？本部分试从 5G 的技术特点出发，予以探究。

（一）解构传播时间，改变用户行为

美国著名传播学者约书亚·梅罗维茨在《消失的地域：电子媒介对社会行为的影响》一书中将加拿大社会学家欧文·戈夫曼的"情境理论"与马歇尔·麦克卢汉的"媒介即讯息"理论相结合，认为新媒介的应用会改变传统交往场景，引发人类社会行为的变化。[2] 5G 作为新技术，解构的是我们对于时空的感知，从而影响和改变人类社交行为方式。

鉴往知今，从 1G 到 4G 的推广应用带来的变化值得回味。1G 模拟蜂窝网络带来了移动通信，2G 数字网络引入短信功能。人与人之间的短信交流，多以文字信息叙述为主，内容完整，逻辑清晰。3G 高速 IP 数据网络允许互联网接入移动终端。4G 全 IP 数据网络突破网速及流量局限，峰值传输速度达到 100Mbps，人际交互质量提升，成本降低。Facebook、Twitter、微博、微信等改变了人们既往的交互行为，转向以碎片化文字、词句甚至表情包为主的社交行为方式。5G 网络作为第五代通信技术，其峰值传输速度理论可达 10Gbps，是 4G 时代传输速度的数百倍，不仅可以实现人与人即时交互，还可以实现包括人与物即时交互、物与物即时交互、大数据即时交互

---

[1] 〔美〕保罗·莱文森：《数字麦克卢汉：信息化新千纪指南》，何道宽译，北京师范大学出版社，2014，第 27 页。
[2] 〔美〕约书亚·梅罗维茨：《消失的地域：电子媒介对社会行为的影响》，肖志军译，清华大学出版社，2002，第 39 页。

等，或引发新的应用情境及用户行为和用户习惯的改变。

广播电视媒体在 5G 时代，应把握受众的审美需求和行为变化，明确新时代受众的诉求，及时做出适应媒介环境变化的调整，优化用户体验，培养使用习惯，营造全媒体环境，创新节目形态，拓宽传播渠道，加速推进广播电视媒体与新兴媒体向纵深融合发展。

（二）重构交互空间，搭建拟真场景

美国作家罗伯特·斯考伯和谢尔·伊斯雷尔在《即将到来的场景时代》一书中提出：未来的 25 年，互联网将进入新的时代——场景时代。构成场景的五种元素是移动设备、社交媒体、大数据、传感器和定位系统。① 对于大数据、传感器以及定位系统而言，最需要突破的技术瓶颈是大数据的即时传达。目前，5G 超高速的通信能力解决了大数据即时传达的技术难题。其实，4G 通信时代，我们已经可以通过 H5 技术、VR 技术实现场景搭建功能，但其交互空间有较大局限性。未来媒介将以可穿戴设备的形式出现，实现视觉在场、听觉在场，甚至实时身体在场，交互情景更加逼真，全真模拟现实场景，实现拟真交互。由于 5G 的高速大数据传输能力，全感官场景切换也会更加自如便捷，拟真化的赛博空间将逐步扩展，深度的互联网虚拟时代也将随之到来。

5G 技术带来的拟真场景搭建技术与情境化的用户交互方式为广播电视创新发展提供新的契机。低时延、高速大容量、移动交互性能更好的 5G 网络使整体传播链条不再受时间、空间的场景限制，实现高适配度的即时传播。融合 5G 技术进行内容优化生产，优化传播方式，将会成为广播电视可持续发展创新的路径。

二 5G 技术赋能广播电视创新发展路径探析

2019 年信息技术相关行业纷纷为实现 5G 商用及 5G 技术跨界融合展开行动。大数据、云计算、人工智能、物联网等技术也与 5G 技术应用协同创新，人类通信面临着深刻变革。如何搭乘 5G 高速网络快车，实现广播电视

---

① 〔美〕罗伯特·斯考伯、谢尔·伊斯雷尔：《即将到来的场景时代》，赵乾坤、周宝曜译，北京联合出版公司，2014，第 11 页。

创新发展成为一项值得研究和探索的重要课题。笔者认为，5G 技术赋能广播电视创新发展，主要体现在信息传播形式与内容、传播渠道与终端等方面。

（一）5G 赋能广播电视传播形式与内容创新

随着新媒体技术应用，电视节目形式与内容不断发生变化。4K 高清直播、AI 人工智能合成主持人等不断涌现。可以预见，5G 将推动 4K、AI 等各项技术应用在广播电视节目的制作形式与制作内容方面深度融合。

2019 年全国两会期间，各地广播电视台积极应用 5G、4K、AI 等新技术，进行融媒新闻内容制作与生产。主流媒体凭借优质资源，加快进军融媒阵地，市县级融媒中心协同发力，给用户带来沉浸式融媒直播的新体验，全国两会报道正式进入 5G 时代。中央广播电视总台 5G 新媒体平台在 2019 年两会报道期间也正式投入使用，其在两会开幕前期就已经成功实现 4K 超高清视频集成制作，将生产的新闻内容通过 5G 网络实时回传至总台的 5G 媒体应用实验室。山东台与江苏台在两会期间也较早采用了 5G 传输技术，推进技术应用创新。2019 年全国两会融媒体报道中，各大媒体对于 "4K+5G+AI" 聚合技术的全面应用，标志着智能融合媒体雏形已现，未来伴随新媒体技术的不断发展，智能电视也将进一步升级，在增强用户多元感官体验的同时，带给电视行业新的发展契机。

此外，2019 年 3 月 2 日，中央广播电视总台与广东省人民政府在北京签约，中央广播电视总台将在广州设立粤港澳大湾区总部、广东总站，在深圳设立大湾区新闻采编中心进行内容生产与制作，并与其在 5G 新媒体技术、4K 超高清频道落地、4K/8K 节目技术研发与超高清产业转化等方面展开深入合作，或将引领广电节目形式与内容的多元化发展。

（二）5G 赋能广播电视传播渠道与终端创新

传统广播电视的传播渠道主要是通过广播系统以及有线电视网络进行内容传播，传播终端也多体现在收音机以及电视机两个方面。4G 移动互联网时代，广播电视传播渠道及传播终端的内涵和外延都发生了变化。在媒体融合的大形势下，广播电视节目除了通过通信网、电视网等物理渠道发送至终端，还通过虚拟互联网传播内容，包括各类网站、手机 App、社交媒体账号等。传播终端作为传播内容呈现的出口以及用户接收讯息的入口，也由收音机、电视机等扩展到电脑、手机、平板等。如今，5G 超高速移动通信网络时代已经到来，广播电视传播渠道和终端又将发生新一轮的变革。

工信部部长苗圩在 2019 年初表示，我国将给部分地区发放 5G 临时牌照，推动 5G 规模组网。2019 年下半年，国内有望商业化推出 5G 手机、5G iPad 等产品。① 国内三大运营商 5G 建设加速，计划 2019 年内实现 5G 组网。临时牌照的发放标志着组网预期逐步落地，5G 传播渠道的物理架构即将全面展开，终端服务产品也将很快面世。

2019 年 3 月 10 日，新华社客户端在梅地亚两会新闻中心，对全国政协十三届二次会议第三场记者会成功地进行了 5G 手机全链条直播报道。5G 直播报道除了要借助于 5G 网络传输渠道与 5G 手机传播终端外，还要借助新华社整体部署以及技术部门对 5G 网络信息传输渠道的测试与保障。② 据了解，新华社客户端现场新闻开启 5G 手机全链条直播，用户可直接在 5G 手机传播终端观看现场直播，感受 5G 高清拍摄带来的即时新闻报道新体验。山东广播电视台"闪电新闻"客户端在全国两会期间联合山东联通、山东广电视觉科技、华为、山东广电信通等技术企业，形成"5G+VR"多维超清信号全覆盖，真正实现全息媒体、全效媒体。2019 年 3 月，山东省广播电视局发文明确指出，要做强广电网络，不断推进广电网络智能化，积极申请国家 5G 试验网建设，争取先行试点。

三　5G 技术赋能广播电视创新发展趋势

5G 时代的开启对于广播电视来说，是转型升级的良机。在新技术环境包围下，广播电视也将融合创新探寻出路，在媒体转型过程中抢占先机。

（一）深度融合创新，拓展融媒方式

广播电视与 5G 技术的深度融合不仅在于信息的传播接收等方面，也包括在 5G 推动下与物联网、大数据、云计算等多元技术的融合创新应用。广

---

① 新浪网：《工信部部长苗圩表示：将会发放 5G 临时牌照》，http://edu.sina.com.cn/bschool/2019-01-11/doc-ihqfskcn6070120.shtml。
② 中国记协网：《今年两会，梅地亚 5G 全覆盖》，http://www.xinhuanet.com//zgjx/2019-03/01/c_137859525.htm。

播电视与 5G 的深度融合，包括节目内容制作方式融合、渠道拓展创新，终端融合，升级用户体验等。作为现阶段交互性最强、用户使用频率最高的信息传播终端，手机是大众关注的技术焦点。5G 时代，深层挖掘内容与各类终端的适配度（比如竖屏视频等内容），深度融合创新，拓展融媒方式，争夺用户资源，将成为广播电视创新发展的新趋势。

（二）深层用户交互，提升全息体验

提升交互性与用户体验感是媒体创新发展最主要的实现内容。用户作为传播内容终端输出的最终接收群体以及实现优质媒介效果最主要的影响因素，一直以来是各个媒体争相竞争的资源与最终服务对象。如何更好地提升用户体验，培养用户黏性是传媒业界及学界持续关注的重要课题。5G 时代，大数据、传感器等技术的融合应用，可赋能城市管理、智能家居等多个领域，配合 VR 技术还可以构建虚拟在线互动场景，实现身体虚拟在线等技术畅想。用户交互更加深入，视听体验进一步增强，用户体验更加全息化，用户黏性也将获得提升。除此之外，广播电视还可以在 5G 基础上进行多方面功能的开发挖掘，创新内容生产方式，多方面融合创新，提升场景搭建功能，从而更好地吸引用户、服务用户。

第二节　5G 前景下智慧广电有效参与社会治理的路径探析[①]

5G 时代呼之欲出，智慧广电建设如火如荼，媒体融合的传媒业改革正在向纵深发展。在此背景下，广播电视节目如何才能有效参与社会治理，在媒介化社会中保持其强大的社会影响力，成为亟须思考和探究的问题。笔者认为，"坚持问政、公共服务、移动优先、技术引领"是破解这一问题的良策。

一　坚持问政：占据新型主流媒体高地

2019 新年伊始，有关"电视问政"的新闻在全国各地频频出现。陕西西安某交通局长在电视问政节目中被怼后已被停职；吉林长春对"电视问

---

① 本节主要内容发表在《现代视听》2019 年第 3 期。

政"曝光问题问责 70 人；山东创新"公开监督"机制，将推行"电视问政""网络问政"；浙江温州电视台《电视问政》《新政聚焦》《对话局长》等节目将开展专题舆论监督，推动解决一批突出问题。媒体问政的热潮及其焦点新闻，引发社会各界热议和关注，彰显出新媒体时代电视媒介坚守主流媒体阵地的责任与担当。

我国广播电视舆论监督节目兴办的热潮，可以追溯到广播"珠江模式"改革后，热线电话引入大时段版块直播节目。各地电台兴办的《市政热线》《行风热线》等一大批广播热线直播节目，受理听众热线电话咨询投诉，成为政府与群众沟通的桥梁和纽带。1994 年，中央电视台新闻评论节目《焦点访谈》横空出世，陆续推出《"罚"要依法》《巨额粮款化为水》《追踪矿难瞒报真相》等一批社会影响力强劲的节目，成为全国广播电视新闻舆论监督的翘楚。1998 年，国家领导人朱镕基赠言《焦点访谈》："舆论监督，群众喉舌，政府镜鉴，改革尖兵。"值得一提的是，20 世纪 90 年代在全国各地兴起的这一批广播电视舆论监督节目，因为选题重大、制作精良，能够针砭时弊，社会影响力大，很多都在中国新闻奖评选中荣获"中国新闻名专栏"。如河南电视台《中原焦点》，河南人民广播电台《政府在线》等。

2011 年，武汉电视台推出《电视问政》节目，运用电视直播形式，由被问政对象简短陈述，现场观众互动"打分"。"电视问政"堪称广播电视舆论监督节目形态的新发展，仿效者众多，一经问世，迅速风靡全国。据不完全统计，截至 2016 年 3 月，已有湖南、广东、河南、浙江、宁夏、江苏、陕西等 25 个省、自治区、直辖市的几十家电视台相继推出电视问政类节目。有学者评价其为"治政理事的新模式"。①

新媒体时代，"互联网+电视"如何成为新型主流媒体，这个问题见仁见智，站在不同的层面，答案往往各异。中央电视台原台长杨伟光曾反思央视内容定位从"娱乐工具"到"新闻立台"转变的主流媒体之路，认为 IPTV 要想从新媒体发展为主流媒体，必须大大增加新闻性内容，并应"在弘扬社会正气、通达社情民意、引导社会热点、疏导公众情绪、搞好舆论

---

① 陈磊、陈佳韵：《25 省份已开播电视问政节目 如何避免"真人秀"》，《法制日报》2016 年 3 月 30 日。

监督和保障人民知情权、参与权、表达权、监督权等方面发挥重要作用"。[①]鉴往知今,"新闻立台"曾为电视晋升主流媒体提供了丰厚的政治资源,在媒体纵深融合的今天,"新闻立台"依然是把握舆论引导权的关键所在。

简言之,新闻不是政治,但新闻离不开政治。新闻工作既是政治性很强的业务,又是业务性很强的政治。广播电视新闻报道发挥好舆论引导、舆论推动和舆论监督的作用,不仅能为广播电视发展提供良好的政治环境,也能为广播电视传播提供更多的政治资源。广播电视应该成为新时代社会主义政治文明的推动者和建设者。[②] 在 5G 前景下智慧广电建设的征程中,广播电视节目有效参与社会治理,占据新型主流媒体高地的首要一条应该是"坚持问政",防止被新兴媒体边缘化。

二 公共服务:智慧广电社会治理路经

在媒体融合纵深发展的新阶段,公共服务是保持广播电视节目公信力和社会影响力的重要保证,也是新媒体时代广播电视传播的核心价值所在。即使在 5G 带来的移动网络新时代,也应注重广播电视节目内容的公共性。新媒体时代,手机的个性化服务,视听网站的娱乐化生态,都不能替代国有广播电视台的公共服务,抓住了公共服务这个"牛鼻子",广播电视节目有效参与社会治理的路径也就清晰可见了。要言之,公共服务是广播电视与新兴媒体融合发展、智慧广电参与社会治理的必由之路。

2018 年 11 月 22 日,国家广电总局局长聂辰席在推进全国"智慧广电"建设现场会上讲话,指出:"智慧广电建设是以全面提升广播电视业务能力为目标,以有线、无线、卫星、互联网等多种手段协同承载为依托,以云计算、大数据、物联网、IPv6、人工智能等综合数字信息技术为支撑,实现广播电视智慧化生产、智慧化传播、智慧化服务和智慧化监管,着力提供无所不在、无时不在的高质量广播电视服务,更好地肩负起广播电视在新时代的重大职责使命。这是广播电视继数字化、网络化发展之后又一轮重大技术革新与转型升级。面对新形势新任务新要求,加快推进智慧广电建

[①] 杨伟光:《我在央视当台长》,新星出版社,2017,第 292 页。
[②] 张振华等:《中国广播电视学》,中国国际广播出版社,2018,第 71 页。

设势在必行,意义重大。"①

2019年1月15日,中宣部、国家广电总局发布实施的《县级融媒体中心建设规范》指出,广播电视内容创新应按照"媒体+"的理念,"从单纯的新闻宣传向公共服务领域拓展",开展"媒体+政务""媒体+服务"等业务,包括为本地用户提供民生新闻、便民查询、便民支付、医疗服务、周边服务、社交传播、专家咨询、健康养老、智慧社区等。作为我国媒体深化改革向纵深发展阶段的县级融媒体中心建设规范,这一文件对我国县级广播电视节目内容创新的方向颇具前沿指导性。据笔者对河南省项城融媒体中心等典型示范单位的实地考察调研,县级融媒体中心的建设基本是在原有的广播电视台基础上的整合发展与创新。县级融媒体中心业务"从单纯的新闻宣传向公共服务领域拓展",提供政务服务、民生服务,比如运用物联网传感技术对于市政路灯照明、窨井盖安全状况的实时监测等,其实质是增强媒体的公共服务功能,提升媒体对于百姓生活的"有用性",客观上为广播电视节目参与社会治理开启了便捷的通道。

概括而言,在智慧广电发展建设和媒体融合纵深发展的过程中,公共服务将成为广播电视节目有效参与社会治理的必由之路,这既是国有广播电视台相较商业视听网站和私密手机媒介的独特优势,同时也是广播电视融合应用新兴媒体技术保持和扩大社会影响力的不二法门。此类节目的策划、采集和制作,可以在公共服务目标指引下,充分运用大数据等新媒体技术,创新节目内容和形态,实现广电节目"智慧化"地参与社会服务和社会治理。

三 移动优先:广电新兴媒体融合共识

在传统媒体与新兴媒体融合发展的传媒业深化改革过程中,"移动优先"的表述,最早出现于2017年1月5日中宣部部长刘奇葆在推进媒体深度融合工作座谈会上的讲话中,原文如下:"可以预见,随着5G、人工智能、可穿戴设备等技术的不断演进,移动媒体必将进入加速发展的新阶段。推动媒体融合发展,必须顺应移动化大趋势,强化移动优先意识,实施移

---

① 聂辰席:《在推进全国"智慧广电"建设现场会上的讲话》,http://www.nrta.gov.cn/art/2018/11/26/art_183_39776.html。

动优先战略。"① 2018年11月，国家广电总局发布《关于促进智慧广电发展的指导意见》，在智慧广电的重点任务描述中，指出应"突出移动优先策略"。2019年1月，中宣部、国家广电总局《县级融媒体中心建设规范》"总体要求"的第一条就是："应按照移动优先的原则，利用移动传播技术，形成渠道丰富、覆盖广泛、传播有效、可管可控的移动传播矩阵。"在"总体框架"部分，还明确指出："县级融媒体中心应充分依托云计算、大数据等技术，适应移动互联网，特别是5G的发展"，"完成统一的信息采集，音频、视频、图文等多种媒体格式的内容编辑和格式适配，具备面向多渠道、多种终端的发布能力"。至此，"移动优先"战略一脉相承，成为我国广播电视与新兴媒体融合发展深化改革的共识。

"5G"即"第五代移动通信技术"，于2019年商用。如果说3G让手机视频普及起来，4G促使手机视频智能互动，5G时代手机视频则面临着跨界跨屏的飞跃。手机微信朋友圈近期流传着一则日本总务省发布的视频短片《联结5G以后的世界》，形象化地展示了5G时代日常生活的变化，比如可以一边开车一边语音选择播放与所经过路途景色相匹配的音乐，智能手表在语言不通的异国人之间可以实现智能化的同步语音翻译功能，万物皆媒的视频传输和视频同步直播，VR眼镜在金婚庆典上实现的虚拟现实、增强现实乐队演唱等。正如葡萄牙学者Jonathan Rodriguez在其编著的《5G：开启移动网络新时代》一书中所言："5G并不仅仅是一项新技术，而是一个通过无线网络协同工作为终端用户提供无缝通信媒介的技术生态系统。"② 5G时代，广播电视节目只有在"移动优先"的战略基础上充分融合人工智能、虚拟现实等技术，才能实现物联网、车联网等新媒体服务，切实影响人们的日常生活，为其进一步有效参与社会治理创造条件。

基于"移动优先"战略的号召，国内众多广电媒体机构积极发展移动新媒体应用，如中央广播电视台的"央视影音"、江苏广电总台的"荔枝新闻"、广东广播电视台的"触电新闻"、苏州广电总台的"无线苏州"、长沙广电集团的"智慧长沙"等。③ 据2019年2月28日中国互联网络信息中心

---

① 刘奇葆：《推进媒体深度融合 打造新型主流媒体》，《人民日报》2017年1月11日，第6版。
② 〔葡萄牙〕Jonathan Rodriguez：《5G：开启移动网络新时代》，江甲沫等译，中国工信出版集团，2016，第5页。
③ 何宗就：《2016—2017中国电视媒体融合发展报告》，中国广播影视出版社，2017，第107页。

（CNNIC）发布的第 43 次《中国互联网络发展状况统计报告》，截至 2018 年底，我国网民数量为 8.29 亿，手机网民 8.17 亿，手机上网比例为 98.6%。① 在这样的背景下，5G 商用呼之欲出，广播电视节目内容创新"移动优先"战略的重要性更加凸显。如果不能牢牢抓住 5G 时代的广大移动互联网受众，广播电视节目有效参与社会治理的目标只能是镜花水月。

四 技术引领：助力广播电视媒介进化

从技术哲学的视角来看，技术的本质是目标指引下的人类劳动；站在媒介进化论的角度，媒介的每一次"进化"都是技术创新与应用的结果。所谓"广播电视媒介进化"，其实质是广播电视媒介在新媒体技术环境下的"适者生存"。不仅媒介需要适应技术生态环境的变化，广播电视节目内容的创新也应该努力适应媒介生态变化。

当前，我国"互联网+电视"的内容融合创新中，涌现出微电影、网络剧、微视频、融媒报道、网络直播、网络综艺等新媒体节目形态，其"新平台、新技术、新形态、新互动"特征明显。比如弹幕评论、TV 集市、互动剧、富媒体广告等。尤其是在 5G 时代，手机视频更将进入移动互联网和物联网时代，社交互动的内容创新特征将越发明显。在新媒体技术引领中，加强与受众之间的社交互动，增强受众对节目的接受率和参与性，也将是 5G 前景下智慧广电有效参与社会治理的重要路径。

2019 年春节期间热映的科幻电影《流浪地球》中"全球应急广播"的片段，把广播电视节目参与社会治理的功能演绎到了极限。当地球和木星即将相撞，人类即将灭亡，联合政府决定放弃拯救地球之际，中国女孩韩朵朵声情并茂的一段"应急广播"，唤起了各国绝望撤离的救援队员们最后一丝希望，他们纷纷返回支援，成功挽救了人类文明，最终实现了"带着地球去流浪"的家国情怀。试问，有什么样的社会治理，可以抵得上"拯救地球"呢？

最后，笔者需要特别强调和说明的是："媒介不是万能的！"社会治理是一个涉及政治、经济、文化、科技等多领域的综合话题，相比经济政策、

---

① 中国互联网络信息中心（CNNIC）：《中国互联网络发展状况统计报告》（第 43 次），2019 年 2 月 28 日。

法律法规等，媒介只是社会治理中作用有限的"软实力"和"巧实力"。正视这一点，对于5G前景下智慧广电有效参与社会治理路径探析的期待和展望，也将会保持在适当合理的范围之内。

第三节 5G时代手机视频的奥运传播研究：以央视频为例①

奥林匹克运动会是全球性的重要体育赛事，赛事规模高、影响力大，吸引着世界各国观众的注意力。2021年7月23日至8月8日，在日本东京举办的第32届夏季奥林匹克运动会，无疑是最为特殊的一届奥运会。因为受到新冠肺炎疫情影响，此次奥运赛事不仅在时间上延期了一年，而且为疫情防控起见，各赛场均不允许现场观众参加，奥运赛事成为运动员们在摄影机镜头下的"表演赛"。5G时代，无数"云端观众"通过"手机屏幕"和"电视电脑荧屏"云端会聚，手机视频在奥运赛事传播中的作用和价值进一步彰显。

中央广播电视总台5G新媒体平台"央视频"成为奥运赛事直播的新典范。调查数据显示，东京奥运会期间，央视频凭借优质内容和有效互动，各项数据指标屡创新高，赛事视频观看量累计达25.8亿人次，单日视频观看量突破3亿人次。② 本节以央视频的奥运传播为典型案例，分析央视频在东京奥运会传播中的创新表现，探讨5G时代手机视频奥运传播的新特征与新理念。

一 移动优先：手机视频奥运传播的时代语境

随着移动互联网的飞速发展与5G网络的规模商用，手机媒体视频传播的限制性越来越小，极强的便携性、实时性等原生态优势使其开始成为奥运传播的重要渠道，媒体融合的"移动优先"原则也显现出来。央视频的

---

① 本节内容为2021年度教育部人文社科规划基金项目"技术哲学视域下的视听媒介进化研究"［项目批准号：21YJA860004］阶段性成果。与项目课题组成员郭京和河南大学新闻与传播学院广播电视编导专业本科生王宝奕合作撰写。本节主要内容发表在《电视研究》2021年第12期。

② 中央广播电视总台总经理室：《8.83亿观众规模！中央广播电视总台2020东京奥运会传播战报来啦!》，https://1118.cctv.com/2021/08/13/ARTIy4w1Ud1GmQoD6NwzXPUR210813.shtml。

东京奥运赛事传播在技术运用、内容制作思路及传播模式等方面不断创新，其背后的媒介机理正是从理念到实践的移动优先策略。

（一）"5G+4K/8K+AI"：信息技术进化带动奥运传播载体变革

手机视频大举进入奥运赛事传播始于2008年的北京奥运会，彼时的3G网络快速发展、手机配置不断升级，在此基础上中国中央电视台与电信运营商通力合作，为观众带来了新的赛事传播载体"手机电视"，在手机移动端引入多个央视奥运直播频道，成功完成了奥运体育赛事在手机等移动端的首次系统性呈现。2012年伦敦奥运会与2016年里约奥运会除延续移动端赛事视频的转播外，在3G与4G网络的支撑下开始出现移动端首发的赛事"周边"视频，进一步丰富了移动端奥运传播的深度与广度，手机媒体的即时性与社交性优势也更为突出。

2020东京奥运会举办之际，我国5G技术发展业已进入规模化商用阶段，5G高速率、低时延的传播特性，为赛事视频在移动端的传播提供了传播速度、视频质量、观赛体验全面升级的重要原动力。央视频作为总台基于"5G+4K/8K+AI"技术战略布局下推出的综合性视听新媒体旗舰平台，在东京奥运会的赛事传播中充分发挥总台的技术优势与资源优势。奥运会期间，央视频不仅能够在移动端连接总台电视端所有的频道资源，提供无时延的电视直播内容，还设置了奥运直播专区，在专区为用户提供传统电视媒体频道转播内容以外的4000多场赛事直播，4K超高清技术也让央视频用户的观赛体验全新升级。技术创新应用为手机视频奥运传播提供了移动优先的基础语境。

（二）"云思维"：媒体深度融合推动奥运传播理念更新

据第47次《中国互联网络发展状况统计报告》，截至2020年12月，我国网民规模已达9.89亿，其中手机网民规模为9.86亿。① 网络的高覆盖率与新传播媒介的快速发展使传统的媒体传播格局逐渐被打破，随之而来的是传播主体话语权的重新调整。央视频运用"云思维"在移动端对东京奥

---

① 中国互联网络信息中心：《中国互联网络发展状况统计报告》（第47次），http://cnnic.cn/gywm/xwzx/rdxw/20172017_7084/202102/t20210203_71364.htm。

运赛事的创新传播,成为手机视频传播话语权增强,传统媒体与新兴媒体深度融合的生动案例。

东京奥运会期间,"来央视频,看奥运会"成为中央广播电视总台新媒体运营的响亮口号。为了适应移动端对赛事传播的新要求,中央广播电视总台充分运用"云思维"在央视频为观众呈现了一场"云端奥运会"。在内部技术架构上,央视频利用云服务变革传播流程与信息传递方式,手机端与电视端同步共享最新的赛事内容数据,这为央视频内容资源的丰富性以及传播的即时性提供了最基本的保障。除完整传播奥运赛事视频外,央视频还以移动端的传播逻辑为引导,制作、整理并推送了诸多赛事相关的衍生节目和爆款短视频,成功地将手机视频奥运传播从作为传统媒体内容的二次传播渠道,转变为奥运传播新的流量增长极。

(三)"随时+随地":受众习惯变化要求奥运传播模式升级

据路透社报道,美国电视转播商 NBC Universal 公布的数据显示,就东京奥运会开幕式转播而言,1690 万的美国电视收视人数相较于前两届奥运会分别减少了 37% 和 59%,创下了 33 年来收视人数的新低。类似的情况在法国、英国等欧洲国家的电视转播中也有出现。与此同时,反观流媒体平台的相关数据却非常可观,奥运会开幕式中 NBC 的流媒体应用程序 NBC Sports 的用户观看量较 2016 年的里约奥运会提高了 72%,对于 NBC 今年主推的数字平台 Peacock 而言,奥运会也被视为推动其用户数增长的重要动能。[①] 与此相应,东京奥运会期间,我国移动端应用程序央视频的各项数据屡创新高。虽然欧美地区观众可能受时差影响,对赛事的关注度有所降低,但是通过移动端数据的攀升依然能够清晰地感受到,奥运赛事本身对受众的吸引力并未降低,只是电视端的收视率被移动媒体大量分流了,人们对移动端的赛事传播有着强烈的观看需求。

手机视频奥运传播的核心优势主要在于它能够打破时空限制,及时、便捷地向用户传递信息。东京奥运会期间,央视频平台吸引大量用户下载、

---

① Reuters:"Tokyo Olympics opening draws 16.7 million U.S. TV viewers, a 33-year low," https://www.reuters.com/lifestyle/sports/tokyo-olympics-opening-drew-167-mln-tv-viewers-nbcuniversal-2021-07-24/.

使用甚至注册会员账号的原因，不仅在于它能够完整观看所有的赛事内容，更在于它充分满足了当下受众想要"随时随地看奥运"的需求。

二　高质高效：手机视频奥运传播的创新特征

借助东京奥运会的赛事推动，央视频在奥运赛事期间实现了会员量超百万人、App 累计下载量超 3 亿次的全新突破。[①] 央视频在移动端通过创新实践实现了高质量内容的高效率传播。

（一）系统性："全量+衍生"高清呈现奥运赛事

央视频平台在 5G 技术的支撑下，以手机为媒介，以视频为核心，以直播模式为主、短视频精彩片段为辅，系统呈现丰富多彩的赛事内容。东京奥运会期间，央视频平台奥运传播的系统性特征尤为突出，这主要体现在其逻辑清晰的传播思路与内容丰富的生态建构中，并实现了用户观赛体验的全面升级。

东京奥运会期间，央视频平台依托总台丰富的内容资源，不仅为用户呈现了"全量"的赛事内容，还提供了围绕赛事核心内容制作的、不同类型的相关"衍生"节目，力图为移动端用户提供一个实时、全面、高清的奥运盛会。其中，"全量"赛事内容是包含奥运会所有大小项目在内的、场次数量超过 7000 的赛事直播，相较于往届奥运会中通过手机接收电视信号、通过移动客户端直播所有中国运动员参与的比赛而言，央视频提供的"全量"赛事内容创造了移动端赛事直播场次的新纪录。央视频平台中与奥运相关的"衍生"节目更是丰富多彩，既有以视频号形式入驻央视频后与电视端同步直播的《全景奥运》《荣誉殿堂》等老牌节目，也有类似于《晴空塔上看东京》这样的东京风景慢直播节目，除此之外，央视频还充分利用总台的前方报道团队获取大量的一手内容和独家资讯用以充实平台内容，央视频平台丰富多样的"衍生"内容分别在信息、情感等多重维度上满足着受众的观赛需求。

[①] 李雪昆：《大小屏看奥运，收视究竟多热》，《中国新闻出版广电报》2021 年 8 月 2 日，第 003 版。

（二）互动性："评论+发帖"共同搭建奥运社区

央视频在奥运赛事的传播中凭借平台自身的互动、社交功能版块巧妙设置媒介议程，以形式多样的交流与互动进行社交侧的运营，为共同关注奥运赛事的用户们提供了搭建奥运社区的可能。

央视频在奥运赛事直播中设置"评论"区，供观赛用户们评论、沟通、即时互动。"评论"版块满足了用户们在观看直播过程中的情感宣泄与交流互动需求，通过手机实现"技术具身"的用户们适时地进行情感表达与连接互动，使声声喝彩能够得到及时回应，同频共振的赛事直播气氛也让移动端的用户们在一定程度上拥有了与电视大屏观赛时一致的体验感。奥运会期间，央视频还充分利用平台的"央友圈"版块设置"中国队加油专区"话题圈，号召用户在话题圈中"发帖"，参与赛事的讨论与互动。话题圈中有中央广播电视总台在奥运第一现场的记者，实时发布、更新赛事信息，也有普通的平台用户，在话题圈中"发帖"讨论赛事、呐喊助威，虚拟的交流与互动推动着用户在情感能量的反复获取中，更加积极主动地参与奥运赛事的传播活动，极具社交属性的"央友圈"也在广大用户的共同参与中真正成为讨论奥运、关注奥运的线上社区。

（三）个性化："预约+推荐"私人订制奥运资讯

手机媒体点对点的传播方式，为奥运赛事的个性化传播提供了可能。随着5G、人工智能等新一代信息技术的快速发展，当下的受众尤其是年轻受众面对的是更加多元的传播媒介与更为丰富的内容资讯，受众拥有了更多自主选择渠道、内容的权利与意识。在东京奥运会的赛事传播中，央视频从内在的节目单设计、观赛视角选择到外在的奥运相关视频的推送等多个方面入手，为平台用户在观赛、获取资讯的过程中提供了更自由的选择方式。赛事内容的精准供给在满足受众个性化需求的同时，也在一定程度上为央视频平台赛事内容的高效传播提供了动力。根据笔者对央视频赛事直播的截图资料，东京奥运会乒乓球女子团体决赛的央视频手机直播终端有856.8万人次观看，女子4×100米决赛的央视频手机视频直播终端观看数据为529.9万人次，手机视频奥运传播的巨大影响力由此可见。

奥运赛事期间，央视频首页"奥运会"专版中间部位的视觉中心处设有直播预约功能，进入"预约"界面后，央视频将所有直播内容按赛事类别、参赛队地区、国家、比赛日期等进行分类，并将其作为用户直播预约的预筛选条件，每位用户可以根据自己的需求与喜好筛选赛事内容，筛选完成后即可一键预约，生成个人专属的"电子节目单"，可选择的媒介内容使用户的个性化需求得到充分满足。在奥运相关资讯的获取方面，央视频在推送公共资源时也结合了智能推荐的方式，将公共领域的优质资源较为精准地匹配给用户，既保证了优质内容的有效传播，也照顾到用户的个性化需求，当媒体的传播指向与用户的需求高度匹配时，平台便实现了优质内容高效传播的目的。

三　重建重塑：手机视频奥运传播的理念逻辑

5G 时代的手机视频，已凭借新的传播特征发展为奥运传播中重要的流量增长极。透过央视频对东京奥运会传播的典型案例，笔者能够清晰感受到，传统媒体与新媒体融合发展推动下的手机视频，正在以全新的传播理念与运营逻辑，在移动终端构建起一个更加符合受众需求的奥运传播新跑道。

（一）聚合资源，重建优质内容与用户的连接力

央视频作为中央广播电视总台倾力打造的移动端内容聚合平台，在东京奥运会赛事内容的传播中充分彰显了优质视频内容与用户之间强大的连接力。赛事期间，央视频以汇聚优质内容资源与传播主流价值思想为主导逻辑，在平台的内容池建设中汇集了总台电视端的权威内容，还以视频号的形式邀请了社会中优质内容的创作者入驻平台，既拓展了内容资源的广度，又保证了内容质量的精度，为奥运赛事的传播打造了丰富立体的内容矩阵，平台用户数量的激增，也在充分证明着优质内容对用户的吸引力。从宏观上看，传播优质内容的理念也是对新媒体端碎片化内容传播逻辑的推翻与重建。在优质内容与用户重新建立连接的过程中，高质量的内容与新媒体平台的传播逻辑逐渐走向"兼容"，用户对媒体传播内容的审美能力也将有所提升。

（二）借力奥运 IP，重塑新媒体平台商业化运营的底层逻辑

各媒体渠道在传播公共信息的同时，往往也会为提升内容的变现价值

而努力探索自身的商业化运营之路。实现商业化转型、兼顾平台的社会价值与商业价值也被视为主流媒体深度融合发展的要点之一。四年一度的奥运会作为全球性媒介事件,对于世界范围内的观众来说都有着强大的影响力与凝聚力,相应地也蕴含了丰富的传播价值与商业价值。东京奥运会是央视频自2019年11月上线以来继欧洲杯之后转播的第二个大型体育赛事,在此次奥运赛事转播期间,央视频巧妙地借助奥运会的 IP 价值上线了会员制业务,为新媒体平台的商业化运营开拓了新思路。

东京奥运会期间,央视频深耕自身所拥有的体育垂类资源,为平台会员提供了更为细分的赛事内容和更加独特的观赛体验。在赛事内容方面,央视频的会员用户除了可以观看转播自电视频道的3000多场重要比赛以外,还可以在平台观看仅为会员用户提供的另外4000多场比赛。在观赛体验方面,每场赛事的直播央视频均为会员用户设置了"会员独享"视角,该视角中没有解说与评论,用户可以在不受任何元素干扰的情况下,感受奥运赛场的紧张气氛,获得更强烈的现场体验感。同时,央视频还在赛事内容之外为会员用户提供了一系列的互动抽奖活动以提高用户活跃度、丰富会员权益。与当下的部分新媒体平台中以"超前点播""会员免广告"等方式推动用户注册会员的简单商业变现形式相比,借助奥运 IP 深耕体育垂类用户,为用户提供更加细分且优质的内容是央视频平台创新商业化运营方式的内在逻辑。高质量的内容是保证平台永续发展的基本动力,而对中心化资源价值的进一步开发,是推动平台成功转向商业化运行并实现长效发展的重要思路。

四 小结

回顾奥运会体育赛事的影像传播,从记录1936年在德国柏林召开的第9届夏季奥运会的纪录电影《奥林匹亚》,到电视转播和直播奥运赛事,再到手机视频的奥运赛事传播,技术的发展与各种新媒介的出现不断革新奥运传播格局,手机视频作为奥运赛事传播中的新生力量,与奥运赛场上的运动健儿一样,凭借自己不断优化的内容生态与传播理念,在一次又一次的"媒体奥运"赛场中贡献自己的力量和价值。总体来看,手机视频对于奥运赛事传播力和影响力的扩展效果显著,从受众需求角度而言,手机移动端层次丰富、语态活泼的赛事内容传播也为广大用户提供了更加便捷、聚拢的观赛体验。从东京奥运会的央视频传播案例来看，5G时代的到来为手机视频奥运传播提供了更广阔的"书写空间"，赛事期间央视频的创新实践与传播理念也在移动传播场域中，实现了手机视频奥运传播的价值引领，为受众留下了专属于5G时代的奥运记忆。

第九章 物联网与区块链对电视媒介进化的影响

物联网（Internet of Things，IOT）概念最早于 1999 年出现。美国麻省理工学院建立的"自动识别中心"（Auto-ID）首次提出"万物皆可通过网络互联"。2005 年 11 月，在信息社会世界峰会（World Summit on the Information Society，WSIS）上，国际电信联盟（International Telecommunications Union，ITU）对物联网的概念界定如下："通过二维码识读设备、射频识别装置、红外感应器、全球定位系统和激光扫描器等信息传感设备，按照约定协议，把任何物品与互联网相连接，进行信息交换和通信，以实现智能化识别、定位、跟踪、监控和管理"的网络。[1]

第一节 物联网视频媒介应用情景的影响[2]

本节从物联网概念出发，尝试梳理当前物联网与视频媒介联姻的典型案例和应用情景，管窥物联网带来的媒介变革机会，展望"泛媒体"未来的视频媒介图景。

一 物联网与视频媒介相关的应用情景

物联网与视频媒介联姻，满足了信息传递"可视化"需求，塑造空间与环境、反映实时状态、培养生活习惯成为物联网在视频媒介应用情景中的重要维度。目前，物联网与视频媒介相关的应用情景主要集中在虚拟体

---

[1] 中国社会科学院工业经济研究所未来产业研究组：《影响未来的新科技新产业》，中信出版集团，2018，第 157 页。
[2] 本节内容发表在《新闻爱好者》2019 年第 4 期，与河南大学广播电视专业硕士研究生陈成合作撰写。

验、物联网+电视、智慧交通、智能监测、智能物流、智能汽车、平安城市、在线教育等 8 个方面。①

（一）虚拟体验

意大利品牌 PRADA，为顾客提供男女成衣、皮具、鞋履、眼镜及香水。早在 2001 年，PRADA 就开始在服装上安装射频识别电子标签。每当顾客拿起一件 PRADA 的服装走进试衣间，电子标签会自动识别，试衣间里"充满魔力的镜子"就会自动播放模特穿着这件衣服走 T 台的视频。这种试衣间里的"魔力"镜子就是运用了物联网技术的智能屏幕。与此同时，每件衣服在某个城市、某个旗舰店、某个试衣间停留的时间及最终是否购买等信息都会如实传回总部。这样收集来的信息被应用于 PRADA 的商业决策。

（二）"物联网+电视"

在现代传媒领域，通过手机扫描二维码获取信息和服务颇为常见，电视荧屏上的这块"黑补丁"越来越常见，其功能也有诸如"摇一摇""TV 电商"等。这些都是物联网技术在电视终端上的直接应用，二维码有利于跨屏终端的连接和电视与受众的互动，在"跨屏传播"方面，具有得天独厚的优势。二维码的信息编码，作为视频终端的身份识别，增强了受众边看电视边玩手机互动的可能性。同时，由于有线数字电视或网络电视 IP 地址具有一一对应的特性，以电视机为终端的大屏视频通话，也成为"物联网+电视"常见的应用情景。

（三）智慧交通

某公司经过研究，提出了一种基于移动互联网的智能交通信息服务系统。中国电信河南分公司于 2019 年进行试点合作应用。这套系统在无线视频监控基础上，通过手机客户端，为用户提供城市的路况图片，以及动态路况播报、停车位提醒、公交信息服务等。用户在行走途中，可以通过手机进行所在位置周边交通信息查询、最佳路线查询、所在位置周边公交地

---

① 黄建波：《一本书读懂物联网》，清华大学出版社，2017，第 265~272 页。

铁信息和实时到站信息查询等。①此外，智慧停车，也成为智慧交通的一个重要方面，国内停车场普遍使用的高清摄像头识别车牌技术，让使用卫星定位手机功能的用户，可以很快掌握物联网带来的指挥停车服务。

（四）智能监测

现今物联网技术在环保监测和安防监测领域应用十分广泛。在环保方面，物联网广泛应用在大气监测、生态环境监测、气象和地理研究等方面。以污染源在线监控系统为例，这项系统融合传感器、射频识别、激光扫描、卫星遥感等多种技术，实现数据采集、传输、存储、分析和及时预警报告等功能，通过装在处理企业和排污设备上的各类监测仪表收集污染数据，再经由信息网络将监控数据传至监测部门，实现监控和管理的过程。智能安防技术在楼宇安防、交通安防、零售安防等领域有显著的应用。其中，视频监控应用占据了市场的绝大部分比例。

（五）智能物流

物流行业是物联网早期落地的行业之一，很多物流系统都采用了传感RFID、自动识别等高新技术。目前相对成熟的物联网应用领域主要有产品质量追溯管理系统，物流过程的可视化智能管理网络系统，智能化的企业物流配送中心，实现了企业的"智慧供应链"。通过产品质量的追溯管理系统，消费者可以掌握所购买的产品及其厂商的相关信息，现今一些大型商场里都有食品安全查询机，可通过视频形式展示产品原产地。运用视频媒介手段，开通物流过程的可视化管理，可以实现对运输路线的实时追踪，降低运输风险。

（六）智能汽车

2016年3月，奇点智能汽车正式发布，成为国内第一辆智能硬件汽车。奇点汽车创始人在谈到理想中的汽车智能化时认为，可以从三个方面认识智能汽车。一是在同一辆车上，针对不同的驾驶者习惯和喜好，自动改变

---

① 网络整理：《基于移动互联网的智能交通信息服务系统》，http://www.dvsbbs.com/fa/201804/63029.html。

驾驶环境。二是针对同一类汽车，让它们在不同使用环境中的状态达到最优。三是实时了解车辆中每一个组件的运行状态，实时上传云端，预测可能会出现的问题并提醒用户检修。① 此外，基于互联网、车联网、物联网和大数据的独树一帜的智能化汽车生态系统，可以实现包括汽车视频娱乐、导航、服务、互联、控制在内的车载互联功能。

（七）平安城市

江苏南京警方研发了基于物联网的视频监控管理应用系统（简称"视频管家"），有效破解了视频监控高效应用和及时维护的难题。"物联网+视频管理"打造出的户籍式维护中心将全市视频监控一一安家落户，一个二维码就是一张"身份证"、一本"户口簿"，推动监控维护由被动向主动的转变，大大提升全局视频监控设备完好率和维修响应速度，降低了维护经费。根据介绍，依托该系统，办案民警实时查找、调阅图像可以提升工作效率50%以上，平均每起案件节约查找视频时间2个小时以上。②

（八）在线教育

传统教育行业在拥有丰富教学资源的情况下也面临着教育资源投入不足的问题，而智能教育则很好地解决了这一问题。智能教育的表现形式就是在线教育。在线教育利用其平台优势，在缓解传统教育存在问题的过程中又对其现有的教学资源进行了有机的应用，这是移动物联网行业的应用通过平台运作映射到教育行业的具体表现。例如，新东方针对中小学幼儿园教育领域开启的在线教育平台，其具体内容就是利用自身拥有的教学资源，针对中小学幼儿园教育领域开展移动终端、线下课堂、电脑端等多端口的互动。

二 物联网技术带来的媒介环境变革

物联网不但改变着人类的生活方式，也改变着信息传播的方式。在物

---

① 李晓妍：《万物互联：物联网创新创业启示录》，人民邮电出版社，2017，第201页。
② 许政、卢淑英、杨维斌：《南京警方研发视频监控管理应用系统"视频管家"助力 提升工作效率50%》，《人民公安报》2018年5月2日，第2版。

联网世界中，由于传感器的存在，物体既可以作为信息的发送设备，同时又可以充当信息的接收设备。伴随着智能信息处理技术的日趋成熟，物联网实现的将是信息智能化的泛传播。从媒介环境学的视角来看，物联网技术将为我们带来如下的变革。

（一）万物皆媒，人媒共生

物联网综合运用人工智能、大数据、云计算等技术，通过感知层、传输层、数据处理层和应用服务层等四层架构，形成了万物互联的特质，赋予世间万物信息交互功能与媒介传播的属性。[1] 据预测，在未来十年内，平均每人将有1000件以上的私人物品连接到物联网中，届时万物互联，人们可以通过物联网这个超级智能媒介，借助身边任何一个智能媒体节点与其他智能设备互动。[2] 每一个物体都可以自带信息、传递信息，达到"万物皆媒，人媒共生"的境界。物联网技术通过智能可穿戴设备接收发送人体相关数据，在某种意义上把人体本身也当成了媒介终端，以此构成规模庞大的数据资源，有可能成为了解人群状态、社会动向的基础。比如，公共卫生机构可以对海量的人体数据进行分析，较早地感知到流行疾病的暴发等动向。简言之，物联网带来的媒介环境变革之一，就是将"媒介"与"非媒介"间的界限淡化、模糊甚至消弭，宣告"万物皆媒，人媒共生"的泛媒化时代即将到来。

（二）媒介形态，新生共荣

物联网对媒介形态将会带来什么样的变化？笔者试用罗杰·菲德勒"媒介形态变化原则透视"中的六个方面，即"共同演进化与共同生存、形态变化、增殖、生存、机遇和需要、延时采用"[3] 加以解读。罗杰·菲德勒认为，一切形式的传播媒介都在一个不断扩大的、复杂的自适应系统内共同相处和共同演进。每当一种新的传播媒介出现和发展，它就会长年累月、程度不同地影响其他每一种现存媒介的发展，达到"我中有你，你中有我"

---

[1] 李晓妍：《万物互联：物联网创新创业启示录》，人民邮电出版社，2017，第3~5页。
[2] 刘庆振：《媒介融合新业态：智能媒体时代的媒介产业重构》，《编辑之友》2017年第2期。
[3] 〔美〕罗杰·菲德勒：《媒介形态变化——认识新媒介》，明安香译，华夏出版社，2000，第24页。

的状态。由此观之，物联网技术综合运用大数据、云计算、人工智能等，给媒介环境变革带来媒介形态的新生与共荣。如果说互联网实现了人与人之间的互联，物联网则致力于万物间的互联互通。目前，物联网对视频媒介应用情景带来的影响还处于初级阶段，还存在技术伦理等问题。但物联网技术受到政府部门高度重视，设备制造业与物联网融合发展的新产品和新服务不断出现，"媒介形态，新生共荣"的图景日益凸显。

（三）技术垄断，人文复兴

尼尔·波兹曼将人类文化的发展分为三个阶段，即工具使用文化阶段、技术统治文化阶段和技术垄断文化阶段。所谓技术垄断，就是"一切形式的文化生活都臣服于技艺和技术的统治"。[1] 技术垄断的现实危害是：资讯的失控、泛滥、烦琐和泡沫化使世界难以把握。人可能沦为资讯的奴隶，可能会被无序资讯的汪洋大海淹死。[2] 物联网引发的泛媒介化趋势将带来信息的极大丰富，当万物皆能携带和传播信息时，技术垄断的危害也将成为现实。在物联网时代，智能设备嵌入物联网带来泛媒介化现象，简单重复性的人类劳动终将为人工智能所取代，人类将因智能设备的助力而更加专注于人文、艺术和精神世界。从这个意义上讲，新技术应用带给媒介生态环境的变革趋势，终将是人文的复兴。

三 物联网对视频媒介进化影响的四个方面

物联网正在重新定义与塑造传媒行业，在此基础上，视频媒介与物联网的联姻，不仅仅是完成"可视化"的视觉呈现，而且是按照物联网思维，对视频媒介产生更深层次的影响。

（一）重构视频生产系统

视频生产需要素材采集。在过去，无论素材来自专业媒体人还是来自普通公众，都需要依靠人来进行素材的采集。物联网技术的特质，要求传感器在不同程度上突破人的自身局限，从更多空间、更多维度获得并解读

---

[1] 〔美〕尼尔·波兹曼：《科技奴隶》，何道宽译，（台北）博雅书屋有限公司，2010，第9页。
[2] 〔美〕尼尔·波兹曼：《科技奴隶》，何道宽译，（台北）博雅书屋有限公司，2010，第13页。

信息，满足不同场景的应用需求。目前，用传感器采集信息、用大数据技术处理信息的"传感器新闻"已经初露端倪。未来的信息采集，将会越来越依赖于遍布每个物体上的传感器。传感器越是智能高端，通过其获得的环境信息、地理信息、人流信息、物流信息、自然界信息等就越是全面，就越能为不同形式的媒介提供更为丰富、可靠的信息与素材。未来，"传感器视频"技术的发展应用，势必推动视频生产的自动化。[①] 人工智能、大数据、云计算将成为重构视频生产系统的关键词。

（二）塑造新的视频终端

物联网中的视频媒介情景应用需要依托相应的视频终端——"屏幕"来实现。伴随科学技术发展，物联网中的视频应用终端不断被塑造出新的形态，从简单的平面屏幕，到曲面屏，再到"无屏"的全息投影设备，视频终端的形态，随应用场景的需求不断发生变化。如果从人工智能的角度看，人与机器可以构成同一个系统，人体上将有越来越多的视频终端"机器"，它们以可穿戴设备、传感器或其他芯片形式存在，甚至某些"屏幕"可以植入人体，引发视觉革命。从发展趋势来看，未来视频终端能提供的信息或将集信息显示、处理于一身，兼具智能和海量等特点。未来视频终端的形态将可能重新定义所谓"屏幕"。

（三）增加视频分发环节

我国传媒业正在深入开展的媒介融合，要求媒体机构通过不同介质和终端提供不同形式的内容，满足人民群众日益增长的信息需求。随着传感器技术的发展和智能人体终端、智能家居的普及，在"万物皆媒"的物联网时代，用户信息也将被捕获得越来越多。在此基础上，根据用户需求、结合场景和终端介质等特点进行的大数据算法推送也将越发精准。例如，在出门前向用户推送本地实时天气视频；在上班途中向智能汽车推送路况信息视频。[②] 超乎想象的媒体终端将会改变人们接收信息的方式，"万物皆媒，万物皆屏"，精准营销，自动分发，视频媒介传播的未来景象将更加出彩。

[①] 彭兰：《万物皆媒——新一轮技术驱动的泛媒化趋势》，《编辑之友》2016年第3期。
[②] 尹伟光：《物联网的社会化应用对传媒行业的影响》，《新闻论坛》2018年第3期。

（四）丰富提升智能家居

家庭室内各种电器或电子设备都可以联网，这是物联网技术的典型应用。目前，物联网智能家居可以实现远程操控电器，或使用专属App、微信等手段与电器进行人工智能对话，获知室内环境状况等。未来物联网技术还能提供更为复杂的信息交换，例如，冰箱可以将存放食品的情况发送给主人，提醒其需要购买或者即将过期的食品有哪些。智能家居可以建立人与物体、环境之间的"对话"关系等。[1] 从媒介的角度来看，智能家居将成为一种全新的家庭媒介。物联网技术的深度运用，必将丰富和提升智能家居的智慧传播。

四 小结

物联网创造了一个人人参与、万物互联的传播景观。在物联网作用下，未来所有人类的智慧、经验与万物的存在变化，任何地方任何事物的发展轨迹，或将可以时时刻刻被记录、存储、分析，并被更加多元、有效地呈现与传播。"物联网"也将越来越广泛地存在。瞭望物联网时代视频媒介面临的变革，或许可以为人类信息社会发展描绘出更加广阔的思维和想象空间。

第二节 区块链在视频媒介领域的应用探讨[2]

区块链作为一种去中心化、分布式记账的数据存储与交换技术，由于其具有高度的安全性、防篡改性和信用性等特征，已经被尝试应用到数据存证、支付汇兑、版权保护、身份认证、商品物流以及新闻传媒等各个领域。其在传媒领域的应用具有去中心化、减少信息人为阻碍和干扰、集体维护、众筹式信息生产机制、高公信度、信息无法篡改、高版权保障、提高内容生产积极性等特性，但是具体到视频传播媒介，在现有媒介管理和社会环境下，区块链的应用仍然存在媒介管理制度、视频传播与获取成本、

---

[1] 彭兰：《万物皆媒——新一轮技术驱动的泛媒化趋势》，《编辑之友》2016年第3期。
[2] 本节内容与河南大学广播电视专业硕士研究生崔竞佩合作撰写。

视频内容质量保障和外部作品版权确认等制度和技术障碍。区块链与视频的融合是未来视频媒介发展与传播中的机遇与挑战。

一 区块链技术的定义

区块链的概念由中本聪（Satoshi Nakamoto）于 2008 年在《比特币白皮书》中提出。区块链技术，英文简称 BT（Blockchain Technology），也被称为分布式账本技术，这是一种基于互联网数据库的应用技术。区块链技术是利用块链式数据结构来验证与存储数据、利用分布式节点共识算法来生成和更新数据、利用密码学的方式来保证数据传输和访问的安全、利用由自动化脚本代码组成的智能合约来编程和操作数据的一种全新的分布式基础架构与计算范式。[①] 简单来说，区块链就是一个电子账本——是一种按照时间顺序将数据区块以顺序相连的方式组合成的链式数据结构，并以密码学方式保证的不可篡改和不可伪造的分布式账本。区块链技术不是在技术上对互联网产生的颠覆性变革，而是生产关系的变革——解决信用和信任的问题。[②]

二 区块链技术的特征

区块链技术可以将交易和交易历史记录下来，并可以去追溯和查询，通过全网共识来防止造假和恶意篡改，全网里任何一个参与者都拥有一份记录交易的账本。交易双方在全网环境下被公证，任何一方都无法赖账。并且在这个网络架构里，信息公开透明，不容篡改。总的来说，区块链技术具有去中心化、高度开放透明和信息不可篡改的特性。

（一）去中心化

区块链技术技术数据的验证、记账、存储、维护和传输等均是基于分布式系统结构，采用纯数学方法来建立分布式节点间的信任关系，形成去中心化的分布式系统。

[①] 栾心怡：《传媒业中的区块链：虚假新闻的天敌》，《青年记者》2018 年第 20 期。
[②] 王朋进：《区块链是传统电视传播业的"解药"吗？——区块链场景下电视传播业的未来构型》，《中国电视》2018 年第 9 期。

区块链技术颠覆传统视频媒体的信息集中式分布，互联网技术支撑下的去中心化体系使媒体集权化发展走向共享体系。去中心化的网络架构营造了一种无中央权威的氛围，优质的视频内容不会因为外部力量介入而被筛选出去，避免任何媒介企业在利益驱使下剥夺大众获取视频信息内容的权利。[①] 区块链技术分散了传播的权利，有可能被外部力量操控的大众媒体不再拥有选择性地控制视频信息发布的权力。

（二）高度透明开放

区块链系统的数据记录对全网节点是透明且开放的，数据记录的更新操作对全网也是透明开放的，这是区块链系统值得信任的基础。由于区块链系统使用开源的程序、开放的规则以及具有高参与度，区块链系统的数据记录和运行规则可以被全网节点审查、追溯，具有很高的透明度。

从区块链的设计原理来看，区块链能系统有效地预防故障与攻击，所有参与系统的用户共享一个公共区块链，不会出现单点失效而导致系统故障的情况，从而保证了系统的可靠性和数据的可获得性。区块链系统采用基于协商一致的规范和协议，使整个系统中的所有节点都能够在去信任的环境下自由安全地交换、记录以及更新数据，信息获取的高度透明和对等性，使得用户把对个人或机构的信任改成对体系的信任。

（三）信息不可篡改

区块链系统所有完整节点都有一份相同的数据，区块链系统的信息一旦经过验证并添加至区块后，就会永久存储，无法更改（具有特殊更改需求的私有区块链等系统除外）。除非能够同时控制系统中超过51%的节点，否则对区块中记录的修改是无效的，因此区块链的数据的稳定性和可靠性极高。区块链系统对数据采取分布式存储操作，将数据保存在系统中的每个节点，并由所有节点共同维护、同步更新，如此数据就难以被篡改。[②]

总体而言，区块链技术具有去中心化、去信任化、可扩展、匿名化、安全可靠等特点。区块链技术所具有的这些特点如果能够解决目前媒体行

---

① 白龙：《从区块链到媒体链：后真相时代假新闻事实核查启示》，《视听》2018年第11期。
② 申屠晓宏：《传媒行业区块链应用模式与技术方案解析》，《传媒评论》2018年第4期。

业存在的痛点,则将对媒体行业的发展产生颠覆性的变革,行业结构可能出现重新调整。区块链是颠覆性技术,将其作为工具,针对产业痛点,做颠覆性创新,创新产品,创新服务,开拓产业,更重要的是要有颠覆性创新的意识。创新要以解决问题为导向,未来的媒体要研究现实社会中存在的问题,有了解决问题的新产品、新服务,就有了新的产业发展机遇。

三　区块链的类型

区块链按照其去中心化的程度可以分成三类:公有链、私有链和联盟链。联盟链与私有链更多的是面向金融、安全领域,重点解决当前各行业中存在的版权认证、信用反欺诈等问题;而公有链(公共区块链)更多的是伴随比特币、以太坊等代币应用而落地的另一种区块链技术形式。

(一) 公有链

公有链没有官方组织及管理机构,无中心服务器,参与公有链的节点可以按照系统的规则自由接入网络,不受控制,节点之间基于共识机制开展工作。比特币、以太坊、匿名属于典型的公有链。公有链适用于网络节点之间没有任何信任的场景,所有的用户都可以进入公有链成为其中一个节点。

(二) 私有链

私有链一般建立在某个企业内部,系统的运作规则根据企业要求进行设定,修改甚至读取权限仅限于少数节点,同时仍保留着区块链的真实性和部分去中心化的特性。进入私有链的成员仍然是由中心控制和指定的,节点通过授权可以进入,如金融领域的联盟可以是私有链的。

(三) 联盟链

联盟链是由若干机构联合发起,介于公有链和私有链之间,兼具部分去中心化的特征。联盟链某个群体内部可以指定多个预选的节点为记账人,参与成员是预先设定的,并且具有特殊特征,每个块的生成由所有的预选节点共同决定。联盟链适用于连接多个公司或者中心化的组织的场景,如银行间的清算。①

公有链、联盟链和私有链这三种区块链的类型中，只有公有链真正解决了信任问题，联盟链和私有链还是建立在一定信任机制基础上的。基于公有链和联盟链这两种不同的区块链技术落地形式，我们可以探讨其各自在视频行业的一些可能的落地方案。例如，我们可以预见区块链技术使用全新的加密认证技术和去中心化共识机制，将能维护一个完整的、分布式的、不可篡改的视频内容创作版权保护社区；我们还可以将基于区块链发行的数字代币当作一种奖励回报，来鼓励视频媒体原创的积极性，提升媒体消费者与生产者的互动性，从而打造一个更富有活力、更加平衡的视频媒体内容生产与传播的网络生态环境。

四 区块链技术在传媒领域的应用及影响

区块链技术开启智能新时代，广泛应用于政务服务、版权应用和能源领域，在传媒领域的文创行业、新闻、广告、社交网络等应用场景中也能发挥作用。

（一）区块链在传媒领域的应用场景

区块链技术经过在比特币等数字货币领域近十年的应用，如今已经开始被尝试应用到数据存证、支付汇兑、版权保护、产权登记、身份认证、商品物流等各个领域。在传媒领域，国外已经运用区块链技术尝试开发运营了区块链音乐、视频、新闻采编、广告交易、社交网络、网络直播等平台。从传媒产业的信息生产和传播来看，传媒业与区块链的融合将会给传媒业的发展带来一些新的可能性。

1. 文创行业

随着互联网的发展，几乎所有的文字、音乐和视频内容都在经过数字化处理之后被放到互联网上。没有任何完善的数字版权保护措施和问责机制对这些内容本身及其创作者的权益进行保障。在区块链概念诞生之后，以数字签名为技术支撑的算法可以为所有原创作品进行数字资产确权，并

---

① 中国广播电视网络有限公司业务部：《区块链技术在有线电视网络中的应用探讨》，《有线电视技术》2017 年第 7 期。

真实记录其之后的任何互动与交易。

这一举措不但可以贯穿作品从确权、用权到维权的整个版权流转过程，甚至可以在一定条件下自动开启智能合约，用虚拟货币向版权所有者支付费用，使创作者的收益最大化。这套流程为新型传媒的数字资产运作确立了一个良好、稳定、可信赖的网络秩序，为激励全球文化艺术的原创及传播起到推动作用，更为保护知识产权起到至关重要的作用。

2. 新闻行业

新闻行业如何对假新闻进行打击和监管一直是令全球媒体头疼的问题。2018年3月8日，美国麻省理工学院传媒实验室发布报告称，假新闻在社交媒体的传播速度是真实新闻的6倍，且假新闻更容易得到转发。这份报告显示，假新闻主要由公众分享，因为它更加耸人听闻，极易挑起人们在种族和宗教等敏感话题上的担忧与恐惧。如今，社交媒体可以利用区块链技术根除虚假新闻这个顽疾，任何人都可以追溯到消息的最初发布者，并判断它们是否是假新闻，确保值得信任的信息得到更广泛地传播。

在业务流程上，区块链技术可以构建一个公开的新闻数据库，建设全程透明的公民新闻审核平台，这种协作模式可以降低新闻线索的搜寻和采编成本，解决传统媒体审稿中存在的主观性强、编辑职权滥用等问题，提高评审质量。在评审过程中，撰稿人的原始稿件、修改记录、审稿人意见和读者评论等均可追溯。此外，利用区块链代币机制建立新闻众筹平台，让记者直接根据自己的意愿和公众的需求生产新闻也是未来的一大趋势。

3. 广告行业

长期以来，广告营销行业的不透明性遭到许多质疑，尤其是数字广告在各种中间环节繁杂的利益关系，导致了各种不信任、作弊和资源浪费等问题。由于担心数据泄露问题，各大公司都不敢把数据随意共享，造成大量数据孤岛的产生。而且，在评估广告效果时的流量作弊，再加上IP漂移导致的7%~8%的数据失真使互联网广告投放效果跟踪几乎无从谈起。

广告生态的混乱比较集中地表现在数据协作、广告投放和效果监测等环节的管理缺位上，而基于区块链开发的各种广告交易平台则有望解决数据打通、反作弊和IP不一致等一系列问题。广告业中的种种乱象，有望通过区块链技术得以解决。

4. 社交网络

目前，以 Facebook 和微博为代表的社交网络仍然在以中心化的结构运作。虽然用户在平台上创造了内容，但其内容的流向、使用、存储完全脱离用户的掌控。社交网站一手包办了规则的制定、内容的存储和分发，甚至会把用户的资料和个人信息出卖或据为己有。旧式社交网络往往密切关注着人际关系的沟通与维护，它们在不经过本人同意的情况下获取了朋友的动态、私密的交流和每个人对热点内容的评论，然后通过分析这些数据进行精准的广告投放，以便从中牟利。

区块链技术则采取了跟传统社交网络完全不同的运作机制。它的点对点模式保护了用户的数据安全，用户个人的数据在何时开放、开放给谁、开放到什么程度均由用户本人授权。区块链社交媒体将个人资料和信息的控制权从巨头手中收回，将它重新分配到普通大众手中。[1]

（二）区块链技术在传媒业应用的优势

区块链技术的去中心化、透明可信、防篡改、可追溯等特性，决定了其在传媒业应用中的四个优势。

1. 去中心化，减少信息人为阻碍和干扰

区块链系统采取分布式记账的去中心化信息存储发布机制，能够减少各种传媒机构内部人员根据自身需要对于区块链传媒内容生产的审核干扰，以及各种政治、经济势力对于区块链传媒内容生产的控制，从而保证区块链传媒内容在生产中能够保持原貌，不被人为干涉、阻碍和扭曲变形。

另一方面区块链系统采取分布式记账策略，能更好地保障区块链传媒内容的安全性，使得分布在众多节点、采取密码技术保存的信息不会因黑客攻击和数据库损坏而受到破坏和篡改。

2. 集体维护，众筹式信息生产机制

由于区块链系统是一个开放的、系统中所有人共同参与维护的分布式数据库，系统中任何人或参与节点都可以通过公开的接口查询区块链数据记录或者开发相关应用，其内容生产具有社交媒体"众筹"式内容生产的特点。如美国的 Civil 区块链新闻平台就是一个"允许用户自主地创建新闻

---

[1] 王芳菲：《区块链技术重塑传媒业——特征、应用场景及趋势》，《科技传播》2018 年第 9 期。

工作室和电台，使读者和编者混杂在一起打造新闻载体"的平台。

这种"众筹"式内容生产模式一方面降低了媒体的内容生产成本，另一方面拓宽了内容生产和信息供应渠道，对于内容的生产和传播都是有重要意义的。

3. 高公信度，信息无法篡改

传统媒体的衰落一方面是新媒体、新技术发展带来的高便利性功能替代造成的，另一方面则是传统媒体自身的问题导致公信度降低造成的。而"区块链是一台创造信任的机器，可以说区块链最核心的问题就是解决信用共识的问题"。区块链传媒难以篡改和去中心化的内容生产特点具有较好的信息保真性，能够更好地解决传统媒体因为各种外界势力和内部价值偏见而出现的公信度降低问题。

任何媒体最大的价值在于信息传送的及时、便捷和可信，其中可信是媒体生存与发展最重要的品质。区块链技术的高度信用保障特性是传统媒体无法实现的，这也是区块链传媒将来可能战胜和取代传统媒体包括目前众多依托传统互联网模式的网络媒体和新媒体的重要利器的原因。

4. 高版权保障，提高内容生产积极性

区块链系统是按照时间顺序保存的数据区块链，同时也是开放透明的数据区块链。区块链系统中任何一个区块的数据记录对全网节点都是公开透明的。由于每一个区块数据都经过先进的密码技术加密并采取分布式记账方式分别备份在不同节点，任何人想篡改数据记录内容和时间都几乎是不可能的。

正是依靠这种严格的时间顺序和公开透明、不可篡改的信息内容存储发布机制，区块链技术成为数字内容版权保护的理想工具。在区块链媒体平台，谁第一时间生产的媒体内容将会被永久记录，同时向全网公开，这在内容发布中自然起到了版权注册的作用。如果涉及版权交易，整个交易流程同样公开透明，同时这也是可以全程追溯且不可篡改的。

这种版权自动记录和保障机制，改变了目前包括现有互联网、新媒体在内的传统媒体信息内容版权保障严重不足的缺陷，同时也解决了现有媒体版权保障不足而使内容生产人员在内容生产上积极性和创造力不足的问题。[1]

---

[1] 陆高峰：《区块链能否成为传媒业的下一个风口》，《新闻论坛》2018年第4期。

(三) 区块链在传媒业应用的障碍

尽管传媒业与区块链的融合有很多现有媒体缺少的优势，但是目前区块链传媒的发展仍然只是处在试水阶段。区块链媒体真要实现"落地生根"并"开花结果"，探索出取代现有媒体格局的新路径，还有很长的路要走。而区块链传媒，特别是真正采取区块链方式生产内容的新闻传播类传媒，如果要在国内"落地"还需要克服与现有传媒规制冲突等问题。

1. 媒介管理制度障碍

在当前的媒体管理体制下，现有传媒的适应性优点就是可删改性。当媒体内容出现背离主流价值观问题，出现违规违法问题，出现虚假失实等问题时，现有媒体的中心化运行机制，可以及时通过删除、修改等方式进行纠偏。但是，区块链媒体却采取分布式记账的去中心化运行机制，具有基本无法篡改的特性，这使得人们在出现媒体内容与现有主流价值观相悖等情况，容易产生不良社会影响时，根本无法及时通过撤稿、修改等方式消除影响。不仅如此，出现虚假新闻、侵犯他人权益等违法违规信息时，同样无法及时撤回修改。

区块链技术这种不可篡改的特性，用在电子货币、金融贸易、司法公证、版权保护等领域具有较好实用性，但是用在新闻传播等意识形态和社会影响较强的领域则很难适应，在国内现有传媒管理体制下更是难上加难。

2. 信息传播与获取成本障碍

从信息传播的效率来看，传播层级越少，传播面越广，信息传播速度越快，效率越高。目前大众传媒中心化的点对面式的大众传播，特别是全国性强势媒体的一级到达受众的大众传播，是一种高效、快速的信息传播方式。而区块链技术点对点或多点对多点的传播方式，其传播效率和速度显然无法与现有大众传媒点对面式的传播相比。而区块链链条式的多级传播方式将进一步影响信息传播和接收的速度与效率。

不仅如此，区块链技术为了提高信息存储的不可篡改性，还需要在信息传播链条的每一个区块进行复杂的"哈希算法"加密，生成一个能够唯一而准确标识某一区块的"哈希值"。这样信息生产传播的安全性固然提高了，但是获取和存储信息的成本同样会增加，不仅如此，信息传播的效率和速度也会降低。

3. 信息质量保障障碍

区块链媒体去中心化的分布式信息存储方式，虽然保障了信息存储和交换的安全性和不可篡改性，但是这种去中心化信息存储方式也同样带来了信息无法集中把关审核的问题。这样缺少专业把关人进行把关的信息很可能会导致区块链媒体内容参差不齐的问题。目前采取人工智能内容审核和算法推荐的信息生产和分发模式，已经出现了类似问题。

一些人可能认为，信息传播的"自由市场"具有自我纠错的能力，也就是可以通过广大用户不断补充、提供真实信息来实现纠错。但是，这种依靠发动群众进行信息纠错的方式往往在现实中是低效，甚至不可行的，有时可能还要付出惨痛代价。现实中各种谣言一直不缺少市场，也就说明依靠大众自我纠错并不可靠。区块链媒体采取开放式、众筹式的内容生产模式，虽然降低了信息生产成本，扩大了信息获取的来源，但是，众筹式非专业化的内容生产往往也会出现质量难以保障的问题。同时，众多非专业性的信息堆积，加之缺少中心化的信息审核过滤，不仅导致信息质量低下，还容易形成信息过量超载问题，使获取信息的人面对海量信息无所适从。

4. 外部作品版权确认障碍

区块链媒体平台由于在信息内容生产中可以通过加盖"时间戳"，同时加密防篡改的方式保证信息内容生产中版权确认的先到先得问题。这对于平台内的原创产品的版权保护确实是一个优点。但是，如果区块链媒体中的内容并非发布人原创，而是复制粘贴区块链外别人的作品，而区块链媒体去中心化的分布式记账方式又没有专业的审核机制进行审核判定，这样就势必会形成谁先盗版他人作品，谁就会获得版权确认的问题。如此，区块链媒体同样会形成目前一些网络媒体与新媒体存在的盗版普遍的问题，与现有媒体不同的是，区块链媒体不仅不能阻止盗版，反而还帮助盗版者确认"版权"。这就背离了区块链作为一个信用机器的初衷。[①]

总之，区块链与传媒领域的结合与发展对于版权保护和内容生产与传播都有其他技术无可比拟的优势，但由于传媒业运行的规则及其在社会发展中所占有的特殊位置，其与区块链技术的结合也存在许多技术漏洞和失

---

① 陆高峰：《区块链能否成为传媒业的下一个风口》，《新闻论坛》2018年第4期。

偏颇之处，仍需结合当下国内外的传媒环境对此进行技术优化和调整，从而使区块链技术更好地服务于传媒业的发展。

五 区块链场景下视频媒介领域的可能样态

区块链技术应用对视频媒介进化有何影响？探求这个问题的答案，大致可以从电视网络升级、内容生产多元、节目版权保护和广告精准投放等四个方面予以解析。

（一）电视网升级成区块链网络，与互联网分庭抗礼

互联网抢走了电视网的渠道优势地位，平台的转换导致受众的流失，这是今天电视传播业日渐衰落的主因。而区块链的替代性使电视业获得了重新夺回渠道优势的机会。如果电视业能够将现有的电视网进行技术升级，使之成为可以满足区块链使用的基础网络，这不但可以帮助其摆脱对现有互联网的依赖，还可以盘活存量资产，继而实现增值。这就需要我们对当前的有线电视网络进行技术创新，将以统一的集中式控制为基本架构的网络改造为分布式，使得共享的没有信任关系的网络节点实现安全的信息传输。

这个构想已经有人提出。2018年5月4日，负责推动其成员使用创新技术的美国有线电视研究所（Cable Labs）首席安全架构师史蒂夫·格林格（Steve Goeringer）透露，有线电视运营商今年有望进一步采用区块链技术，这些技术包括多年来DOCSIS（线缆服务接口数据规格）的各种实现以及最近开发的分布式访问体系结构技术。从国内来看，随着第四张牌照的颁发，广播电视网络终将获得基础宽带传输服务资格。如果能搭上区块链这一快车，则可以在未来的"区块链+"生态中获得生机。

（二）适应多样化需求，内容生产多元化

如今的网络短视频发展得如火如荼，网络直播遍地开花，这一切告诉我们，视频传播的需求是多样化的。随着流媒体技术进一步发展，随着AR、VR等技术设备品质的进一步提升，视频传播的需求体量还会进一步增加，形式还会更加多样。各大互联网企业也在觊觎视频行业的发展，比如网飞（Netflix）、亚马逊（Amazon），甚至脸书（Facebook）也计划在2018

年花费 10 亿美元作为内容生产投资。微视频、短视频、原创情景喜剧等适合互联网发展的视频形式，在移动互联网场景的内容产品市场中发展空间很大。①

目前，电视传播机构的内容产品制作基本上局限于传统的电视网络，虽有跨网络传播的案例，但凤毛麟角，也改变不了格局。部分电视机构的大量专业制作人才已经转移目光，去与互联网视频内容市场相融合。但更重要的是，当今节目生产制作的思路必须有所调整，开展多元化的内容生产，既要满足传统观众对于视频内容的需求，同时也要积极开拓互联网、区块链市场。电视传播机构也将转型为专注于多样化视频传播服务的内容提供商。电视媒介与互联网媒介的高度融合更能适应当今视频样态的发展速度。

（三）节目版权安全，内容收益可靠

在互联网主宰的生态下，视频节目版权得不到有效保护，这一直是制约优秀视频内容生产的重要因素之一。不用说大量个人用户，即便是合约用户，利益分享机制也不完善。视频节目被分割、涂改等各种各样的盗用，造成视频内容无法在网络传播中获得应有的利益。在现有版权保护机制和技术下，版权确认时间长、费用高、效率低，加上网络版权侵权具有迅速、多发且侵权形式多样、技术性强、取证难等特点，导致维权效率更低、成本更高。这也是当下许多电视或者网络传播机构面对内容侵权无可奈何的重要原因。

但区块链的出现有望完美解决这一难题。区块链用数字传播（存储）、机器校验和密码保护来实现接近于零的信任成本和极高的保护效率。有了它，基于全网范围的反侵权检测系统得以建立。在此系统之下，所有电子证据得以保存，所有内容产品可以跨越平台进行海量共享，系统筛选出的内容也将真正实现精确而平等的投放。而基于虚拟货币交易搭建起的自助版权交易平台将最大限度地保障内容原创者享受到他们应得的版权收益。

区块链技术还可使受众养成为内容付费的习惯，有利于内容创作的良

---

① 王朋进：《区块链是传统电视传播业的"解药"吗？——区块链场景下电视传播业的未来构型》，《中国电视》2018 年第 9 期。

性发展。区块链技术使社会平台中的视频内容生产者能够通过智能合约直接对自身生产的内容进行定价，减少了中间平台和供应商的干预作用，通过与粉丝直接高频互动，获得相应的打赏费用和内容订阅费用，形成一种新型的内容付费形式，调动视频内容生产者的积极性，增强平台用户的参与度。

2017年10月，由国家版权局指导的中国版权链智慧保险箱4.0在北京发布，该系统基于区块链技术对版权进行登记、确权、评估、交易、公证，是中国首家"区块链+"版权保护的国家级应用，这无疑是一个重要的起点。

（四）信息高度共享，广告精准投放

在当今的媒介环境下，作为视频内容创作者的用户，想要发布自己的作品，必须要经过出版商或其他第三方平台的审核，是否发布取决于是否达到判定者的标准以及是否符合受众品味。在很多情况下，信息的发布主要迎合了第三方的利益或议程。这样的信息发布系统使信息分享变得烦琐和不完整。当今视频内容定制化和智能化的生产，使传统的大规模广告投放方式不再有效，传播渠道的日益增多，使企业主苦于寻找更为有效的传播方式进行宣传，基于用户数据库和产品数据库的精准营销和广告精准投放将成为必然的趋势。在这一过程中，区块链技术依托智能合约功能，能够实现用户注意力的量化，从而实现用户注意力经济的结算和变现。

美国媒体巨头康卡斯特公司于2018年推出一个区块链驱动的工具，旨在使数据所有者分享其资产且无须交给第三方，简化数据共享过程，能够实现基于不同数据池开展的可寻址广告活动，使公司真正获益。[①] 智媒链（ATMChain），就是在底层技术的基础上，引入了注意力经济理念，针对传媒领域的广告困境问题，通过为用户注意力付费的价值分配模式，使媒体运营商能够提高利润，提升投放精准度。此外，其结合用户数据和大数据技术，通过用户画像分析实现广告精准投放。

在未来区块链与视频媒介的融合发展上，一定要着眼于区块链在视频媒介中的未来前景，提前谋划、重点部署，组织有实力的设备商、领先的

---

① 冯雯璐：《区块链在传媒领域的应用探索》，《科技传播》2018年第4期。

互联网运营商等，紧密结合视频媒体的自身特征，对区块链技术进行重构与二次开发，以技术创新驱动业务发展，引领视频媒介的升级转型。

六　小结

2018年5月发布的《2018中国区块链产业白皮书》显示，目前中国区块链产业处于高速发展阶段，创业者和资本不断涌入，企业数量快速增加，互联网巨头也在区块链领域积极布局，推动区块链产业的发展。国际上的视频业界对于区块链尚处于非常初级的跟踪阶段，还未进入具体应用模式的研究阶段。区块链应用加快落地，将推动新一轮的商业模式变革。[①] 所有技术的创新都将为最终的成果转化铺路，将技术运用到实际产业中去才是技术发展的根本所在。尤其对中国的区块链技术企业来说，视频媒介领域还未被开垦。谁能将区块链技术的各种优势成功注入视频媒介行业，改变行业生态并突破传统的商业模式，谁就在新一轮的产业变革中抢占了先机。

面对区块链技术，传媒业要和国内外区块链技术领先的研发机构合作，创新模式，创新产品和服务。区块链在科技发展大潮中，新技术不断涌现。在关注和重视区块链技术的同时，一定要有"区块链+"的意识，将区块链技术和人工智能、大数据、5G技术、可穿戴设备、AR/VR技术等，根据社会需求，可以单独相加，也可以多项叠加，实现深度融合创新。总之，区块链技术的出现，势必带来经济发展的先机，谁抓准和抓住了它，谁就有可能成为新的赢家。

但要注意，目前区块链技术在视频传播领域的发展也存在诸多问题，比如创作者们的作品因为绕过了平台，是否会因为缺少监管而出现色情化、暴力化的倾向？另外，各国政府在知识产权领域的相关法律能不能与区块链技术相配套？

综合来看，任何新技术的应用都需要一定时间和空间。而且，相关的利益方也需要慢慢协调在新布局中的位置。对于区块链这个新技术来说，我们要时刻关注，但不能操之过急。习近平总书记指出："惟创新者进，惟创新者强，惟创新者胜。"科技的进步推动着人类社会的发展，在媒体创新

[①] 宫小平：《重视区块链技术 解决传媒业痛点》，《中国新闻出版广电报》2018年8月29日，第4版。

发展的大趋势下，一定要重视已经到来的区块链技术。

第三节　元宇宙概念的兴起与影视内容创作的新方向[①]

　　2021年，"元宇宙"（Metaverse）概念引爆全球科技圈，引起了无数科技巨头、资本市场与创业者的关注。元宇宙指的是一个独立于现实世界之外但又能够映射现实世界的虚拟空间，是云计算、区块链、数字孪生等新技术概念的综合具象化。[②] "元宇宙"，由"meta"和"verse"两个词根组成，"meta"可译为元或超越，"verse"由"universe"演化而来，意为宇宙。从数字时代的进化路径来说，元宇宙意味着人类社会正在从物理世界向数字世界迁徙，并最终进入虚拟与现实融合交织的数字平行世界。5G、区块链、VR/AR/MR、空间技术、AIoT、大数据、3D引擎等前沿技术的深度融合，构筑起元宇宙的"数字底座"。[③]

一　"元宇宙"：未来已来

　　"元宇宙"一词来源于1992年尼尔·斯蒂芬森出版的科幻小说《雪崩》，作品中描述的是现实世界中的人通过数字替身生活在一个虚拟的世界中，作者将这个虚拟的人造空间称为"元宇宙"。对于"元宇宙"的定义，比较具有代表性的是赵国栋等在《元宇宙》一书中所提到的："元宇宙"是一个既平行于现实世界又独立于现实世界的数字虚拟空间，是映射现实世界的虚拟空间，是越来越真实的虚拟世界。[④] 当下我们所说的"元宇宙"并不是一种技术，而是多种技术所组成的集合，其中包括了VR、AR、MR、5G等。这一概念的出现实际上是一种"群聚效应"的体现。

　　具体说来，元宇宙的技术架构包括五大层面。[⑤] 其一，网络环境。XR

[①] 本节内容与河南大学广播电视专业硕士研究生左航合作撰写。
[②] 黄安明、晏少峰：《元宇宙：开启虚实共生的数字平行世界》，中国经济出版社，2022，第3页。
[③] 黄安明、晏少峰：《元宇宙：开启虚实共生的数字平行世界》，中国经济出版社，2022，"前言"。
[④] 赵国栋、易欢欢、徐远重：《元宇宙》，中译出版社，2021，第2页。
[⑤] 黄安明、晏少峰：《元宇宙：开启虚实共生的数字平行世界》，中国经济出版社，2022，第34页。

设备的分辨率可以达到 4K 及以上，刷新率可以达到 120Hz 及以上，并且网络延迟极短，可以满足人们对沉浸感的要求，这些需要依赖高带宽、低延迟、低能耗的 5G 或者 6G 通信技术实现。其二，虚拟界面。元宇宙需要依赖 VR、AR、MR 等技术增强沉浸感与拓展性。其三，数据处理。人工智能可以满足元宇宙内的海量内容生产、内容呈现与审查需求，云计算可以满足图形实时渲染需求。其四，认证机制。凭借区块链去中心化网络，元宇宙可以解决价值归属与流通变现等问题。其五，内容生产。凭借数字孪生体系，元宇宙可以获得丰富的拟真环境。

除了以上所说的技术要素，人们在现实中的需求也是"元宇宙"概念产生的重要因素。2020 年以来，新冠肺炎疫情让人们在现实生活中相互隔离，现实生活中的活动受到巨大冲击。在此期间，全球范围内线上办公、线上教育以及线上零售行业得到了极大发展。因此，人们意识到以往我们口中的"虚拟世界"并不是脱离现实生活而存在的，而是可以满足人们未来社交、办公、娱乐的与现实世界互通的新空间。也正是在这个时期，人们对"元宇宙"的运用场景进行了初步的探索。

例如，疫情期间，在沙盒类游戏"我的世界"中，加州大学伯克利分校以及中国传媒大学都在游戏中建立了一个高度真实的虚拟校园，让学生以数字虚体即游戏人物的方式在虚拟空间中参加毕业典礼。在全球范围内，最轰动的线上活动要数 2020 年 4 月，全球疫情呈上升趋势的时刻，美国说唱歌手特拉维斯在游戏"堡垒之夜"中以自己数字分身的形式在游戏中举行了一场有 1200 万观众在线观看的演唱会。虽然只有短短 15 分钟，但这场虚拟世界演唱会带给观众的却是与传统线上演唱会截然不同的新体验，一种打破画框和舞台限制，完全沉浸在场景中的沉浸式体验。其背后同样也蕴含着一个现实，那就是数字世界不仅仅是一个人们游戏的空间，它在未来还存在更多的可能性。在美国 Meta 公司上线的"Horizon Workroom"中用户除了可以线上办公以外，还实现了自主选择不同场景的观影体验。

在以上这些"元宇宙"初步探索的实例中我们可以发现沉浸式体验、虚拟化分身、经济系统稳定、社交属性强以及开放式创造共同构成了"元宇宙"的五大特点。因此，当我们还在思考"元宇宙"何时到来的时候，"元宇宙"其实已经在社会生活的许多方面初露端倪。

"元宇宙"作为诸多新技术集合而成的新概念，是通过技术手段搭建的映射现实世界的虚拟空间,包含了现实世界的方方面面,其中就包括影视艺术领域。在技术方面,AR、VR 等技术作为"元宇宙"的基建技术,在艺术领域也为影视作品的创作和欣赏带来了新体验,加之影视作品追求的沉浸感和互动性与"元宇宙"的内核不谋而合,因此"元宇宙"不仅仅是一个技术概念,也是影视作品创作与观看的新形态,除了目前有限的技术加持之外,更多的是其概念背后蕴含的开放性和互通性以及创造者经济增长模式在当前及未来一段时间内对影视作品内容创作带来的影响。

二 开放式的剧情和场景

"共创、共享、共治"是"元宇宙"世界中重要的价值观念,这种价值观念实际上构建起了"元宇宙"中生产力(共创)、生产关系(共享)、上层建筑(共治)的社会结构。[1] 它与传统影视作品的生产方式不同,传统影视作品的文本创作大多依靠专业的创作团队,在新媒体的发展之下虽然也出现了一些由受过专业训练的观众或用户自制的作品,但这部分内容与专业内容生产相比在数量和质量上都有所差距。但是,在"元宇宙"中 UGC(用户创作内容)将成为主流创作形式。这是因为作为"元宇宙"原住民的"M 世代"天生就具有一种与权威对抗的去中心化的思想,这也使得"去中心化"思想渗透在"元宇宙"中的各个方面。

在"元宇宙"中,未来的电影和电视剧在剧情和场景上都可以是开放式的,这种"开放式"并不是传统影视作品中情节在结尾留给观众想象空间的开放,而是剧情和场景创作的开放。在这种情况下,专业的内容生产者所创作的文本更像是供用户进行创作的开放式创作平台,大家可以共同为电影或电视剧增加剧情和场景。与抖音等短视频平台不同的是,这种电影和电视剧的开放式创作是不同用户针对同一个文本进行的持续创作,这种创作在一定程度上来说是永续的和开放的,只要有用户对剧情和场景进行添加,那么这一文本就永远处于变化之中。在 4G 时代抖音等短视频平台成为霸主的原因之一就在于它们降低了短视频的创作门槛。[2]

目前,作为全球首个将"元宇宙"概念写进招股书的沙盒游戏公司,

---

[1] 赵国栋、易欢欢、徐远重:《元宇宙》,中译出版社,2021,第 20 页。
[2] 赵国栋、易欢欢、徐远重:《元宇宙》,中译出版社,2021,第 100 页。

罗布乐思已经开始在降低用户创作门槛上做出努力。该公司为用户开发了一套用来进行创作的工具和方法，并且对创作工具进行了持续的优化，现在用户甚至只需要拖动鼠标就能够完成内容创作。最具有代表性的例子就是 Netflix 公司的电视剧《鱿鱼游戏》在开播后成为全球顶流剧集。而在该剧刚刚开播时，就有用户在罗布乐思中创造了剧中的所有场景供上亿玩家体验。虽然仅仅是场景的创造，但是用户在其中的体验已经为不同剧情的添加打下了基础，用户可以根据自己不同的游戏体验来设置不同的剧情，可以根据自己的喜好来对剧情和场景进行创作，将自己的价值观念、思想、喜好等通过创作融入作品中，搭建起一个属于自己的世界，通过穿戴式设备的技术加持，让自己在虚拟空间获得沉浸式体验，不仅可以通过全知视角观看其他玩家的体验过程，还可以切换限制视角以第一人称视角参与体验，在某种程度上，用户对这两种视角的反复切换，就如同影视作品中机位以及叙事视角的切换。用户在"元宇宙"中的数字虚体在未来完全可以成为电影或电视剧中的一个人物，直接参与到叙事中，成为作品的一部分。

三 跨越媒介的交互叙事

所有产业的蓬勃发展都需要有一个突破口作为爆点，游戏则作为"元宇宙"发展的突破口带动着构成"元宇宙"的其他要素持续发展。目前，以游戏为代表的娱乐产业是"元宇宙"中应用范围最广也最能诠释这一概念的产业。在技术上，游戏引擎的进步推动了虚拟世界的搭建，游戏中使用的 VR、AR 等技术也为人们接入虚拟世界提供了渠道。在社会价值上，游戏是人类文明的重要起源，人类正是通过游戏和玩耍的方式学会了各种生存技能，游戏中的奖惩机制也帮助人类建立了规则意识。从这个角度来说，是游戏引领了"元宇宙"的发展。游戏是"元宇宙"的雏形，同时沉浸式体验是游戏与影视作品共同的追求，因此，要想将传统影视作品内容创作接入"元宇宙"，就需要借鉴游戏的发展思路，在其中融入游戏的元素。

当前的"元宇宙"游戏除了开放式创作的特征之外，具备基础的经济系统、虚拟身份认同强、社交性强以及沉浸式体验也是其重要特征。[1] 加之虚拟世界与现实世界互通性的要求，通过跨越媒介的交互叙事来营造沉浸

---

[1] 赵国栋、易欢欢、徐远重：《元宇宙》，中译出版社，2021，第 61~62 页。

感成为影视创作接入"元宇宙"的重要途径。而 ARG（Alternative Reality Game）则为互动式影视作品的创作带来了启发。这种游戏集合了解密、探索、角色扮演等游戏元素，虽然落脚点在游戏上，但究其本质，这是一种跨越了多种媒介的交互式叙事，是通过互联网、手机、传统纸媒等线上线下方式共同搭建起来的叙事文本，其中最具有影响力的要数根据电影《蝙蝠侠：黑暗骑士》的剧情创作出的 ARG《为什么如此严肃？》，该游戏以电影文本中的事件为基础，通过线上和线下相结合的方式搭建起一个跨越现实世界和虚拟世界的故事空间。例如，在游戏中，处于现实空间的玩家会在邮箱中收到电影中虚构的"哥谭市"市政厅发来的电影人物哈维·丹特参加竞选的邮件，玩家可以通过注册账号的方式为这个虚构人物的竞选投上一票。种种情节设计都是为了给玩家营造一种高度沉浸式的游戏体验，构建一个跨越现实和虚拟两个维度的游戏空间。

　　随着数字技术和互联网的发展，人类迎来了全媒体时代。各种各样的媒介充斥着人类的生活，虚拟世界和现实世界的连接点也随之增多，正是这样一种媒介饱和的语境为 ARG 的诞生提供了条件。[①] 因此 ARG 的创作应该广泛利用各种媒介来推动剧情的发展。例如，《为什么如此严肃？》中游戏的设计者就在现实世界中建立了《今夜哥谭》这一虚构的访谈节目，以及《哥谭日报》等虚构的媒体平台，通过这些平台发布信息，推动剧情走向。这些媒介平台的使用使虚拟空间与现实空间以一种日常化的方式产生了交集。除此之外，为了达到高度的沉浸式体验，创作者还要通过各种手段来模糊游戏与现实的界限。在游戏中，无论支持"哈维·丹特"的选民还是"小丑"手下的恐怖分子，都不是游戏中的固定角色，而是通过剧情的推进，让玩家对人物逐渐产生认同，自主选择游戏中的阵营，并且不提供关于游戏的任何玩法介绍和规则指引，让玩家像日常生活一样自主探索。

　　因此，对于未来的影视作品的创作来说，文本内容不应该是封闭的，而应该结合多种媒介手段，打通虚拟世界和现实世界的壁垒，让作品在"元宇宙"与现实世界中共同完成叙事，使观众时刻感受到电影或电视剧带来的沉浸感。

---

① 张净雨：《互动式沉浸：ARG 的跨媒介交互叙事实践研究》，《当代电影》2021 年第 6 期。

四　IP 成为内容创作的核心要素

在数字技术大发展的今天，出现了许多以数字技术为载体的艺术形式如电影、电视、短视频等。艺术是文化的自然意识，数字艺术的繁荣是数字文化大繁荣的缩影。在元宇宙时代，物理世界的物质性约束越来越少，数字化艺术品以非物质性媒介为载体，虚拟的艺术信息存在于赛博空间，但其表现方式仍具有现实性，诸如头戴式、投影式、屏幕等类型的显示设备作为艺术信息载体在物理空间中构建了叠加性或覆盖性的信息空间。[1]

比如 VR、AR 等穿戴式设备打破了影视作品叙事的画框限制，传统美术作品通过 NFT 化，摆脱了画布和储存时间与空间的限制。元宇宙时代是数字文化大发展、大繁荣的时代，IP 作为文化具象化的标志，必将迎来新一轮的爆发。[2] 近年来，IP 越来越成为文化产业的核心竞争力，泡泡玛特这样一家以运营盲盒为主要业务的公司，其本质正是对 IP 价值的发掘和运用。在影视行业，漫威、DC、迪士尼等公司也打造了属于自己的 IP 产业，并且在全球范围内取得了成功。从 20 世纪 30 年代的《超人》《米老鼠》再到如今的《复仇者联盟》，都是 IP 在内容创作中重要性的体现。IP 成为内容创作核心要素的背后实则是"元宇宙"时代创造者经济成为数字经济增长方式的缩影。

IP 有着多种多样的表现形式，一个品牌、一个人物、一个故事都可以作为一个 IP 存在，而将不同的 IP 通过剧情串联起来就可以描述一个宏大的世界，最有代表性的就是漫威打造的"漫威宇宙"，将旗下众多 IP 串联在一起组成新 IP。而在"元宇宙"中，IP 有了新的表现形式，那就是转换为 NFT 数字产品。当前，市场较为成熟的是球星卡公司帕尼尼发行的 NBA 球星卡，该公司针对以往纸质球星卡的不易保存和真假混淆等弊端，将传统球星卡进行 NFT 化，转化为存储于区块链上的 NFT 球星卡进行发售。在"元宇宙"中，让人们感受到 IP 价值的还是在 NFT 加密头像领域，这些头像由用户个人原创，转换成 NFT 数字产品后在专属的交易平台进行交易。最近一个名叫加密猫的数字头像就以将近 2.6 亿元人民币的价格成交。除了

---

[1] 徐瀚祺：《流观审美：关于沉浸式艺术体验的一种解读》，《当代电视》2021 年第 12 期。
[2] 于佳宁、何超：《元宇宙：开启未来世界的六大趋势》，中信出版社，2021，第 222 页。

球星卡和加密头像这类亚文化的数字产品，传统美术作品也在"元宇宙"时代积极尝试数字化处理。2021年3月，在北京798艺术区的一个加密艺术展的开幕式上，画家冷军在将自己的绘画作品《新竹》转化成NFT数字艺术品后，对其在现场进行烧毁，宣告这一作品将以独一无二的数字艺术品的形式存在于虚拟空间。

作为数字艺术的代表形式，IP在电影和电视领域也会变得极其重要，将会在影视作品内容创作中起主导作用，因为IP是可以持续创作的，通过不同IP的组合以及对单个IP的深入挖掘，可以使IP不断焕发出新的生命力。IP的主导地位也给电影和电视带来了新的商业模式。以往的电影大多依赖电影票房以及IP影响力推动周边商品的销售，电视则更多依赖广告收益。但在"元宇宙"中，电影和电视可以将单个片段或场景转化为数字艺术品的形式进行销售。在2021年9月王家卫就发行了名叫《花样年华——刹那》的个人首个电影NFT作品，将电影中从未播放过的电影片段转换成数字艺术品的形式发行。这也给"元宇宙"时代中影视作品的创作和传播带来了更多的可能性。

五 小结

区块链，作为元宇宙的底层技术，其不可伪造、全程留痕、可以追溯、公开透明、集体维护等特征，能够解决元宇宙平台去中心化价值传输与协作问题。[1] 简单地说，"元宇宙+区块链"，可以创造一个数字新世界。在影视创作领域，除了目前AR、VR以及大数据等基建技术带来的技术加持之外，更多的还是要把握住内容创作的新方向，根据"元宇宙"的理念和特点来指导内容创作。而开放式的剧情和场景、跨媒介的文本叙事以及IP的核心地位也为影视作品内容创作接入"元宇宙"提供了思路。但是，我们也应该清醒地认识到，我们创作的是影视作品，而非一种技术加持下的沉浸式剧本杀，在结合"元宇宙"特点的时候仍应该保持电影和电视媒介自身的艺术技术特性。

---

[1] 黄安明、晏少峰：《元宇宙：开启虚实共生的数字平行世界》，中国经济出版社，2022，第146页。

第十章 结束语：可预见的未来与电视媒介进化论的技术哲学反思

达尔文主义最杰出的代表即英国博物学家托马斯·赫胥黎，其所著《进化论与伦理学》（*Evolution and Ethics*）由中国著名翻译家严复有选择地意译为《天演论》，在这本意译著里，严复结合中国国情加入许多自己的观点，对赫氏原著中进化论只适用于自然界而不适用于人类社会的观点弃之不用，采纳斯宾塞的学说，以进化论演说人类社会，提出"物竞天择，适者生存"的观念，名重一时，影响深远。[①] 笔者受其启发，在媒介生态环境的剧烈变革中对电视媒介创新发展坚持研究十多年，每年写一篇电视新媒体发展相关报告，散见发表于《新媒体蓝皮书》《世界传媒产业评论》《现代视听》等论文集刊或期刊，如同"年鉴"一般蠡测电视媒介的进化。

一 新技术应用对我国电视媒介进化影响的可预见的未来

2021年9月，国家广播电视总局发布《广播电视和网络视听"十四五"发展规划》，从中我们可以看到未来五年，新技术应用对于电视媒介进化的影响。

在科技创新应用方面，"十三五"以来，我国广播电视和网络视听科技创新引领转型升级，全媒体传播力不断提升。其以智慧广电工程为牵引，深化广播电视与新一代信息技术融合创新，推动媒体融合发展，打造智慧广电媒体，发展智慧广电网络。以广播电视播出传输机构为依托的融媒体建设不断提速，打造推出一批各具特色的融媒体中心、融媒体产品、融媒体服务，媒体融合传播力大幅提升。大数据、云计算、5G、人工智能、超高清、VR/AR等技术在广电领域应用更加广泛，全媒体制播端到端流程再造、体系重构加速推广。5G高新视频系列技术标准不断健全，研发应用更

---

① 〔英〕托马斯·赫胥黎：《天演论》，严复译，译林出版社，2014，第6页。

深地融入制作传播体系。中国广电 5G 试验网建设有效实施，5G 广播电视技术应用、试验验证、标准制定推动业务开发和产业生态不断完善。超高清电视、高效音视频编码、智能电视操作系统、应急广播、收视大数据、视音频内容分发数字版权管理等一批行业标准和技术规范相继发布，推动广播电视科技创新体系不断升级。[1]

"十四五"期间，以 5G、大数据、云计算、物联网、人工智能、区块链等技术为代表的新一轮信息革命浪潮，带来技术路线革命性变化和生产模式突破性创新，信息无处不在、无所不及、无人不用，导致舆论生态、媒体格局、传播方式发生深刻变化，给广播电视和网络视听传播工作带来新的挑战，也为融合发展、迭代升级带来重大机遇。[2] 在发展目标方面，我国广播电视和网络视听行业要达到"科技创新有效赋能行业发展，智慧广电全业务服务模式基本建立"。新一代信息技术在广播电视和网络视听行业深度融合、广泛应用，科技创新持续驱动广播电视迭代升级，广播电视媒体内容生产技术体系优化重构，主流媒体融合传播网、数字文化传播网、基础战略资源网建设取得显著成效，新型智慧广电终端普遍应用，高新视频、全场景视听、云转播、广电 5G 融合服务等新业态在政用、民用、商用领域不断拓展，智慧广电全业务服务模式赋能千行百业数字化智慧化转型。

具体而言，"十四五"期间，我国广播电视和网络视听行业要"强化科技创新引领支撑，推动广播电视技术迭代与网络重构"。坚持高起点、高标准，紧盯科技前沿，大力促进云计算、大数据、物联网、区块链、IPv6、人工智能、5G 等新一代信息技术革命成果在广电行业广泛融合应用，推进广电原创和关键核心共性技术研发部署、综合应用、相互支撑和集成创新，实现高科技支撑迭代发展新突破。推动建立开放、融合、智慧的新型广播电视和网络视听技术体系，引导多元主体参与建立协同化的科技创新生态。聚焦重点领域，布局一批国家广播电视总局实验室和重点实验室，支持建设一批支撑科学研究、技术开发、产品研制的具有公益性的基础设施，支撑全行业科技创新发展。加快智慧广电视听节目技术规格升级，推进节目内容形态创新，大力开展超高清视频、三维声、VR、AR、MR、360°全景

---

[1] 国家广播电视总局：《广播电视和网络视听"十四五"发展规划》，2021 年 9 月。
[2] 国家广播电视总局：《广播电视和网络视听"十四五"发展规划》，2021 年 9 月。

视频、全息成像等新视听技术研究，建立新视听节目的拍摄、制作、存储、播出、分发、呈现全链条技术体系。持续推进全国有线电视网络整合和广电 5G 建设一体化发展，统筹有线、无线、卫星、互联网等多种手段，推进协同承载和互联互通，打造功能更加强大的主流媒体融合传播网、数字文化传播网、基础战略资源网。加快全国有线电视网络互联互通平台和广电网络资源大数据平台建设，提升全国一网的综合业务承载能力和宽带网络能力，加快完成骨干网络云化、光纤化、IP 化改造。以共享共建方式，加快推进广电 5G 网络建设，加强广电 5G 新技术研究，增强 5G 条件下新业务开发和监测监管能力，推动"云、网、端"资源要素相互融合和智能配置，实现有线无线融合发展，积极开展软件定义网络、工业互联网、量子信息等新型网络信息技术在广电网络中的集成应用和示范推广，将广电网络打造为"政用、民用、商用"相结合，集融合媒体传播、智慧广电承载、智能万物互联、移动通信运营、国家公共服务于一体的国家信息化基础设施和战略资源基础设施。有效发挥全国有线电视网络设施和广电 5G 网络在国家文化专网、国家文化大数据体系建设中的重要作用。加快推进高清、超高清电视制播能力建设和电视频道高清化改造。稳步推进中短波数字化。加快新一代卫星技术系统应用部署，向 IP 化、双向化演进，进一步提高智慧广电业务承载能力。加速推进 IPTV 集成平台、互联网电视集成平台和内容服务平台升级改造，积极开展 4K 超高清和 5G 高新视频传输试验。加快推动广电数据资源高效汇聚、协同开发和合理利用，构建以数据为关键要素、以创新为主要引领的广电大数据应用体系，为智慧广电建设提供有力支撑。加快智慧广电终端用户体验升级，迭代部署新型智能终端，不断增强对智慧广电业务和应用的承载能力。推进智能电视操作系统技术演进，促进智能电视操作系统在有线电视网络、IPTV、直播卫星、互联网电视以及智能家庭网关、智能电视等领域广泛部署应用。[1]

"十四五"期间，智慧广电新型基础设施建设主要有如下九个方面。[2]

第一，广电 5G 网络建设。积极响应国家共建共享举措，充分利用已建成设施和网络资源，以用户和市场为导向，加快推进广电 5G 700MHz 网络

---

[1] 国家广播电视总局：《广播电视和网络视听"十四五"发展规划》，2021 年 9 月。
[2] 国家广播电视总局：《广播电视和网络视听"十四五"发展规划》，2021 年 9 月。

和全国广电网络互联互通 5G 承载网、IP 数据网建设，大力发展可充分体现 5G 新技术与高性能的新型媒体业务。积极推动国际 5G 广播标准制定，开展技术实验，逐步推广建设全国 5G 广播电视网络和业务平台，推动有线无线、广播通信、大屏小屏协同发展。第二，推动全国有线电视网络互联互通建设。建设"五横五纵"向"七横七纵"演进的有线电视骨干网络、服务于广电融合发展的广电云平台及运营支撑系统、广电宽带数据网，推进有线网络双向化、宽带化改造及终端智能化升级，建设改造机房等相关基础设施。第三，广电 5G 业务应用平台。积极整合集成国家各类宣传文化资源和优秀节目资源，打造内容为王的创新业务模式。建设以 5G 为传输方式，面向广播电视网、互联网、电信网的互联互通、共建共享、可管可控的内容平台，研究探索适应 5G 应用场景、满足多终端需求的 5G 频道。建设主要面向 5G 直播态节目内容的播控体系，实现直播主体认证、直播安全、内容审核、调度分发、智慧监管等全流程管理。第四，推动广电 5G 创新应用测试验证服务平台建设。探索建设包括端到端测试网络环境、应用及业务测试、网络测试、无线网络规划等方面的测试验证平台，综合完善与提升 5G 应用测试评价体系，积极推进行业应用创新与生态发展。第五，推进广电全媒体智能终端研发与产业化。研究新一代智慧电视屏关键技术，研发智慧家庭信息终端，推动智慧广电终端云端化、软件化、便捷化，开展技术试验与规模应用，打造自动化管理及检测认证平台，推进智能电视操作系统迭代升级。第六，推进全国高清超高清电视能力建设。继续推进高清、超高清制播能力建设，加快 4K 超高清节目内容拍摄、制作、交易与版权保护等全链条技术体系与生态体系建设，探索 8K 超高清节目内容生产。加快推进全国电视 4K 超高清制播能力提升和电视频道高清化改造，到"十四五"末，全国地市级以上广播电视台基本实现高清播出，省级以上广播电视台基本具备超高清制播能力。第七，超高清标准研究和应用测试平台。建设超高清标准研究与应用测试平台，包括 5G+4K/8K 视频采集测试评价子平台、超高清制播测试评价子平台和超高清视频质量测试评价子平台，实现 8K 超高清和 IP 化制播的标准研究与评测，4K/8K 超高清节目技术质量自动化规模化评估，服务超高清行业技术迭代升级，促进超高清产业健康发展。第八，推动 4K/8K 试验频道及云转播平台建设。以服务北京冬奥会转播为契机，推动建设 4K/8K 试验频道，对 4K/8K 超高清电视整体技术方案可行性进行全面验证，推进从 4K/8K 拍摄、编辑、存储分发到终端播放的全流程贯通。推动云转播在体育、演出、教育等场景的落地应用，融合 AI、云计算技术，提供超高清内容分发、云端编解码、在线编辑和视频直播录播等功能，创新转播方式，培育消费新模式。第九，完善广电创新应用技术标准体系。开展云平台、大数据、区块链、高新视频、5G 广播电视、融合媒体等领域的标准化研究，及时制订、修订紧迫性、关键性标准，统筹行业标准与国家标准、国际标准及团体标准之间的关系，形成完整的标准体系。

二 电视媒介进化论的技术哲学反思

美国媒介环境学派著名代表人物保罗·莱文森将其博士学位论文定名为《人类历程回放：媒介进化论》，考查媒介演化的历史过程，吸取达尔文自然进化论灵感，提出"人性化媒介理论"，将"媒介进化"界定为"媒介随着实践的推移产生的变化"，[①] 认为媒介进化的规则是"适者生存"，并提出媒介进化将遵循"人性化趋势"的观点。笔者翻阅每年一篇散见发表的电视新媒体观察研究报告，结合多年从事广播电视实践工作的经验，深感作为技术发展产物的电视媒介，从模拟电视到数字电视，从单向传播到互动传播，从客厅电视到移动电视，从有线电视到网络电视，随着技术应用创新而变，俨然成为在新媒体技术影响下具有典型意义的"媒介进化"标本。由此，依循数字技术、互联网、云计算、大数据、物联网、虚拟现实、人工智能、5G、区块链等新技术应用创新对电视媒介进化的影响，写一部《电视媒介进化论》的想法产生了。

黄欣荣教授的著作《现代西方技术哲学》全面系统地阐述了现代西方技术哲学家的主要思想观点及其演变轨迹，比如"德绍尔要建立一种以人类技术活动为研究对象的哲学"，芒福德要"恢复人在技术发展中的主体地位，实现人和技术的协调发展"，奥特加主张"技术进化分期的最好标准是人和技术的关系"，海德格尔认为"通过技术的追问，可以寻求人生与天道的契合"，德鲁克认为"技术与人类的劳动相关"，等等。[②] 在对西方技术哲

[①] 〔美〕保罗·莱文森：《人类历程回放：媒介进化论》，邬建中译，西南师范大学出版社，2017，第 184 页。
[②] 黄欣荣：《现代西方技术哲学》，江西人民出版社，2011，第 3 页。

学的整体把握上，这本书将其概括为"技术哲学的两种研究传统"。① 一是工程技术哲学传统（Engineering Philosophy of Technology，EPT），主要是从技术系统内部对技术概念、性质、方法、认知结构和客观表现形式等进行逻辑分析。工程技术哲学由于侧重技术内部的发展逻辑，分析技术本身的相关问题，从建设性的视角、肯定性的态度来分析、研究技术，因此其研究方式更像如今的科学哲学，是建设性的技术哲学，因此被米切姆称为技术哲学这对孪生子中的长子。代表人物有德国学者卡普（"器官投影论"）、俄国工程师彼得·恩格迈尔、德国化学工程师齐美尔、德国X射线专家德绍尔（"第四王国论"）、德国学者拉普、管理大师德鲁克（"技术动力论"）、美国学者巴萨拉（"技术进化论"）等。二是人文技术哲学传统（Humanities Philosophy of Technology，HPT）或所谓的解释学的技术哲学，主要是用非技术或超技术的观点解释技术意义的一种尝试，即试图解释技术与超技术的事物如宗教、艺术、文学、伦理、政治等的关系，力图增强对非技术事物的意识。代表人物和理论有美国学者刘易斯·芒福德的"技术文明论"、西班牙哲学家奥特加·加塞特的"技术存在论"、德国哲学家马丁·海德格尔的"技术本体论"和法国技术哲学家雅克·埃吕尔的"技术自主论"等，此外，还有美国实用主义代表人物杜威的"生产性实用主义的技术哲学"、温纳的"技术政治论"、鲍尔格曼的"技术实在论"、芬伯格的"新的社会批判论"、伊德的"技术现象学"和米切姆的"技术本质论"等等。

从"电视媒介进化论"的研究对象和研究思路来看，笔者更倾向于做一个建设性的技术哲学研究，即对数字技术、互联网、云计算、大数据、物联网、虚拟现实、人工智能、5G、区块链等相关新媒体技术的产生、发展、概念和特质进行工程技术哲学的"新技术是什么"的研究，继而具体分析其对电视媒介进化可能产生的影响，也就是"电视媒介怎样进化"的技术原理和应用探讨。如果对电视媒介进化影响再细分，可以分为新媒体技术对于电视内容生产的影响、对于电视传播功能的影响等。这样，每一种新媒体技术的"电视媒介进化论"研究，大体可以分为三个部分：一是新媒体技术本身的概念、特征、发生、发展；二是探讨该种新技术应用会对电视媒介内容生产带来哪些影响；三是探求该种新技术应用会对电视媒

---

① 黄欣荣：《现代西方技术哲学》，江西人民出版社，2011，第18~25页。

介传播功能带来哪些影响。但是，工程技术哲学的研究传统，要求研究者像技术工程师一样熟悉科学技术领域，传统文科学者的知识储备和教育背景往往难以满足这一基本要求，其更适合从技术的外部发力，进行人文技术哲学方向的批判和反思。

吴国林教授主持的教育部哲学社会科学研究重大课题攻关项目"当代技术哲学的发展趋势研究"于2017年10月顺利通过评审，该研究的报告勾勒了国外技术哲学的总体框架，提供了国内技术哲学探索的基本图谱。具体研究德国、美国、英国、荷兰、俄罗斯和日本等国家的技术哲学研究的历史和现状，构建了分析技术哲学的系统性研究纲领，确定当代重要的分支技术是纳米技术、生物技术、信息技术、认知科学和量子技术，将人工智能技术纳入认知技术之中，认为以这五种技术为代表的高新技术的哲学研究给原有技术哲学的研究带来了新的挑战。[1] 对于"信息技术哲学"，吴国林等认为，信息技术哲学的意义有三个。[2] 一是可以促进技术哲学研究的繁荣。二是可以将我们的视野导向具体的信息技术，从而进入"微观技术"的领域，诸如计算机、互联网、人工智能、新媒体等，形成相应的"计算机哲学""互联网哲学""人工智能哲学""新媒体哲学"等，由此构成更微观的或更下一级分支的信息技术哲学。三是有助于我们进一步探讨人的发展问题，从而具有重要的人学意义。信息技术哲学的主要论域有以下三方面。[3] 其一，信息技术本体论。主要包括信息技术的本质论、存在论和实在论问题。"信息技术"作为由"信息"和"技术"组成的一个复合词，其直接的含义应该涵盖所有涉及信息的收集、识别、提取、变换、存储、传递、处理、检索、检测、分析和利用等的技术。为了在一定语境中把计算机和互联网与IT相等同的约定俗成同"信息技术"的构词本身所涵盖的语义内容相区别，可以将前者称为"狭义信息技术"，而将后者称为"广义信息技术"。后者是扩展人的信息功能的手段的总和，是"信息技术"从日常用法过渡到哲学用法后的所指。其二，信息技术认识论。现代信息技术对人类的认识介入更多的是以"问题"的方式呈现出来的，它带来了许多

---

[1] 吴国林等：《当代技术哲学的发展趋势研究》，经济科学出版社，2019，第2页。
[2] 吴国林等：《当代技术哲学的发展趋势研究》，经济科学出版社，2019，第362页。
[3] 吴国林等：《当代技术哲学的发展趋势研究》，经济科学出版社，2019，第361~372页。

新的认识论的问题。比如在认识对象上，虚拟技术带来了虚拟对象。虚拟对象可以说是由技术所创造出来的一种"实在"，其中最主要的情形就是由信息技术所显现出来的具有实在性或实在感的现象。如果把技术作为器具、人工制品的实在称为"第一种技术实在"，那么我们可以把由信息技术所显现出来的实在称为"第二种技术实在"。虚拟实在在某种意义上也是一种仪器显示，但不是抽象的显示，而是形象的显示，并且也是一种具有认识功能的显示：它是由一种物（人造系统中声光电的刺激）替代另一种物（实际的对象）来"引起"人的相应感觉。可见虚拟对象既不是真实的物理世界，也不是虚无；它既不完全等同于实在，也不完全等同于虚幻，是虚幻与实在的交界面，是"半虚半实"的一种负载着信息的物质性存在。其中的刺激是真实的，在脑中的印象是主观生成的，是一种模拟刺激造就出来的人脑中的一种信息状态。所以也可以视其为一种"新型的实在"。其三，信息技术人本论和价值论。信息技术在当代的发展正在形成对"人是什么"的传统理解的冲击，从而"影响了我们对于人的定义"，其中最典型的就是有关"赛博人"的探讨。所谓"赛博人"一般被定义为：一个人体能经由机械而得到拓展与延伸进而超越人体（能力）的限制，或一个人由机械或是电子装置辅助或控制某种程度的生理过程。在这里，人类和技术发生了融合，包括越来越多的设备植入人的身体，甚至电子设备植入人的大脑；人类和电脑的界限将变得不再明显；它作为机械和人的结合体，部分是有机的，部分是无机的。人在信息技术介入下所发生的特征甚至本质改变，也就是人借助信息技术所实现的发展，可被称为"人的数字化发展"。由此，在信息技术与人生意义问题上，我们无疑会面临价值困境。回到"电视媒介进化论"的研究视角，上述这些观点无疑是作为信息传播载体的电视媒介的进化研究中应该关注的问题，尤其是虚拟现实技术带来的信息传播环境和观看对象的虚实变化，以及与人工智能技术有关的"赛博人"等问题，都是新媒体技术对电视媒介进化所带来的影响的多样化呈现，丰富了"电视媒介进化论"研究的多重维度。

中国技术哲学学科的创始人陈昌曙教授，在其专著《技术哲学引论》中，以技术哲学中的10个基础问题为起点，响亮地回答了"在技术中是否存在令人信服的哲学"问题，他认为"技术哲学是对人类改造自然过程的总体性思考，是关于技术发展的根本观点和普遍规律的学问"。全书论述了技术哲学的研究对象、发展历史和基本问题，技术的基本特点，技术与社会的相互关系等。全书共分为十二章，分别是：[①]"应该从哲学的观点考察技术""技术哲学的生成""从天然自然到人工自然""创造人工自然的技术领域""技术及其系统""技术活动过程""技术发展的特点""技术与科学的关系""技术的社会作用""社会对技术发展的制约""技术批判主义的启示""技术与未来"。这种技术哲学的系统研究框架，也为本书的"电视媒介进化论"研究提供了有益的借鉴。

当然，由于笔者没有计算机和技术哲学高等教育的背景，也不具备技术工程师的科学技术素养，故而在实际研究中困难重重。因此，数字技术、互联网技术、云计算、大数据、物联网、虚拟现实、人工智能、区块链、5G等新媒体技术的起源和发展等"技术本体论"，在笔者的研究和写作中被过滤和舍弃，而直接进入了各项新媒体技术对于电视媒介进化的影响探析。由于科学技术学养不足，也没能严格按照前述对电视媒介内容生产和传播功能两个方面进行深入研究，部分章节有些随感的味道，还有些思考薄弱的新媒体技术如区块链和物联网则合并为一章，可见文科科研工作者要想进行工程技术哲学的传统研究，实在不易。

这本书的写作还留有深深的遗憾，比如没有严格按照几种新媒体技术形态的技术发生发展简明史、该种新技术对电视媒介内容生产带来的影响、该种新技术对电视媒介传播功能带来的影响等三个部分整体划一地进行研究和写作呈现，再如对人工智能"后人类"和"赛博人"、虚拟现实的"信息存在"等没有细致深入地加以研究和思考，还有没能发现不同新媒体技术对电视媒介进化的影响机制的统一规律性等。本书只是在前辈学人技术哲学成果的基础上，对电视媒介这个研究对象在新技术作用下"媒介进化"的已然与应然做了一些力所能及的思考，并依赖对电视媒介进化现象多年的观察和"年鉴"似的数字电视、媒体融合、新媒体技术应用创新发展报告，予以粗浅的呈现。当前，文理工交融的"新文科"建设正在如火如荼地进行，融合边界的跨学科研究，对科学技术素养和技能的掌握也越来越提倡，在这个意义上，本书只是一块引玉的砖头，期待更多更加严谨深入、更具学理性的"电视媒介进化论"问世，以弥补前述的种种遗憾。

[①] 陈昌曙：《技术哲学引论》，科学出版社，2012，封面及目录。

参考文献

著作

［1］车致新：《媒介技术话语的谱系——基特勒思想研究》，北京大学出版社，2019。

［2］陈昌曙：《技术哲学引论》，科学出版社，2012。

［3］陈鹏：《中国互联网视听行业发展报告（2018）》，社会科学文献出版社，2018。

［4］陈曦、意娜：《U40文化产业青年学者文集（2015）》，云南大学出版社，2016。

［5］方洁：《数据新闻概论》（第2版），中国人民大学出版社，2019。

［6］高红波：《电视媒介融合论：融媒时代的大电视产业创新发展》，社会科学文献出版社，2018。

［7］高红波：《新媒体节目形态》，河南大学出版社，2013。

［8］高红波：《中国IPTV城乡传播体系建构研究》，中国书籍出版社，2012。

［9］国家广播电影电视总局发展研究中心：《中国视听新媒体发展报告（2011）》，社会科学文献出版社，2011。

［10］国家新闻出版广电总局发展研究中心：《中国视听新媒体发展报告（2015）》，社会科学文献出版社，2015。

［11］国家新闻出版广电总局网络节目管理司、国家新闻出版广电总局发展研究中心：《中国视听新媒体发展报告（2017）》，中国广播影视出版社，2017。

［12］何伟等：《中国数字经济政策全景图》，人民邮电出版社，2022。

［13］何宗就：《2016—2017中国电视媒体融合发展报告》，中国广播

影视出版社，2017。

［14］黄安明、晏少峰：《元宇宙：开启虚实共生的数字平行世界》，中国经济出版社，2022。

［15］黄建波：《一本书读懂物联网》，清华大学出版社，2017。

［16］黄升民等：《中国数字新媒体发展战略研究》，中国广播电视出版社，2008。

［17］黄欣荣：《现代西方技术哲学》，江西人民出版社，2011。

［18］李开复、王咏刚：《人工智能》，文化发展出版社，2017。

［19］李婷：《人与机器共同进化》，电子工业出版社，2014。

［20］李晓妍：《万物互联：物联网创新创业启示录》，人民邮电出版社，2017。

［21］李彦宏等：《智能革命——迎接人工智能时代的社会、经济与文化变革》，中信出版集团，2017。

［22］雷蔚真：《社会与电视转型——媒体数字化理论研究》，中国大百科全书出版社，2012。

［23］鲁曙明、洪浚浩：《传播学》，中国人民大学出版社，2007。

［24］陆晔、赵民：《当代广播电视概论》，复旦大学出版社，2012。

［25］孟群：《电视数字制作：融合·虚拟·互动》，北京师范大学出版社，2010。

［26］梅宁华、支庭荣：《中国媒体融合发展报告（2019）》，北京：社会科学文献出版社，2019。

［27］尼克：《人工智能简史》，人民邮电出版社，2017。

［28］牛勇平：《传媒产业资本运营》，经济管理出版社，2014。

［29］吴信训主编《世界传媒产业评论》（第4辑），中国国际广播出版社，2009。

［30］石长顺：《电视传播学》，华中理工大学出版社，2000。

［31］孙毅：《数字经济学》，机械工业出版社，2022。

［32］唐晓华：《现代产业经济学导论》，经济管理出版社，2011。

［33］腾讯研究院等：《人工智能：国家人工智能战略行动抓手》，中国人民大学出版社，2017。

［34］田智辉：《新媒体传播——基于用户制作内容的研究》，中国传媒

大学出版社，2008。

　　[35] 吴国林等：《当代技术哲学的发展趋势研究》，经济科学出版社，2019。

　　[36] 吴国盛：《技术哲学经典读本》，上海交通大学出版社，2008。

　　[37] 万彬彬：《科学纪录片研究》，中国传媒大学出版社，2011。

　　[38] 夏德：《大规模定制的供应链运作机理与方略》，中国经济出版社，2012。

　　[39] 肖峰：《信息技术哲学》，华南理工大学出版社，2016。

　　[40] 谢方：《媒体多维产业与AI聚变》，中国广播影视出版社，2018。

　　[41] 闫勇、李瑶：《电视媒体融合发展的探索与实践》，九州出版社，2018。

　　[42] 杨继红：《新媒体融合与数字电视》，清华大学出版社，2008。

　　[42] 杨伟光：《我在央视当台长》，新星出版社，2017。

　　[43] 杨伟光：《中国电视论纲》，中国广播电视出版社，1998。

　　[44] 姚宏宇、田溯宁：《云计算：大数据时代的系统工程》，电子工业出版社，2013。

　　[45] 易绍华：《电视的活路：数字化背景下电视媒体的网络化生存研究》，厦门大学出版社，2010。

　　[46] 于春玲：《文化哲学视阈下的马克思技术观》，东北大学出版社，2013。

　　[47] 于佳宁、何超：《元宇宙：开启未来世界的六大趋势》，中信出版社，2021。

　　[48] 张锐：《视听变革：广电的新媒体战略》，新华出版社，2015。

　　[49] 张咏华：《媒介分析：传播技术神话的解读》（第2版），北京大学出版社，2017。

　　[50] 张振华、欧阳宏生、张君昌：《中国广播电视学》，中国国际广播出版社，2018。

　　[51] 赵国栋、易欢欢、徐远重：《元宇宙》，中译出版社，2021。

　　[52] 中国社会科学院工业经济研究所未来产业研究组：《影响未来的新科技新产业》，中信出版集团，2018。

　　[53] 中国社会科学院新闻与传播研究所：《中国新媒体发展报告

（2019）》，社会科学文献出版社，2019。

［54］周艳：《中国数字电视产业政策的形成研究》，中国传媒大学出版社，2007。

［55］朱近之：《智慧的云计算：物联网的平台》（第2版），电子工业出版社，2011。

译著

［1］〔奥〕弗雷德蒙德·马利克：《战略：应对复杂新世界的导航仪》，周欣、刘欢等译，机械工业出版社，2013。

［2］〔德〕瓦尔特·本雅明：《机械复制时代的艺术作品》，王才勇译，中国城市出版社，2002。

［3］〔荷兰〕约斯·德·穆尔：《赛博空间的奥德赛：走向虚拟本体论与人类学》，麦永雄译，广西师范大学出版社，2007。

［4］〔加〕哈罗德·伊尼斯：《传播的偏向》，何道宽译，中国人民大学出版社，2003。

［5］〔美〕沃尔特·麦克道尔、艾伦·巴滕：《塑造电视品牌：原则与实践》，马敏译，中国传媒大学出版社，2006。

［6］〔美〕保罗·莱文森：《人类历程回放：媒介进化论》，邬建中译，西南师范大学出版社，2017。

［7］〔美〕保罗·莱文森：《思想无羁》，何道宽译，南京大学出版社，2003。

［8］〔美〕保罗·莱文森：《数字麦克卢汉：信息化新纪元指南》，何道宽译，社会科学文献出版社，2001。

［9］〔美〕保罗·莱文森：《数字麦克卢汉：信息化新千纪指南》（第2版），何道宽译，北京师范大学出版社，2014。

［10］〔美〕布莱恩·阿瑟：《技术的本质》，曹东溟、王健译，浙江人民出版社，2014。

［11］〔美〕大卫·阿什德：《传播生态学：文化的控制范式》，邵志择译，华夏出版社，2003。

［12］〔美〕大卫·波维特：《价值网：打破供应链 挖掘隐利润》，仲伟俊译，人民邮电出版社，2000。

[13]〔美〕丹尼尔·贝尔:《后工业社会》(简明本),彭强译,科学普及出版社,1985。

[14]〔美〕菲利普·科特勒:《营销管理》,梅清豪译,上海人民出版社,2003。

[15]〔美〕埃·弗洛姆:《为自己的人》,孙依依译,生活·读书、新知三联书店,1988。

[16]〔美〕卡尔·米切姆:《技术哲学概论》,殷登祥、曹南燕等译,天津科学技术出版社,1999。

[17]〔美〕凯文·凯利:《必然》,周峰、董理、金阳译,电子工业出版,2016。

[18]〔美〕林文刚:《媒介环境学:思想沿革与多维视野》,何道宽译,北京大学出版社,2007。

[19]〔美〕罗伯特·斯考伯、谢尔·伊斯雷尔:《即将到来的场景时代》,赵乾坤、周宝曜译,北京联合出版公司,2014。

[20]〔美〕罗杰·菲德勒:《媒介形态变化——认识新媒介》,明安香译,华夏出版社,2000。

[21]〔美〕马克·波斯特:《第二媒介时代》,范静哗译,南京大学出版社,2005。

[22]〔美〕马丁·迈耶:《美国商业电视的竞争》,刘燕南、肖弦弈、和轶红译,中国传媒大学出版社,2007。

[23]〔美〕迈克尔·波特:《竞争优势》,陈小悦译,华夏出版社,1997。

[24]〔美〕米歇尔:《图像学》,陈永国译,北京大学出版社,2012。

[25]〔美〕尼尔·波兹曼:《科技奴隶》,何道宽译,台湾博雅书屋有限公司,2010。

[26]〔美〕尼尔·波兹曼:《娱乐至死》,章艳译,广西师范大学出版社,2011。

[27]〔美〕尼葛洛庞帝:《数字化生存》,胡泳等译,海南出版社,1997。

[28]〔美〕Ray Kurzweil:《奇点临近》,李庆诚、董振华、田源译,机械工业出版社,2021。

[29]〔美〕斯蒂芬·马斯克勒特,罗伯特·A.克莱恩:《广播、电视和网络:宣传与营销》,刘微译,中国传媒大学出版社,2008。

[30]〔美〕杰克·特劳特、史蒂夫·瑞维金:《新定位》,李正栓、贾纪芳译,中国财政经济出版社,2002。

[31]〔美〕Wes Simpson, Howard Greenfield:《IPTV 与网络视频:拓展广播电视的应用范围》,郎为民、焦巧译,机械工业出版社,2008。

[32]〔美〕约瑟夫·C·皮特:《技术思考——技术哲学的基础》,马会端、陈凡译,辽宁人民出版社,2012。

[33]〔美〕约书亚·梅罗维茨:《消失的地域:电子媒介对社会行为的影响》,肖志军译,清华大学出版社,2002。

[34]〔葡萄牙〕Jonathan Rodriguez:《5G:开启移动网络新时代》,江甲沫等译,中国工信出版集团,2016。

[35]〔日〕吉川弘之、内藤耕:《产业科学技术哲学》,王秋菊、陈凡译,辽宁人民出版社,2015。

[36]〔英〕达尔文:《物种起源》,谢蕴贞译,伍献文、陈世骧校,中华书局,2012。

[37]〔英〕丹尼·卡瓦拉罗;《文化理论关键词》,张卫东等译,江苏人民出版社,2013。

[38]〔英〕丹尼斯·麦奎尔、〔瑞典〕斯文·温德尔《大众传播模式论》(第2版),祝建华译,上海译文出版社,2008。

[39]〔英〕吉莉安·道尔:《理解传媒经济学》,李颖译,清华大学出版社,2004。

[40]〔英〕托马斯·赫胥黎:《天演论》,严复译,译林出版社,2014。

[41]〔英〕维克托·迈尔-舍恩伯格、肯尼思·库克耶:《大数据时代:生活、工作与思维的大变革》,盛杨燕、周涛译,浙江人民出版社,2013。

论文

[1] 白龙:《从区块链到媒体链:后真相时代假新闻事实核查启示》,《视听》2018年第11期。

[2] 蔡雯:《媒介融合前景下的新闻传播变革——试论"融合新闻"及

其挑战》,《国际新闻界》2006 年第 5 期。

[3] 陈晨、李丹:《"云录制"与"云综艺":一场非常时期的媒体创新实验》,《影视制作》2020 年第 3 期。

[4] 陈峻、张佳:《打造以版权管理为核心的云媒资平台——探索版权资产精细化管理的思路》,《中国广播电视学刊》2012 年第 11 期。

[5] 陈先红:《论新媒介即关系》,《现代传播》(中国传媒大学学报)2006 年第 3 期。

[6] 戴维维:《新闻类节目云录制系统方案探索与实践》,《影视制作》2021 年第 2 期。

[7] 方楠:《VR 视频"沉浸式传播"的视觉体验与文化隐喻》,《传媒》2016 年第 10 期。

[8] 冯雯璐:《区块链在传媒领域的应用探索》,《科技传播》2018 年第 4 期。

[9] 高红波:《2017 年中国电视融媒体产业创新发展报告》,《现代视听》2018 年第 1 期。

[10] 高红波:《"互联网+电视":中国电视融媒体产业的场域空间》,《现代传播》(中国传媒大学学报)2018 年第 9 期。

[11] 高红波:《IPTV:"互联网+"对我国视频媒介进化影响的典型样本》,《声屏世界》2018 年第 11 期。

[12] 高红波:《数字电视产业,谁的盛宴?》,《视听界》2012 年第 2 期。

[13] 高红波:《VR 影视:中国电视融媒体产业新的增长空间》,《声屏世界》2016 年第 7 期。

[14] 高红波:《中国电视融媒体产业的创新与发展》,《教育传媒研究》2016 年第 4 期。

[15] 高红波:《中国虚拟现实(VR)产业发展的现状、问题与趋势》,《现代传播》(中国传媒大学学报)2017 年第 2 期。

[16] 高红波、陈成:《物联网对视频媒介进化的影响研究》,《新闻爱好者》2019 年第 4 期。

[17] 何梦祎:《媒介情境论:梅罗维茨传播思想再研究》,《现代传播》(中国传媒大学学报)2015 年第 10 期。

［18］惠东坡：《电视媒体 VR 技术应用的创新价值》，《中国电视》2020 年第 3 期。

［19］季世：《拨云见日云计算》，《中国数字电视》2011 年 2~3 月号总第 75 期。

［20］李亘：《5G 时代电视的进路：载体重构、文本创新与融合传播》，《传媒》2020 年第 23 期。

［21］李秋红：《"云录制"的创新与展望》，《传媒》2020 年第 13 期。

［22］李育林：《云计算在广播电视领域中的应用探究》，《有线电视技术》2012 年第 1 期。

［23］李玉薇：《浩瀚云媒资构建全台　云新媒体工厂开创新价值——访中科大洋系统产品部总经理毛烨先生》，《广播电视信息》2012 年第 9 期。

［24］刘芊芊、秦雪晶：《东方卫视：云综艺的探索与面向未来的筹谋》，《上海广播电视研究》2020 年第 2 期。

［25］刘庆振：《媒介融合新业态：智能媒体时代的媒介产业重构》，《编辑之友》2017 年第 2 期。

［26］刘瑞一：《云综艺：兴起逻辑、视听魅力及未来可能》，《现代视听》2020 年第 12 期。

［27］陆高峰：《区块链能否成为传媒业的下一个风口》，《新闻论坛》2018 年第 4 期。

［28］栾心怡：《传媒业中的区块链：虚假新闻的天敌》，《青年记者》2018 年第 20 期。

［29］彭兰：《万物皆媒——新一轮技术驱动的泛媒化趋势》，《编辑之友》2016 年第 3 期。

［30］阮晓钢：《人工智能专题序言》，《北京工业大学学报》2017 年第 1 期。

［31］申屠晓明：《传媒行业区块链应用模式与技术方案解析》，《传媒评论》2018 年第 4 期。

［32］史新洪：《手机定制模式及对渠道影响研究》，硕士学位论文，北京邮电大学，2007。

［33］宋杰：《基于云计算平台的视频应用探索》，《中国传媒科技》2014 年第 5 期。

[34] 粟勇：《重庆卫视〈谢谢你来了〉远程"云录制"的实现》，《现代电视技术》2020年第4期。

[35] 唐铮、湛超越：《人工心智新闻的概念、原理及应用价值》，《新闻爱好者》2021年第2期。

[36] 谢东晖：《浅谈云计算在广电的安全应用》，《广播与电视技术》2010年第11期。

[37] 徐瀚祺：《流观审美：关于沉浸式艺术体验的一种解读》，《当代电视》2021年第12期。

[38] 徐利德：《保罗·莱文森媒介进化理论的思想逻辑》，《青年记者》2017年第21期。

[39] 王朋进：《区块链是传统电视传播业的"解药"吗？——区块链场景下电视传播业的未来构型》，《中国电视》2018年第9期。

[40] 王芳菲：《区块链技术重塑传媒业——特征、应用场景及趋势》，《科技传播》2018年第9期。

[41] 王伟、李鑫：《江苏有线云媒体电视平台研发与实践》，《有线电视技术》2012年第12期。

[42] 王星：《手机定制重划产业格局》，《中国电信业》2007年第6期。

[43] 王雪原、王宏起：《基于产学研联盟的科技创新资源优化配置方式》，《中国科技论坛》2007年第11期。

[44] 吴晓瑜、宋倩倩：《基于云计算的分布式视频渲染服务平台》，《广播电视信息》2015年第4期。

[45] 杨铭民、徐元凯：《基于云计算平台的网络视频技术应用研究》，《广播与电视技术》2012年第11期。

[46] 杨娜娜：《技术逻辑下融媒互动新闻的主流话语建构》，《青年记者》2019年第8期。

[47] 尹伟光：《物联网的社会化应用对传媒行业的影响》，《新闻论坛》2018年第3期。

[48] 喻国明等：《人工智能驱动下的智能传媒运作范式的考察——兼介美联社的智媒实践》，《江淮论坛》2017年第3期。

[49] 周宪：《视觉文化的转向》，《学术研究》2004年第2期。

[50] 周宪：《视觉文化与消费社会》，《福建论坛》（人文社会科学版）2001年第2期。

[51] 周洋、董涛：《拓展与探索：数据新闻发展四趋势》，《中国记者》2017年第12期。

[52] 张洪忠、石韦颖、刘力铭：《如何从技术逻辑认识人工智能对传媒业的影响》，《新闻界》2018年第2期。

[53] 张净雨：《互动式沉浸：ARG的跨媒介交互叙事实践研究》，《当代电影》2021年第6期。

[54] 中国广播电视网络有限公司业务部：《区块链技术在有线电视网络中的应用探讨》，《有线电视技术》2017年第7期。

报纸文章

[1] 陈燕楠：《爆发前夜，国内VR产业陷同质化竞争》，《人民邮电》，2016年3月9日，第7版。

[2] 杜一娜：《媒体应注重技术提升服务社会能力》，《中国新闻出版广电报》，2020年4月7日，第5版。

[3] 宦小平：《重视区块链技术 解决传媒业痛点》，《中国新闻出版广电报》，2018年8月29日，第4版。

[4] 李雪昆：《大小屏看奥运，收视究竟多热》，《中国新闻出版广电报》，2021年8月2日，第3版。

[5] 刘奇葆：《推进媒体深度融合 打造新型主流媒体》，《人民日报》，2017年1月11日，第6版。

[6] 谢若琳：《61家上市公司贴"虚拟现实"标签》，《证券日报》，2016年2月25日，第C01版。

[7] 许政、卢淑英、杨维斌：《南京警方研发视频监控管理应用系统"视频管家"助力 提升工作效率50%》，《人民公安报》，2018年5月2日，第2版。

[8] 张锐：《优化我国VR产业链的市场与政策逻辑》，《上海证券报》，2016年4月20日，第8版。

[9] 赵丹、吴思勇：《全球首个城市级VR产业基地落户南昌》，《南昌日报》，2016年2月23日，第1版。

［10］郑维东：《媒介融合中的"收视率+"》，《光明日报》，2015年5月30日，第6版。

［11］朱丽娜：《版权为文娱行业高质量发展深度赋能》，《中国新闻出版广电报》，2021年10月28日，第5版。

致　谢

本书受到河南大学新闻与传播学院学术骨干培育计划和出版基金资助，特别感谢学院领导的大力支持。作为教育部人文社科研究规划基金项目"技术哲学视域下的视听媒介进化研究"（项目编号：21YJA860004）、河南省哲学社会科学规划项目"新媒体技术对视频媒介影响的应用研究"（项目编号：2018BXW001）、河南大学"研究生规划教材建设项目"（批准编号：SYL20050103）成果，本书中的部分内容是与课题组研究生合作撰写的，还有一些内容陆续发表在《现代传播》（中国传媒大学学报）、《电视研究》、《新闻爱好者》、《现代视听》、《声屏世界》、《视听理论与实践》等学术期刊和《中国新媒体发展报告》《世界传媒产业评论》等辑刊中，均已在书中以脚注形式一一标明，特致谢忱！

本书的顺利出版还要感谢社会科学文献出版社责任编辑张建中老师的热情相助和辛勤编校。谨致谢意！

当然，因作者学识所限，书中难免存在诸多不足，付梓出版后，也请方家不吝赐教，欢迎批评指正。

高红波

修改稿于河南大学明德园

郑州龙子湖高校园区

2022 年 6 月 23 日

图书在版编目(CIP)数据

电视媒介进化论：新技术应用对视听媒介的影响/高红波著.--北京：社会科学文献出版社，2023.2
ISBN 978-7-5228-0799-7

Ⅰ.①电… Ⅱ.①高… Ⅲ.①电视-传播媒介-研究 Ⅳ.①G22

中国版本图书馆CIP数据核字(2022)第179285号

电视媒介进化论
——新技术应用对视听媒介的影响

著　　者／高红波

出 版 人／王利民
责任编辑／张建中
文稿编辑／张静阳
责任印制／王京美

出　　版／社会科学文献出版社·政法传媒分社（010）59367126
　　　　　地址：北京市北三环中路甲29号院华龙大厦　邮编：100029
　　　　　网址：www.ssap.com.cn

发　　行／社会科学文献出版社（010）59367028
印　　装／三河市龙林印务有限公司

规　　格／开　本：787mm×1092mm　1/16
　　　　　印　张：16　字　数：261千字

版　　次／2023年2月第1版　2023年2月第1次印刷
书　　号／ISBN 978-7-5228-0799-7
定　　价／89.00元

读者服务电话 4008918866

版权所有 翻印必究